デモクラシーとコミュニティ

——東北アジアの未来を考える

中神康博・愛甲雄一｜編

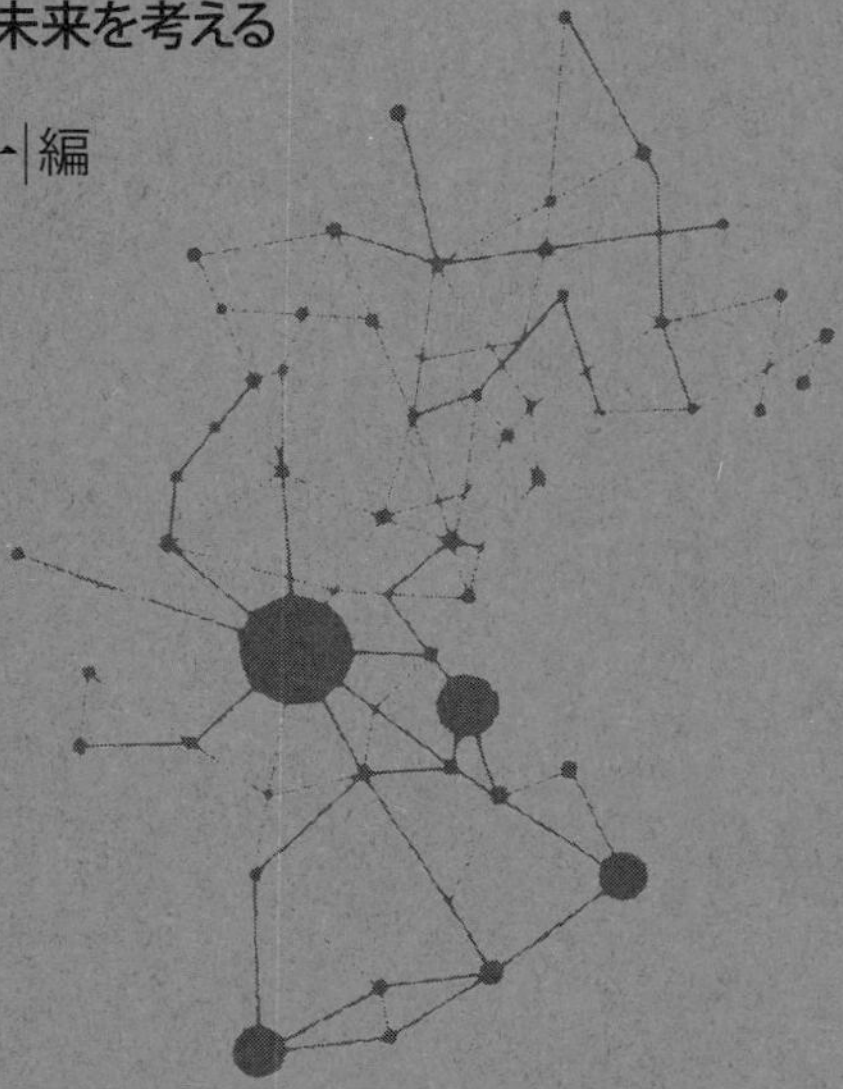

杉田 敦
ブレンダン・マーク・ハウ
徐 勝
板垣雄三
テッサ・モーリス＝スズキ
岩渕功一
サスキア・サッセン
広井良典
金 王培
沈 潔
中神康博
愛甲雄一
加藤 節

未來社

デモクラシーとコミュニティ――東北アジアの未来を考える◎目次

目次

第3部　コミュニティの可能性に向けて

デモクラシーとコミュニティ——東北アジアの未来を考える

装幀——岸顯樹郎

はしがき

本書は、二〇一一年度に設立三〇周年を迎えた成蹊大学アジア太平洋研究センターが、その記念企画として二〇一二年三月に開催した国際シンポジウム「デモクラシーとコミュニティの未来」、またそれに先立ち、二〇一〇年の秋から継続的に行なわれた記念連続講演会「人間の安全保障と東北アジア――サスティナブルな地域社会をめざして」（全七回）での講演や報告などをもとに編集された論文集である。また、二〇一二年は、同センターが属する成蹊学園の創立一〇〇周年という記念すべき年にもあたっており、前述のさまざまなセンター企画も、すべてその記念事業の一環として行なわれた。当センターの企画の意義を理解し、助成を惜しまれなかった学園に対して、長年センターの活動に携わって来た者の一人として、心からの謝意を表したい。

私事にわたって恐縮であるが、私がアジア太平洋研究センターの所長時代、成蹊大学で初めての大規模な国際コンファレンス「アジアとヨーロッパにおけるデモクラシーの未来」（一九九二年三月）をセンター設立一〇周年の記念企画として行なったのは、すでに二〇年以上も前のことになる（そのときの成果については、加藤編『デモクラシーの未来――アジアとヨーロッパ』〔東京大学出版会、一九九三年〕を参照されたい）。当時はベルリンの壁の崩壊に象徴される東西冷戦終結の興奮から世界がまだ冷めやらぬ時期であり、その国際コンファレンスでも、その熱気が、日本をはじめ、イギリス、アメリカ、韓国、中国、タイなどからの参加者のあいだに広く共有されていた。いよいよ世界に民主的で平和な時代が訪れるとの期待が高まるなか、すでにバブル経済は崩壊していたものの日本経済はまだ堅調であり、未来に対するある種の楽観論が支配的であった。民主化と同時に著しい経済成長も遂げつつあった近隣アジア諸国の変化や台頭もまた、そうした時代の雰囲気を強く後押ししていたと思われる。

しかし、過去二〇年のあいだに「デモクラシー」を取り巻く状況は大きく様変わりし、いまやそれは大きな危機と人びとの幻滅とに直面していると言わなければならない。世界的に進む経済のグローバル化がナショナルな枠組みをもつ各国のデモクラシーの内実を空洞化させ、また9・11以降アメリカを中心に進められた対テロ戦争がとくにその引き金となって、政治権力に対する民主的なコントロールがいたるところで形骸化している。そして、それが人びとのあいだに政治や社会に対して積極的に関わっていくことへの無力感、無関心を生み、その結果さらに「デモクラシー」の土台が蝕まれていくといった悪循環を生じさせることにもなった。この危機的な状況は、「失われた二〇年」と呼ばれる苦境から依然として抜け出せないまま格差の拡大や議会政治の行き詰まり、歴史認識や領土問題をめぐる近隣諸国との対立などに直面し続けたここ日本において、とりわけ顕著だと言えるであろう。とくに、二〇一一年三月一一日に発生した東日本大震災とそれに続く福島第一原子力発電所で起きた未曾有の事故とは、日本の「デモクラシー」がもっていた欠陥と問題とを白日の下に晒したと言ってよい。

しかし、そうした時代状況のなか、成蹊大学アジア太平洋研究センターがその設立三〇周年を記念する企画として再び「デモクラシー」を主題とする国際シンポジウムを開催し、またその「デモクラシー」とも関係の深いコミュニティや人間の安全保障といったテーマを取り上げる企画を推進してきた見識に私は深い敬意を表したいと思う。というのも、そのような危機的な状況にあるからこそ、武力や暴力ではなく「デモクラシー」に、人間の対話能力・平和的な問題解決能力に未来を賭けようとする当センターの力強い姿勢がそうした企画編成のなかに脈打っているように感じられるからである。約二〇年前に「デモクラシー」をテーマとした国際コンファレンスを主催した者として、また、これまで「デモクラシー」の問題に一貫してこだわり続けてきた一政治哲学者として、このようなセンターの姿勢が今後とも変わることなく貫かれていくことを心から期待したい。

そのような意味において、錚々たるメンバーを執筆者陣に含む本書がこの時期に世に問われることは、実に喜ばしいことである。それは、疑いもなく、現在、そして未来の「デモクラシー」や、それと関わりの深いグローバル化、人間の安全保障、コミュニティといったテーマを考えるための大きな導きの糸となるであろう。本書を手に取られた多くの方々が、これをきっかけにして、民主的で平和な日本、アジア、世界の未来に思いを馳せるようになるとともに、成蹊大学アジア太平洋研究センターが、これまで培われてきたよき伝統を大切にしつつ、四〇周年・五〇周年に向けてよりいっそうの知的営為を積み上げていかれることを願ってやまない。

二〇一三年七月

加藤 節

序論　デモクラシーとコミュニティ——東北アジアの未来を考える

中神康博・愛甲雄一

成蹊大学アジア太平洋研究センターでは二〇一一年度から足かけ二年にわたり、「人間の安全保障と東北アジア——サステイナブルな地域社会をめざして」と題した連続講演会を計七回開催した。そのなかで私たちは、国家ではなくまさに個人の安全や福利厚生こそを実現すべきだとする「人間の安全保障」の視点から、国家という枠組みを超えて共有されているさまざまなテーマ——たとえば環境問題、高齢化と福祉、社会変動と格差、労働移動と文化摩擦など——について考えてみようとしたのである。

ところが、この連続講演会を企画し実行していたさなかの二〇一一年三月、私たちは東日本大震災とそれに続く福島第一原子力発電所の事故に遭遇した。そのとき国内外を問わず寄せられたたくさんの同情や励ましのメッセージに、また無償で救いの手を差し伸べてくれたさまざまな人びとの暖かさに、多くの人が「自分たちはひとりじゃないんだ」との思いを抱いたに違いない。しかし同時にこの出来事は、日本における民主政治のシステムが致命的なまでの機能不全を起こしていたということ、東北地方や日本のような地球上の一部で起きた事件はいまや国境を飛び越え世界全体に影響をおよぼすということ、現代では多くの人びとが連帯感や絆を失っており社会のなかで孤立した生を送っていることなどを、私たちが思い知らされた瞬間でもあったのである。

いまを生きる私たちにとってデモクラシーと呼ばれる政治のあり方を十全に機能させるためには、はたして何が必要なのか。ある出来事や決定の余波が国境を越えて拡散していくグローバル化の時代に、国家という枠組みにとらわれない未来を切り開いていくためにはいったいどうすればよいのか。多くの人びとが社会的なセーフティネットや繋がりを喪失して孤立を強いられるなか、ローカルなコミュニティにはどのような可能性が秘められているのか。このような問題意識のもと、先述の連続講演会を締めくくるための機会として、私たちアジア太平洋研究センターは「デモクラシーとコミュニティの未来」と銘打った二日間のシンポジウムを開催した。３・11から一年ほどが経過した二〇一二年三月のことである。

この二つの企画を通じて識者たちからうかがい得た多くの貴重な話や、識者のあいだで交わされたディスカッション、そしてこれらの企画に参加してくださった一般参加者たちとの質疑応答などから、私たちは実に大きな知的刺激を受けた。それゆえ、このすばらしい成果を私たちの内輪だけに留めておくことは誠に忍びない――これが私たち主催者側の総意となったのである。たとえその一部にすぎないとしても、それらを一冊の本にまとめることによって、私たちの受けた示唆や刺激の一片でも多くの方々に共有していただけたなら――。本書は、このような私たちの強い願いを込めて編まれるに至った結晶なのである。

本書の副題に東北アジアという地域名を加えたのには、二つの理由がある。一つは、たとえば成蹊大学のある吉祥寺や武蔵野市、あるいは東京といったローカルな場は、いまやナショナルなレベルを飛び越え、しばしばリージョナルあるいはグローバルな場に繋がっている、との意識を失いたくなかったからだ。私たちの身の回りで起こっているさまざまな出来事はけっして局所的なものではなく、政治を通じて、市場を通じて、またインターネットなどの情報ネットワークを通じて、世界のあらゆるところで共鳴や反発、正負双方の連鎖などを引き起こしている。そこでまずは、歴史認識問題、領土問題、経済問題、環境問題などをめぐり幾多の対立をともないながらも、日本との関係性は増しこそすれ減ることのない東北アジアに目を向けたい――そんな思いを込めた。

また現在、この地域にある各社会の状況が実は意外なほど似かよっていることも、東北アジアという言葉を副題に加えた理由である。たとえば、少子化・高齢化はけっして日本だけの問題ではない。韓国や中国の方がむしろ深刻であるとさえ言われている。急激な高齢化が予想されるなかで、社会保障における地域間・世代間の格差にどう対処していけばよいのだろうか。政治システムこそ違え、こうした共通の問題についてともに語りあい協力への道筋を探ることは、この地域のよりよき未来を実現していくうえでたいへん意義深いことであろう。本書のタイトルに付した東北アジアという言葉には、そんなよりよき未来がこの地域に訪れることへの期待も含まれている。

本書の構成について述べておきたい。第1部では、おもに日本のケースを念頭に、現代のデモクラシーが抱える課題や克服すべき問題をとりあげている論考を集めた。続く第2部では、とくに日本が国家という枠組みを超えて東北アジアという地域に自らを開いていく未来の実現にあたり、多くの示唆に富む論文を集めている。第3部に掲載したのは、近代化や都市化、「新自由主義化」がもたらす負の側面に対する処方箋として、近年さかんに論じられているコミュニティをテーマにした諸論考である。もちろん、これら三つの区分は本書にある程度の筋立てを与えようとしたことに因るものであり、その意味では便宜的なものにすぎない。各論文に目を通していただければわかるように、それらの多くは、他のセクションで論じられているテーマやそれを超えたテーマを含む、実に広範な知的射程を備えている。いずれにしても、それぞれの論文のなかにこめられている各執筆者の思いが全体として共鳴しあうことによって、本書が日本や東北アジアのデモクラシーとコミュニティをめぐる未来に指針を供するものになっていることを、私たちとしてはおおいに期待したい。

以下、それぞれのセクションごとに、その中心的なテーマと各章の内容について簡単に紹介していくことにしよう。

1 デモクラシーの課題

政治にまつわる諸概念の多くはその意味するところがきわめて多義的であり、それについて万人の納得できる定義をくだすことは実に困難な作業である。それは、本セクションに収録した諸論考がその底流において関心を寄せるデモクラシーについても、異なるところがない。とはいえ、誤解や批判を恐れることなくその定義をあえてここで試みるなら、デモクラシーとは結局のところ、治者と被治者との一致を志向する思想原理かつ運動原理であり、またその一致を担保するために形成される政治システムの構成・統治原理と見なすことが可能であろう。その背後には、すべて人間は自分のことは自分で決める（誰からも強制されない）権利をもつ、との「自己決定」ないし「自治」という理念が控えているのであり、その理念が一個人ではなく複数の人びとによって構成される社会全体のあり方や指針に投影されるとき、そこに生まれてくるのがデモクラシーと呼ばれるものなのである。

歴史的に見れば（おもに西洋史に限定しての話、ということになるが）、政治のあり方としてこのデモクラシーを肯定的に評価する声は長らくきわめて少数派であった。それは無知で野蛮な大衆が非合理的な感情に流されるまま統治に関与する「衆愚政治」の別表現にほかならない、としばしば考えられてきたのである。ところが今日では、そのデモクラシーを唯一の正統性を備えた政治のあり方とする理解の仕方があまねく広がっている。少なくともそれに正面切って反対する人はほとんどいない、というのが現状だといえよう。なぜそのような変化が生じたのか、それにはさまざまな理由が考えられる。しかし、個人の生き方や運命が他者の判断、あるいは「システム」なるものに委ねられてしまうとき、彼/彼女の生命、自由、福祉、尊厳がしばしば蔑ろにされる、そんな事例を多くの人びとが経験してきたことが、この変化の重要な理由の一つになっている。ゆえに人類は、その歴史を通じて、自らの運命は自らの判断によってのみ決められるとの理想を実現するために幾多の努力を積み重ねてきたのである。自由権や社会権をはじめとするさまざまな人権の保障も、政治権力にそうした保障を義務として課す立憲主義という考え方も、そのような理想を実現するための条件として、その努力のなかで育まれてきたものであった。日本のような民主国家に生きる現代の私たちが、自分たちのことは自分たちで決定する、というデモクラシーの果実をまるであたりまえのものとして享受できているのも、そのような先人たちの努力があったからこそのことなのである。

ところが周囲を見渡してみれば、人びとの生命や福祉、自由、尊厳が他者の決定によって踏みにじられるということが、今日でもあいかわらず頻繁に起きている。かつてないほどにデモクラシーが正統性を獲得した時代であるにもかかわらず、多くの人びとにおいては、自らのあずかり知らぬところで自身の生き方や運命が決定されてしまっているのだ。とりわけ福島第一原子力発電所の事故を起こした日本の姿は、その事実を白日の下に晒したと言ってよい。その原発周辺に住んでいた人びとの生活は実のところ、東京に居を構えている政治家や官僚、各種専門家、東京電力の責任者たち、その発電所が産する電力を消費する福島以外の人びとと、さらには、日本の原子力政策に深くかかわっていたアメリカの政策立案者などの意思によって条件づけられていたのである。

もちろん現代の複雑化した社会においては、厳密な意味での「自己決定」という理念を実現することはどうひいき目に見ても不可能であろう。私たちは今日、好むと好まざるとにかかわらず自らの生にかかわる多くの決定――おそらくはそのほとんど――を自分以外の者たちに委ねざるを得ない、そんな社会に生きているからである。しかしそうであるなら、他人の生き方や運命に多大な影響をおよぼしかねない決定をくだす者たちには、その結果に対し責任を負う、というモラルが最低限備わっていなければならない。なぜなら、そうした責任の所在がはっきりすることによって、はじめて人は、本来ならば自らが行なうべき決定を他者に委ねることに（一定程度は）同意できるからだ。またそのようなモラルは、決定をくだす側においては、その決定の余波がおよぶ人びとに対して無用な害をもたらしたり、正当性を欠く犠牲を強いたりしないという動機として機能することだろう。したがってこのモラルが浸透したとき、たとえ重要な決定が自分以外のある者によって行なわれたとしても、それが自分（たち）の生命、福祉、自由、尊厳を著しく脅かすリスクは少なくともかなり低下するはずなのである。

近年、応答責任とか説明責任などとしばしば訳される「アカウンタビリティ accountability」という言葉や、さらには「企業の社会的責任 CSR: Corporate Social Responsibility」という言葉が人口に膾炙するようになったのも、そうしたモラルが現代の社会倫理としてきわめて重要になってきているからだと考えられる。デモクラシー論においても、とある決定が決定者以外の人びとにある影響——とりわけ負の影響——をもたらす（もたらしてしまった）場合、誰が責任をとるのか、どう責任をとるのか、負われるべき責任の範囲はどの程度か、などが今日では広く問われるようになっている。と同時に、重要な決定をくだす者に対してそれに見合った責任を確実に負わせるために、私たちはいったいどのような政治システムを発展させていけばよいのか、との問題もそのときには問われるべきだといってよい。その場合、デモクラシーに備わっているべき制度・活用されるべき制度といったものも、あらためて検討されなければならないテーマとして浮かびあがってきそうである。

本セクションに収録した三本の論文はいずれも、おもに日本のケースにそくして、こうした現代のデモクラシーをめぐる課題について論じている。しかしそれ以外にも日本の民主政治が取り組むべきさまざまな問題、それに対する解決策など、それらには実に豊富な内容が含まれている。日本におけるデモクラシーのゆくえを考える場合に、これらの論文は、たいへん多くの示唆や刺激を私たちに与えてくれるであろう。

杉田敦の「『経験』としての3・11」は、3・11の経験から明らかになったこと、私たちが学ばなければならないことについてたいへんわかりやすく語っている。周知のとおり、原発事故をめぐる真相は今日でも十分に明らかにされたとは言えず、また被災地における復興事業も遅々として進んでいない。にもかかわらず、杉田が懸念するところによれば、日本社会は何も変えることなくこれまでのやり方で前に進もうとしている。そこで氏は、私たちはいまここであらためて立ち止まり、将来の進むべき方向についてしっかりと考える必要があるのではないか、と静かに語りかけるのである。

杉田はいわゆる「無責任体質」の蔓延など、3・11の経験によって露わにされた日本政治におけるガヴァナンス上の問題点を本論文中でいくつも指摘している。これらの問題を克服するためには、いったいどうすればよいのか。その克服にむけて私たちは、どのようなことを考える必要があるのか。あの日から二年以上が経過したいまでも、こうした問いの重要さはけっして色あせてはいない。日本社会のあり方に責任をもつ私たちひとりひとりにとってそれはきわめて大切な問いであり、その解決策の模索に真摯に取り組んでいくためにも、この杉田論文はきわめて重要な示唆を含んでいるのである。

ブレンダン・マーク・ハウ「日本の民主政治、ガヴァナンス、人間の安全保障」も杉田論文と同様に、3・11を手がかりとして日本の民主政治とガヴァナンスとが直面する諸課題を論じている。ハウが本論文において問題視するのは、国家主導型の経済開発こそあらゆる問題への解決策だと見なす日本社会のなかに深く根づいてしまっている――東北アジア地域にも共通する――発想である。しかし今回の原発事故によって、そうした発想には多くの限界のあることが明らかになった。いまこそ、個々の人間における安全や福利厚生の実現を主眼とした人間の安全保障という考え方に沿って、日本はそのめざすべき目標を転換しなければならない――これが本論文におけるハウの主張である。日本社会や政治システム、政治文化のなかには、このかつての経済開発を中心とした発想がどのように組み込まれてきたのだろうか。そしてはたして日本の政治、日本の社会は、そのような発想やそれを支えてきた政治構造を克服する方向へと向かっているのだろうか。本稿の射程は、これらの問題を明らかにするところにまで深くおよんでいる。したがってこのハウ論文は、日本における民主政治の行く末を展望していくうえで学ぶべきところがきわめて豊富に含まれている、と言えるだろう。

徐勝「韓国併合一〇〇年を迎えた日本と韓国――脱植民地の課題」は、前の二つの論文とはかなり主題を異にしつつも、その根底においてやはり日本のデモクラシーのあり方や「責任」の問題を問うものとなっている。この論文は、韓国併合一〇〇周年となった二〇一〇年、成蹊大学にて行なわれた徐自身の講演をもとに書き下ろされたものである。最近の日韓関係、ひいては日本と他のアジア諸国との関係は、経済的な結びつきを強めながらも政治的には緊張の度合いが高まっていく、といった傾向がめだつ。しかしそれも、徐によれば、いわゆる歴史の問題、つまり日本の「植民地清算」をめぐる問題がいまだに克服されていないことがきわめて大きい。ではその克服にむけて、さらにはその先にある東北アジアの新秩序建設にむけて、日本のデモクラシーはいかなる歴史的課題に取り組んでいけばよいのか。またそのさい、何を法的ないし倫理的な指針にしていく必要があるのか。これらの問いに解を与えようと試みる本論文は、日本が近隣の諸国や地域とどうつきあっていくべきかの判断をくだすうえで、多くの刺激を与えてくれるにちがいない。

2　国家の枠組みを超えて

前節でもふれたように、現代のデモクラシーにおける課題を私たちに少なからず気づかせてくれたのが、3・11という経験であった。しかし同時に3・11によって、この世界がいまや地球の反対側に至るまでさまざまに結びついているという事実もまた、あらためて私たちの脳裏に刻みこまれたのである。その結びつきは、あの一連の出来事によって生じた環境問題のなかに典型的な事例として見出されよう。放射能汚染の余波は国境の存在に関係なく広がり、とくに東北アジアの諸地域からはそれによる健康被害などを懸念する声がしばしば聞こえてくることになった。震災によって生じた瓦礫類が太平洋の海流によって運ばれ、アメリカ西海岸などに大量に漂着して環境上の大きな問題を引き起こしていることも、テレビなどの報道でよく知られている事柄である。そのほかにも、たとえば震災後に各国から救援部隊やボランティアがかけつけてくれたことは、ある場所で発生した出来事が世界中に大きな反響をもたらす、という近年よく見られる傾向の典型的な事例であった。福島第一原子力発電所の事故をきっかけとしてドイツなどではエネルギー政策が転換されるに至ったことも、それと同様の事例だったと言ってよい。

このように今日では、国境や国家という枠の内側だけを見て世界の事象をとらえることが実に困難になっている。そして、そうした現実の流れと呼応するかのように近年の歴史学・政治学・社会学などにおいては、国家を「脱構築」することをテーマにした議論も広く行なわれることになった。事実、国境線によって区切られた国土という名で呼ばれる地理上の領域も、国籍というもので区分される国民という人間の集合体も、根本的には歴史上のある時点で形成されるに至ったあくまで人為的なものでしかない。国民国家と呼ばれているいまや全世界を覆うに至った政治組織も、昔から「そこ」に自明なものとして存在してきたわけではないのである。もちろん周囲を海に囲まれ、その構成員の大多数が「日本民族」から構成されているという「単一民族神話」の強固な日本の場合は、多くの人びとが国家という存在をほとんど抵抗なく受け入れているのかもしれない。しかしその日本においてですら、先に挙げた3・11の事例が示すように、少なくとも事実としては、そうした意識を維持し続けるための根拠はきわめて薄弱になっているのである。

その根拠の喪失には、いわゆる「グローバル化」が大きくかかわっていることにおそらく多くの人びとは異を差し挟まないであろう。そのグローバル化も先のデモクラシーと同様に、その定義は論者の数だけある。しかし一般的には、その言葉はヒト・モノ・サービス・カネ・情報などが大量かつスピーディに国境を越えて行き交う現象をさすものだと言ってよい。そしてこの現象を通じて、たしかに人は、国家やそれに関するものの存在感が低下している、あるいはその存在を強く意識しないままに越境移動や交流が行なわれている、との感を強く抱くようになっているのである。それをもっとも象徴的に表わしている事例が、デジタル・ネットワークを通じた人びとの交流の増大であろう。もちろんそこには言葉や文化といった壁があいかわらず存在しているし、国家がそうしたネットワークに介入しない、あるいは介入し得ないと考えることも、明らかに幻想である。にもかかわらず、このネットワーク上で電子メールをやりとりしたり、株の取引をしたり、あるいは楽曲や画像をダウンロードしたり、といったことを日常的に行なうとき、そこに国家の関与を人びとが意識することは皆無ではないにしても、ふつうはきわめて稀である。こうしてグローバル化は人びとのあいだで国家という存在の相対化を促し、ときとしてそれは、国家的なものから離脱することすら可能な状態をつくりだしている。そのようなことを背景に、一部論者のあいだでは「国家の退場」すら、ときに話題にのぼっているようだ。が、ことはそう単純ではない。

現在のグローバル経済に特徴的ともいえる規制緩和の流れ、各種ルールの標準化、世界的な競争の激化などは、国境を越えての交流を容易にしまたは促すという意味で、たしかにグローバル化の推進に寄与するものである。したがってそれらもまた国家の相対化に一役買っていると考えることも、けっして誤りではない。しかし他方で、経済のグローバル化が多くのマイナスの効果、とりわけ経済的な格差の拡大や社会的セーフティネットの弱体化、自然環境の破壊といった問題を世界の至るところでもたらし、あるいはそれらの進行に拍車をかけているということもよく知られている。また、このグローバル化がおもにアメリカを起点とする特定の「文化」によって世界を単一色に染め上げてしまう──そんな「マクドナルド化」した世界の到来を危惧する声も、とくに非西洋地域では根強い。こうしてグローバル化は、経済的にもエコロジー的にも、さらには文化的にも、人びとを不安定な状態へと追いやっていく。生活の安定的な基盤が掘り崩されていくなか、グローバル化にともなう変化の速さによって、それら諸問題への対応が十分になされることのないままさらにことが進行していく、そんな悪循環が生まれている。

その結果、こうした状況への反動として、あるいは安全・安心のよりどころとして、国境における取締りを強化したり国家の軍事力を増強したり、さらには「国民文化」を保護・育成したりする「ナショナリズム」が、世界各地でめだつようになっている。かつてないほどに国境にとらわれない動きが活発化しているにもかかわらず、異質な人間・文化・思想などを排除する姿勢がさまざまな階層・民族のあいだで広がっているのだ。グローバル化に対するこの種の反応は、日本を取り巻く東北アジアにおいてとりわけ顕著だと言えるかもしれない。この地域では近年、中国の軍事的・経済的な台頭やそれにともなう日本の地位の相対的低下といったパワー・バランスの変化とも連動して、国家・国境・国民といったものを疑う余地のない前提としてとらえる姿勢がむしろ強化されつつあるように見える。相手側にも多様な考えや思想をもった人びとがいることを捨象したうえでの「反日」「嫌韓」「媚中」といった言説・運動の跋扈は、その証左だと言えよう。領土をめぐっての争いがこの地域で途絶えることがないのも、こうした事情をひとつの背景にしたものと考えられる。

このように、国家やグローバル化をめぐっては、現代はきわめて錯綜した状態にある。これについて私たちは、いったいどう考えればよいのだろうか。また私たちはそれをふまえて、今後いかなる未来を模索すべきなのか。この第2部に収録した四本の論文は、以上のような国家とグローバル化とをめぐる複雑な関係を前提にしつつ、そのような問いに答えるための糸口を提供するものとなっている。とりわけ日本は、周囲の東北アジア地域とのあいだにいかなる関係を築いていくべきなのか――グローバル化や国際交流が声高に叫ばれるなか、こうした問題を検討するうえで以下の諸論文は、必ずや有益なヒントを与えてくれるにちがいない。

板垣雄三「反テロ戦争と原発事故」は、過去・現代の歴史ならびに世界を理解するさいのあるべき視角を与えてくれる、実に大きな射程を含み込んだ論文である。この論文は、原発事故が発生してから約四か月後に、中東で「新市民革命」――反テロ戦争と切っても切り離せないこの革命は、「アラブの春」などとメディア上では呼ばれている――が進行するなかで行なわれた板垣の講演がベースになっている。

反テロ戦争と原発事故という「二つ」の現象を板垣は、世界史上における大きな連関構造のなかで起きた同時代的な出来事として読み解く。しかし両者のそのような「繋がり」がふつうなかなか理解されないのは、板垣によれば、世界を複数の排他的なカテゴリーに分割し理解する発想に私たちが深くとらわれているからである。では、そのような発想の問題点はいったいいかなるところにあるのだろうか。そうした発想にとって代わられるべき新しい視座や思考法とは、はたしてどのようなものか。板垣は本論文のなかで、そのような問いに対する明確な答えを与えている。そこで示されたヴィジョンは、私たちが「日本を含む東北アジア」の未来を展望していく場合にも、おおいに示唆に富むものとなっていよう。

テッサ・モーリス＝スズキ「再考・人間の安全保障から見た東北アジアの未来――移民、多様性、地域公共圏」は、現在の東北アジアが近代以降の「第三の転換期」を迎えているという認識を前提に、その秩序はいかなる方向へと向かっていくべきなのかを問うたものである。モーリス＝スズキによれば、とりわけ日本と近隣の東北アジアとの関係において大きな問題となっているのは、おもに国家を単位として「私たち」と「彼ら」という分断を前提にする思考枠組みであり、またそれを支えている言葉（言説）である。とすれば、それに代わる新しい発想や言葉のあり方を追求していくところに、新しい東北アジアの未来もまた切り開かれていく可能性があるであろう。モーリス＝スズキは、その可能性を模索していくうえで導きの糸となり得る理念――「深い多元主義」――にくわえ、すでに始まっている草の根レベルでの模索の動きを本稿のなかでいくつか紹介している。氏も指摘するように、東北アジア地域のあるべき姿を構想しまたそれを創造していくために、私たち一般市民の手に委ねられている役割はけっして少なくない。その意味でこの論文は、同地域における現在のあり方を批判的に吟味する人びとにとって、おそらく多くの刺激を与えるものとなっているのではあるまいか。

岩渕功一「国境の越えさせられ方――メディア文化と越境対話」は、メディアを通じた文化交流が活発化するなか、それが私たちの自由な「越境」にはたして繋がっていくのかどうかを探った論文である。近年、デジタルコミュニケーションの発達などを背景にしたメディア文化の国際移動がめだつ。その傾向はとくに東北アジアで著しく、韓国のドラマやアイドル・グループ、日本のアニメ・マンガなどが国境を越えて人びとの日常生活のなかに深く浸透していることは、すでに周知のとおりである。が、このような文化交流の増大は国家の枠組みにとらわれない主体間の対話、さらには異質なものに対するより開かれたアジアの形成をもたらしているのだろうか。本稿において岩渕は、実はそれが新たな排除を生み出しているということ、「ナショナル」なものの強化に働いていることを幾多の事例をあげなから指摘している。

そこで氏は、最近注目されている文化シティズンシップの議論に言及しつつ、相互の「越境対話」が必要だと説く。ではその「越境対話」とはいったいどのようなものなのだろうか。その問いへの答えも提示するこの岩渕論文は、「国家の枠組みを超えて」いくための方法を模索していくうえで、示唆するところきわめて大と言えるだろう。

サスキア・サッセン「グローバルでもナショナルでもなく――領土・権威・諸権利の新たな集合体《アセンブリッジ》」は、グローバル化に関する多くの文献が想定する「グローバル対ナショナル」という図式に疑問を投げかけ、そうした二分法にとらわれない分析枠組みの必要性を主張した論文である。領土や政治的な権威、権利などは、これまで長く国家との関係のなかで定義づけられ、また語られもしてきた。ところが、そのいずれについても現在では「脱ナショナル化」が進んでいる。氏によれば、それによって、国家のさまざまな制度や装置すらも断片化し一部解体しつつあるというのだ。

このようなサッセンの議論は、第一義的には理論的なものだと言えよう。しかし本書の関心から見逃せない点は、以上のようにとらえられる変化がはたしてどのような規範的・政治的含意をもつのかについて、氏が思いを馳せているところにある。サッセンはその変化が社会正義をともなうグローバル経済の実現に発展していく道もあると見ており、したがってここ東北アジアにおいても、同様の変化が起きる可能性を私たちは否定できまい。少なくともそうした未来をめざす選択肢が私たちの前に開かれていることを、このサッセン論文は教えてくれているのである。

3　コミュニティの可能性に向けて

第2部に収録された諸論文が国家によって作り出された外壁＝国境を解体し、社会を「外」に対して開いていくことに主として関心を抱いているとするなら、この第3部に集められた諸論文は、逆に国家内部における中央集権的性格を解体し（サッセンの主張にしたがうならば、事実としてそのような性格はすでに維持できていない段階にきている）、その「内」にある個人や市民社会のポテンシャルを開拓していくことをおもに志向している、と言ってよい。本セクションのキーワードである「コミュニティ」は、そうした志向の集約されたところで構想された新しい社会の枠組みとでも呼び得るものであり、個人間の新しい社会的な関係性を意味するものなのである。

「東京一極集中」という言葉が端的に表わすように、日本社会はきわめて集権性の高い社会であり続けてきた。言うまでもなく、このような状況は、韓国や中国を含む東北アジアの各国・各地域についても多かれ少なかれ共通している。というのも、欧米の先進国に比べ急速な経済成長を短期間に成し遂げたこれらの社会では、それにともなう産業構造の変化とあいまって、農村から都市への人口移動が急激に進んだからである。その過程で、農業を中心とする過疎化した地域と商工業を中心とする人口稠密な地域とに国内が分断され、都市と農村、大都市と地方の中小都市とのあいだには差異や格差が生じることになった。そして権力の集中した都市ではかつて村落に見られた伝統的共同体の紐帯に代わり、「ムラ社会」的な体質をもつ企業（カイシャ）、ならびに親子二世代のみから成る核家族がかろうじて人びとの相互扶助的な繋がりを維持してきたのである。こうした状況は日本の「福祉国家」ならぬ「福祉社会」の様相としてくりかえし指摘されてきたものだが、現代の韓国や中国における大都市についても、同様の傾向を少なからず見出すことができよう。

しかし近年ではそうした繋がりでさえも、また都市のなかで続いてきた町内会のような地域コミュニティでさえも、崩壊の危機に瀕している。その要因のひとつに数え上げられるのが、前節で触れたグローバル化と呼ばれる現象にほかならない。グローバル化が促す規制緩和・競争化の流れにのって、いまや経済的な取引の多くが、国内資本であれ外国資本であれ、しばしば大規模資本によって席捲されている。たとえばそれがローカルな地域に基盤をおく競争力に乏しい中小企業の倒産などを招き、各種コミュニティの破壊をもたらしているのだ。日本で言えば、大型ショッピングセンターの郊外進出とその帰結としての市街地における「シャッター通り」の出現こそ、その典型的な事例である。また企業が生産コストの安い外国などに生産拠点を移動させていくなか、雇用機会の喪失・地域経済の空洞化などが生じ、それがますますコミュニティの破壊に拍車をかける、といった問題も指摘されている。より有利な条件を含んだ就職の機会——非正規雇用でないポストなど——を求めて多くの人びとが激しい競争に巻き込まれており、それが彼らから協力・連帯の契機を奪い去っていることも、グローバル化がコミュニティの破壊に加担している一例だと言えるかもしれない。

現在も続くこのコミュニティの崩壊が多くの社会問題をもたらしていることは、いまや周知のごとくである。日本においても、たとえば隣人との関係をそれまでほとんど育んでこなかった都市の老人たちが一人住まいの住宅・マンションのなかで社会的に孤立し、果ては孤独死や自死に追い込まれる、という事件が多発している。児童虐待やDVといった家族内での深刻な暴力が後を絶たないのも、これまで各家庭を社会的に支えていた親族組織、あるいは地域コミュニティのような身近な相互扶助システムが解体してしまったことが、少なくとも一部には関係しているようだ。ここに、こうした問題への処方箋として、個人にとってより近いところにあるコミュニティの創造・再建という課題が私たちの目の前に浮かびあがってくる。そこで求められているのは、これらの社会問題に取り組み解決をもたらし得る主体かつ場であり、また人びとの心理的・経済的・文化的・政治的繋がりを担保するローカルな空間である。

そのようなコミュニティを創造・再生していくためには今後、私たちはどのようなことに取り組んでいけばよいのだろうか。まずは、国家と地方政府の関係を見直す動きに代表される分権化の試みを指摘できよう。そのさい、とくに福祉・教育をはじめとする公共サービスを提供するための権限や財源を地方に移譲していくことも一つの考え方であろう。さらには、福祉や教育を民間企業や一般の市民も巻き込みながら充実させることによってコミュニティを創造・再建していく、というやり方もある。実際に行政機関による公共サービスはしばしば非効率的かつ硬直的だという問題があり、そこで民間の資金やノウハウを利用したり（PFI: Private Finance Initiative）、公的セクターと民間セクターとの連携を図ったりして（PPP: Public-Private Partnership）、より地域のニーズに密着したコミュニティを作り出す試みが各地で実践されている。

もちろんそのような方策、あるいは別の方策が成功裡に進み幾多のコミュニティが生み出されたからといって、すべての問題が解決するわけではない。たとえば異なるコミュニティ間において、さらにはコミュニティの内部において、供給される公共サービスの量や質をめぐり格差が生じる可能性はおおいにある。また多様な人びとの集まりであることに変わりはないコミュニティのなかで、その構成員間における合意形成はどう実現していくべきなのか、他のコミュニティやそれに属する諸個人との関係をどう構築していくべきなのかなどといった問題も、当然に解決すべき課題として残っている。

しかしこうした問いに答えるためにも、まずは現代のコミュニティには何が期待されているのか、どのような未来を展望していくべきなのかについて、しっかりとねらいを定めていくことが不可欠であろう。その意味で、この第3部に収録された各論文が示唆するところは実に大きい。そして、これらの論文が指摘するように、コミュニティの創造・再建は東北アジアの各国・各地域がひとしく直面している大きな課題でもある。この共通する課題に対し東北アジア全体で意思疎通を図り、助言しあい、ときとしてともに対処していく——こうした協力を進展させていくことは、第2部で示された「国家の枠組みを超える」という課題の克服にも、寄与するところがきわめて大きいのではあるまいか。

広井良典「資本主義の進化とコミュニティ——アジアにおける持続可能な福祉社会に向けて」は、東北アジアにおけるコミュニティが今後どのように変容していくのかについて、「資本主義の進化」という大きな枠組みから興味深い考察を行なっている。広井によれば、日本のような高度資本主義国はいまやその歴史において大きな転換点を迎えており、今後の発展が期待されるコミュニティも、そのような文脈のなかに位置づけられるべきものである。それは個人と個人とが独立しつつ繋がっていく「都市型コミュニティ」であり、かつ社会的セーフティネットの機能を備えた新しい形のコミュニティだというのだ。

広井も指摘するように、東北アジアの各国・各地域は今日、急激な少子化・高齢化という共通の課題を抱えている。よって個人の生活保障や公正な分配、そして環境などにも配慮した「持続可能な福祉社会」をどう実現していくかは、日本を含む地域全体における喫緊の課題であろう。氏が考えるコミュニティはそのような「福祉社会」の実現に不可欠な要素であり、したがってコミュニティのあり方・再生を考えるさいにも東北アジア地域での連携・協力が重要であることは、強調してもしすぎることはないであろう。

金王培「『リスク社会』と共同体の未来——韓国社会の自殺現象を中心に」は、社会の構造的問題を映す鏡ともいえる自殺現象に着目して、韓国社会における個人の孤立・社会的紐帯の喪失といった問題に迫っている。二〇〇〇年代に入ってからの韓国では、日本をはるかに凌ぐペースで自殺率が高まっていった。そのような事態に韓国社会が陥ってしまった背景には、いったいどのような事情が働いているのだろうか。その原因を近年の韓国における社会的関係性の崩壊に見出す金は、自殺増に対する処方箋として、市民社会の成長と社会的連帯という価値の確立、さらにそのための制度の確立を提案する。そしてその場合とくに重視されるのが、人間相互の「信頼」をベースにした社会関係資本の充実だという。

言うまでもなく、現代の「リスク社会」（ウルリッヒ・ベック）化を原因とする自殺のような病理現象の増加は、韓国のみならず東北アジアの各国・各地域が多かれ少なかれ直面している問題であろう。したがってこの金の提案は、氏自身も指摘するように、日本や中国などにとっても意味するところがきわめて大きいと言えそうである。

沈潔「中国コミュニティの再建——公益事業の試み」は、急速な経済成長とともに大きな社会変動を経験している昨今の中国において、近年進んでいるコミュニティの再建について論じたものである。沈によると、現代中国でもいわゆる「社会主義市場経済改革」の浸透にともない、利益優先を旨とする市場化やその帰結としての経済格差の拡大が問題化し、人間関係も希薄になる傾向がある。そこで新たな課題として浮上してきたのが、「社区」と呼ばれるコミュニティの再建であるというのだ。

再建が目指されているそのさいのコミュニティとは、いったいどのような特徴をもつものなのだろうか。またその再建にむけた取り組みとは、いかなる方向性において推進されていくべきものなのか。現代中国で行なわれている実際の取り組みを紹介しつつ、沈は、これらの問いに対する解を与えている。実は沈が示す中国のあるべきコミュニティの姿は、広井が説く日本のあるべきコミュニティのそれとも相通ずるところがある。東北アジアにおけるコミュニティ再建という問題は、やはり各国・各地域間で連携を深めていくことが期待されるのである。

愛甲雄一「ルソーの政治社会――一般意志が支えるコミュニティ」は以上三本の論文とはやや趣を異にし、ルソーという人物の政治・社会思想をベースにしつつ、現代におけるコミュニティのあり方について考察を加えた論文である。あるべきコミュニティの姿が構想されるとき、とりわけそれが現代社会の問題に対する処方箋として構想されるとき、当然その作業はそうした問題を抱える社会の現実的コンテクストのなかで行なわれねばならないだろう。しかしながら、そのようなコミュニティをいかなる理念にもとづいてつくり上げていくべきか、という抽象的な問いも、そのさいには無視できない重要さを含んでいるはずである。

その意味において、『社会契約論』のなかでルソーが展開している一般意志という概念、そしてそれをもとに構想された政治社会のあり方は、今後の創造・再生が待たれるコミュニティのあるべき姿を描き出していくうえで参考になるべき部分がある、と愛甲は論じている。理念か現実かの二者択一ではなく、その両者をどうすりあわせるかが社会改革においてはつねに問われるのであり、その点でこの論文の主張は、この第3部に収められた他の論文とあわせて読むことでより明らかになってくるものと思われる。

※※※

本書に収められた一一本の論文は、その立場や視角には違いこそあれ、デモクラシーとコミュニティの未来について多くの示唆を与えるものとなっている。この二つのキーワードを軸に今後展開されていくだろう日本や東北アジア、そして世界の行く末には、いったいいかなる将来が待ち受けているのであろうか。このような問いに私たちが深く思いをめぐらせるさいに、本書がその一助となるなら、編者としては望外の喜びである。

第1部　デモクラシーの課題

「経験」としての3・11

杉田　敦

はじめに

二〇一一年の三月一一日をきっかけとして、これまでの自分の仕事についても考えさせられた。大事なことが何も見えていなかったのではないか。かなり根本的にいろいろなことを、私たち皆が、この二一世紀初頭において反省しなければならないという思いを強くした。とりとめのない形であるがお話してみたい。(1)

あの日、大地が揺さぶられた。そして津波が来たわけだが、これは単に巨大な波が来たということではなくて、大地と海とを分ける境界線が移動してきたのである。そして、その後一週間のあいだに、信じられないような事故が四基の原発で起こり、その影響はいまでも続いている。これは明らかに危機であり、それまでは見えなかったさまざまな矛盾や亀裂を表面化させた。

思わせぶりとも見える表題をつけた背景は以下の通りである。8・15という日付が日本で特別な意味をもっていることは、解釈の違いを越えて共有されている。国際法的に終戦の日がその日なのかといった些末な問題とは別次元の話である。一般の人々にとって、戦争が終わったのはその日であった。そのことが決定的に重要である。八月一五日の前と後で、戦前、戦後という言い方をし、これはいまでも有効性をもっている。戦後を終わらせるとか総決算という話もあったが、それにもかかわらず、なお意味をもち続けている。八月一五日に人々が味わった挫折。それとともに訪れた、一種の解放感。それは間違いなく、物事を考えるときの基軸となっている。8・15以前の日本に戻したいと考える人々がいる限り、この日付は意味をもち続けているのである。それと同じような意味を、三月一一日という日付はもつのではないか。あるいは、そうでなければならないのではないか、と思っている。

一〇年ほど前の9・11と比較してみたい。[2] これも、アメリカ社会のそれまでの日常性の基礎をゆさぶった出来事であった。アメリカ人たちは、自分たちは安全な地域に住んでいると思い、戦争とは無縁と思っていた。他方で彼らは世界中で戦争を行なっていた。ニューヨークで出現した大規模な破壊は、それまでどこにも見られなかったようなものではない。それまでも、中東や北アフリカには常に存在していたわけだが、アメリカ人たちにとっては他人事であった。安全な地帯と危険な地帯というものを分ける境界線、ちょうど陸と海を分けるような線であるが、これが押し寄せてきて、ニューヨークは戦争状態のなかに一瞬、入ったということである。これは、この地球が戦争によって覆われているという現実、アメリカ人たちが、そして日本の私たちも見つめてこなかった、遠くに眺めるだけにとどめてきた現実であるが、それが押し寄せてきたのである。にもかかわらず、アメリカや、それとともに行動する日本やヨーロッパが、その経験の意味をきちんと受け止めたかどうか疑問に思っている。

それまでの事態の一部分を拡大する、あるいは先鋭化させるという形で、あの出来事が起こったのであるが、それを、自分たちのこれまでのやり方を反省する機会とすることができなかった。たとえばイギリスの当時のブレア首相は、のちに、「彼らが先にわれわれを攻撃してきたからだ」として、対アフガン戦争などを正当化した。原因は自分たちにはないと言うのである。「対テロ戦争」の名の下に行なわれた、裁判なしの長期拘束などの人権侵害についても、悪い人びとがいるので、それを監視し、それまでの国際法を曲げてでも対処しなければならなくなったのだ、と正当化した。

9・11との比較はこの程度にしておく。3・11についていえば、まだ何も終わっていない。何が起こったのかすら明らかでないし、その原因についての解明は十分に行なわれていない。災害自体はどうすることもできないが、防災対策はもとより、都市のあり方、地域のあり方などの脆弱性が被害を大きくした可能性がある。また、津波に弱いことが指摘されていた原発について、なぜ有効な安全策がとられなかったかをはじめ、さまざまな作為・不作為によって重大な被害が生じた可能性がある。それなのに、ともかく復旧をしなければならない、生活を始めなければならないので、反省するひまなどないということになっている。以前と同じやり方をそのままやる、ということになっている。

原発の再稼働の是非が、最近の話題となっている。石油供給に不安があるなかで、そうした動きが出て来るわけであるが、原発それ自体は一つの例にすぎず、それ以外のさまざまなものについても、いわば「システムの再稼働」が進められようとしていることに、私は危惧をもつ。この社会の抱えているさまざまな問題点、いろいろなレベルでのガバナンスの欠陥についてもっと検討する必要があるのではないか。ガバナンスとは、ガバメント（政府による統治）にかぎらず、企業など社会のいろいろなところでの人びとの組織的な管理を指すが、そういうものについて重大な欠陥があった可能性があるにもかかわらず、それを十分に検討し、修正することなしに、従来の政治システム、経済システム、そして社会システムが再び動かされようとしている。それでは、3・11の教訓とは何だったのかということになる。最近の、とにかく早く動かそう、元に戻そうという動きに対しては、非常な危機感を感じている。

そういう観点から、以下では次のような点について考えてみたい。第一に、特定の地域に巨大なリスクを押しつけるようなシステムが、今後も維持されうるのか。あるいは維持されていいのかどうか。第二に、「神話」に依存したリスク管理システムを続けることができるのか。第三に無責任なガバナンスの横行をどうするか。第四に、集団主義とコンフォーミズム（体制順応主義）をどう考えるか。第五に、狭い意味での政治の問題として、政府や政党政治が危機的事態に対応していないのではないか。そして第六に、エネルギー政策についての根本的な政策論議をどう進めていくかについてである。

1

原発、米軍基地、ごみ処理場などのいわゆる「迷惑施設」、つまり近隣の人びとにとってしばしば迷惑と考えられるような施設が、人口の少ない過疎地や「周辺的」な地域に立地されていることをどう考えるか。日本全体のなかでの「周辺」、さらにその自治体のなかでの「周辺」に作られ、東京や大阪などには立地されていない。この理由については、土地が安いからといった経済的な説明もされているが、明らかにそれだけではなく、実際には事故は起こりうるものと想定され、起こったときの被害のことが考えられているわけである。しかし、それは言わない。ここに情報の操作がある。

今回、私は自らの不明を恥じたが、原子力発電が戦後政治にとって、ここまでその「エネルギー源」としての役割を果たしてきたことを意識していなかった。冷戦状況のなかで、アメリカが、原爆で被爆した日本に対して、一種の懐柔策として原子力の「平和利用」を提案する。これを岸信介、中曾根康弘といった保守政治の中心人物が受け入れていく。しかも、その背景には、少なくとも日本側では軍事的な配慮があった。つまりプルトニウムを保有して核武装の潜在的条件を整えようとしたのである。一方、保守政治のなかでも田中角栄の役割は若干違っていた。彼は「電源三法」をつくって、地域にカネをもっていく、公共事業と同様のシステムをつくった。つまり、「土建国家」と並行的なものとして原発を位置づけたのである。こうしてみると、保守政治のなかでもタカ派的な潮流と田中派的な潮流、つまり保守的な国家主義と保守的な「社会民主主義」の部分との両方が、いわば同床異夢的に、原発のシステムを日本に導入したわけである。(3)

こうしたシステムを高橋哲哉は「犠牲のシステム」と呼び、福島と沖縄の類似性に注意を促している。(4) 周辺地域に危険な施設を集中させる一方で、東京などはそのことについて何の責任も負わないし、そうしたシステムの存在すら意識していない、と高橋は指摘する。私はしばらく前に、『社会の喪失』という書物で、市村弘正と原発をめぐって論じ合ったことを思い出す。(5) そこでは、かなり以前につくられた社会派の映画についての市村の評論を下敷きにして、さらに議論をしたわけだが、その映画のなかで、原発近くに暮らす人びとの口から「東京の人間」という言葉が出てくる。「東京の人間にはわからないでしょう」という具合に。この「東京の人間」とは、政治家たちのこと、あるいは官僚たちのこと、電力会社の人間たちのことも指しているが、それだけではなく、大都市に住む私たちすべてをも含んでいる。現地の人びとは、日常生活のなかで原発に不安を感じ、もし事故が起きたらどうしよう、身内が原発ではたらいているが、放射線被害は本当に大丈夫なのか、と思いながら暮らしている。ところが「東京の人間」たちは、そんなことは何も考えずに、電気だけを享受している。この非対称性のことを問題にしているのである。

ところが、その一方で、開沼博は『フクシマ論』で、そうはいっても、あれだけの雇用をもたらし地域に経済効果をもたらすものがほかにあるのか、という福島の人びとの別の声を伝えている。(6) そして、福島などの地域は、単に政治家や電力会社にだまされたということでなく、自発的に、いわば民主的に原発を選択し、それと共存してきたのであるという。沖縄についても、基地の地代に依存している人びとがいることなどは、かねてから言われている。私は、こうした問題提起は貴重であり、「犠牲のシステム」を批判する側の立場とのあいだで、さらなる議論の積み重ねが必要になっていると思う。そのさい、一つ念頭におかれるべきは、かりに原発が一つの地域産業という側面をもってきたとしても、その「受益」の範囲と被害が及びうる範囲とが一致していないという事実である。たとえば下北半島の先端に位置する青森の大間に原発をつくっても、すぐ対岸の函館には何の利益もないが、事故があれば深刻な被害が及びうる。つまり考慮されるべき「利益」や「損害」の範囲と決定権をもつ単位とが重ならないという問題がここにある。そうであるとすれば、立地自治体が民主的に同意したのだからそれでいい、ということに単純にはならないのではないか。

実は、これは、ヨーロッパがすでにチェルノブイリ事故のさいに気づいた問題である。被害は国境線を越えてヨーロッパ中に広がり、リスクの越境性が誰の目にも明らかになった。日本についても、同じように東アジア全体に関する国際問題も生じうるが、それ以前に、国内において、「地元」とは何かが実はわからなくなっていることを広く認識すべきである。この問題は、一時、滋賀県や京都府、大阪府も福井の原発の「地元」であるという主張として浮かび上がったが、すぐに忘却されてしまった。しかし、忘却によって問題が消えてなくなるわけではない。原発という重要な問題をめぐって、決定不能性が露呈した。

さらに、時間軸の問題もある。たまたまいまの時点で有権者である人びとが、数十年、あるいは数百年後のその地域の運命を大きく左右するような決定をする権利があるのか、という問題も存在するのである。このように、空間的にも時間的にも、民主政治における決定不能性というアポリア（難問）が前面に出てきている。

ただ、これに対しては、そういうことを言っていると、何もできなくなるのでは、という批判もあるかもしれない。誰も反対しないような開発などありえない、と。高橋も、「いかなる犠牲もない国家社会が成り立つかどうか、これはここでは答えることができない問題である」と言っている。何かをしようとすれば、犠牲は生じる。重い問題である。しかし、その犠牲をどこまで小さくしたり分散させていくのかというのは、私たちが選択できる問題である。

2

次に、いわゆる「安全神話」について考えてみたい。日本の原発は絶対に安全である、したがって、海外で採用されているような安全策も必要ない、といったことが平気で唱えられていた。最近の新聞報道によれば、経済産業省の原子力安全保安院は、二〇〇五—六年ごろに、IAEA（国際原子力機関）が安全基準をつくることそのものに反対していた。理由は、日本では苛酷事故は絶対に起きないから、だそうである。地震や災害のない国でさえ検討しようとしていたのに、この地震国日本が先頭に立って反対した。これは、日本は神風が吹くから戦争に負けないといった、戦前の日本における神話とよく似ていると言わざるをえない。

私自身、戦後政治学が日本社会の問題点としていろいろと指摘していたことについては、昔の話であって、かなり克服されただろうと思っていた。しかし、今回、実はほとんど変わっていないということがわかり、暗然としている。戦前に「天皇機関説問題」があった。天皇も制度上、一つの国家機関であるということは、ドイツ国法学にのっとった日本の法学においては常識的であり、官僚たちもみなそう教わっていた。ところが、一般の人びとに対しては天皇は神だと教えこんでいた。関係者だけが、制度だと理解していた。このギャップを右翼がとらえ、天皇は神ではないのかと糾弾したときに、対応できなかったというのがこの問題である。人びとに神だと説いた手前、神ではないとは誰も言えなくなり、神がかり的な勢力の伸張につながり、やがては戦争に突入していった。(7)

日本社会には「言霊信仰」があるといわれる。言葉に霊が宿っているので、いいことを言えば、その結果としていいことが起こる。悪いことを言えば、その結果として悪いことが起こる、という考え方である。そこでは、最悪事態を想定するのは「縁起でもない」ことであり、呪力によって最悪事態を惹き起こそうとしているとさえ見られても仕方がない、ということになる。こうして、最悪事態をシミュレーションし対策をとることそのものを忌避するようなことになるのである。

これは日本では「ムラ社会的」な行動様式が一般的で、集団のなかで異論をいうことに抵抗があることとも関連している。だからこそ、世界中と戦争をやって大丈夫なのか、と思った人はたくさんいても、それを口に出すことははばかった。同じように、電源がすべて喪失しても原発は大丈夫なのか、と思った人はいたが、それを口に出すことを避けたのではないか。

原発については、地元で避難訓練をすることさえ、経済産業省によって禁止されていた。絶対に安全だから、ということらしいが、避難訓練をすると反対派に「危険なのか」と言われることをおそれたとも伝えられている。同じようなことは、事故後、内部被曝を避けるための食品の安全基準づくりなどでも見られる。危険性を強調すると不安があおられ、「風評被害」につながるという点ばかりが強調される。食品の線量を計測すること自体反対だ、ということが一部の自治体の首長らによって堂々と言われていた。測らなければ放射性物質はなくなるのであろうか。これは現実に目をふさぐ態度である。猛獣がきても布団をかぶってしまえば、見えなくなって安心だということにすぎない。

これについて、一部の原発「推進派」からは、原発「反対派」が強硬すぎたから、対抗上、そのような過度に防御的な態度になってしまったのだと、反対派に責任をかぶせるようなことも言われている。しかし、それなら誰も安全性に疑問をさしはさまず、なんの反対論もなければ、電力会社や経済産業省の側が自発的に、何重もの安全対策をとったと言うのだろうか。

なお、いま見てきたような「安全神話」の一つの背景として、科学の世界での、単純な確率論の濫用も指摘できるかもしれない。重要な部品がみな壊れるようなことは確率的にきわめて低いので大丈夫だ、地震や大津波はめったにないから考える必要ない、といったことが言われてきた。しかし、確率論というのは、ひんぱんに繰り返されるような事象には当てはまるものであっても、ごくたまにしか起こらないようなことについて、単純に適応できるようなものではない。サイコロを何百回もふれば、どの目も同じように出るが、六回ふったら全部の目が出るというわけではない。さらに、原発事故のように、起こりうる被害の程度があまりに大きいもの、つまりリスクがきわめて大きいものについては、確率が計算上低くても、最悪の事態を心配するというのは非合理的でもなんでもない。(8)

私たちが暮らしている社会、巨大な科学技術によって支えられたこの社会は、合理性の極致のように考えられてきたが、実はその背後に「神話」的なものを抱えているのではないか。「安全神話」のようなものを持ち出さなければ人々を説得できないような技術とは何なのか、という問題が露呈している。

3

次に無責任体制についてである。一番わかりやすい欠陥は、原子力安全保安院というものの位置づけにあった。この役所は原発を推進する経済産業省のなかにありながら、原発の規制を求められていたのであり、いわばアクセルとブレーキのような役割を同時にもっていたので、結果的に十分な規制ができなかった。ここに問題があったことは明らかである。しかし、もしもこれだけが問題であるのなら、規制官庁を経済産業省から切り離すという、いま政府が議論している方策で十分ということになるが、それほど簡単なことではない。

そもそも、第三者委員会としての原子力委員会が、事故の事前においても事後においても機能していなかったことを深刻に受け止めなければならない。この委員会はお役所ではなく、専門家集団であった。しかし、その構成員たちも含めて、関係者が皆つながっていたという実態が明らかになっている。大学の教授など、一見中立的に見える人びとも、原発メーカーなどの出身者が多く、利害関係をもったインサイダーなのである。規制をするといっても、資料はメーカーがつくったものに依存している。これでは、制度上でだけ切り離したからといって、きちんと規制ができるようになるはずはない。こうした根本問題について解決することなく、小手先の弥縫《びほう》策を採用しても、無責任体制は解消しない。

ちなみにアメリカの原子力発電への規制は軍関係の出身者が中心になって行なわれていると言われている。「平和利用」と「軍事利用」の二本柱だからこそ、できることである。日本の場合には、そうしたことはできない。それならいっそのこと「軍事利用」もすべきだ、といった話では冗談にもならない。原子力技術はしょせん、戦争と表裏一体の技術であり、「平和利用」など無理だったのであり、いまからでも放棄すべきなのである。ドイツは実際に、それを決断している。

もう一つ、非常に重大な問題として、専門家の知見と政策的な判断との切り分けができていないという点がある。たとえば、原子炉の専門家が原子炉の安全性について検討するときに、これ以上安全性を高めると、電気代が高くなり、経済に悪い影響を及ぼすと考慮したりすることがあったのではないか。あるいは、食品の安全性の専門家が、低線量被曝の問題について考えるときに、あまり基準を厳しくすると、地域経済に打撃となるし、住民の流出なども進むと考慮したりすることがあった可能性がある。もしこうした判断をしているとすれば、専門家の越権行為であると言わなければならない。

しかもやっかいなのは、専門家にこのような、いわばふみこんだ政治的な配慮をさせるような構造がある点である。政治家や行政が、自分たちの責任を放棄して、科学者に言わせている場合が多々あるとされる。そうすれば、「科学的」な基準であるとして、誰も反対することが難しくなるし、もしも将来、なんらかの深刻な事態が発生した場合にも、専門家のせいにすることができるわけである。一部の専門家たちは、政治や行政の「空気」を読みながら、その意向に沿った結論を科学の名の下に出すことによって、自分たちの影響力を保持しているのかもしれない。

いずれにせよ、こうした一種の循環構造、ないしもたれあいの構造のなかで、重大な政策について、誰が決定したのかわからなくなっている。あらためて戦前の例と比較すれば、戦前においては、戦争遂行の専門家である軍部が、いつどこと戦争を始めるべきかについても勝手に判断をするようになった。そして、既成事実を積み重ねることで、国全体が戦争に巻き込まれていったのである。このことについても、裏から言えば、政治家たちが、軍の判断のせいにして追認していったという面もあった。戦後の科学技術は戦前の軍事と同じような役割を、政治との関係でもっているのではないか。戦後政治学において、丸山眞男らが「軍国支配者」の精神のあり方などについて述べたことが、戦後の原子力体制にもあてはまるようだ[9]。

近年のガバナンスをめぐる議論では、官僚支配からの脱却のためということで、第三者委員会への期待が強かった。かつての一連の「臨調」や小泉政権時の経済財政諮問会議が典型であり、重要なことは専門家に委ねようとしたわけだ。しかし、こうした決め方が責任あるものかが、今回の事態で問われたのである。もっとも、だからといって、官僚支配に戻せばいいということにもならないであろう。結局、きわめて重要な問題については、専門家の判断を聞いたうえで、広く国民的な議論を経て、政治的に決定するしかない。原子炉の壁をどうするかという技術的な問題は専門家に委ねるべきだが、どれだけの安全水準を目指し、そのためにはどのようなコストを負担すべきかといったことは、人びとの価値判断にかかわるものであるから、総合的に決めていくしかないのである。

4

これから述べることにも、ある種の両義性が伴う。今回、災害後の日本社会がパニックにもならず、冷静に対応し、相互に支え合ったことは海外でも高く評価されている。現地において、直後の混乱のなかで物資が十分に届かなかったが、自発的な助け合いが行なわれた。これは非常に高く評価されるべきである。また、コミュニティの紐帯が大きな力となったことは事実である。しかし、その一方で、コミュニティは必ずしも常によい形で機能するとは限らない。一種のコンフォーミズム（体制順応主義）の温床となり、個人の判断を過度に抑制することがありうるのである。

危機的な状況のなかではとりわけ、一つの声によって統合されやすい状況が生まれるのではないか。辺見庸は、今回の震災後に日本で出てきた文章には決まりきったものが多かったと指摘する。多くの死が経験されたにもかかわらず、少しでも死の影が見えるものは、被災者の神経を逆なでするなどとして公表できなかった、かつての関東大震災や第二次大戦、原爆の場合などと比べても、今回ほど言論がコントロールされたことはなかった、報道にかんしては、「心の戒厳令」ともいうべき状況さえ見られた、と言うのである。(10) 辺見自身は、さまざまな詩などを通じて、その欠落を補おうとしているのであるが、今回は、さまざまな「見たくない現実」から目を逸らせて、とにかく早く日常性を回復すべきだという傾向が強かったのではないか。もちろん、「復旧」のためにはいつまでも死者を悼んではいられないという事情もあろう。しかし、一つ一つの死の重さを受け止めることからしか、本当の意味の「復興」はないのではないか。

非常に大きな問題として、いろいろな事情で避難したり移動したりせざるをえないという判断をした人びとに対して、被災地から逃げるのか、復興を妨げるのかといった心無い声が投げかけられることがあるという。一つの家族のなかでも、別の土地で新たな生活を始めたいという人と、現地にとどまりたいという人のあいだで対立が生まれ、亀裂が生じたりしているという。悲劇としか言いようがない。

特に気になるのは、一部の自治体の責任者らから、人びとの移動を制限する、あるいはそこまで言わないまでも、移動を奨励しないような言説が出されたことである。統治する側の論理からすれば、人びとがどんどん流出してしまえば、地域経済にも打撃があり、やがては自治体の存続そのものにもかかわるので、それをおそれるということは理解できる。しかし同時に、とりわけ福島の一部地域の場合には、低放射線被曝の影響について科学者のあいだでも意見が分かれているような状況で、住み続けても絶対に安全であるとは誰も言えないはずである。福島以外であっても、地盤沈下など被災の状況によっては、移動した方がいい人々もいるはずである。特に若い世代にとっては、早くほかの土地でやりなおした方がいいという判断をする人がいてもおかしくない。こうした状況では、現地にとどまりたいという人について必要な援助をする一方で、移動という決断をした人に対しても、同じように手厚い援助をすべきである。つまり、援助のあるなしを通じて、人びとの判断に圧力をかけるべきではない。個々の判断にゆだねるべきである。

5

ここまでも広い意味での政治の話だと思っているが、ここからはより狭い意味での政治の話をしたい。災害・事故後の政府の対応について、さまざまな批判があるし、私もそれは共有している。しかし、同時に、今回の地震・津波被害の大きさと、原発事故という経験したことのない事態が同時的に発生するなかで、ほかの誰がやってもそんなにうまく対応はできなかっただろうというのが、公平な判断だとも思う。非常に残念であったのは、党派的な対立が持ち込まれ、それが緊急事態への対応を遅らせた面があったことである。与野党間の対立だけでなく、与党内でも一部の人びとが、自分たちの思惑から混乱を激化させた。

日本政治は、危機管理がもともと下手であったが、今回その欠陥が露呈した。これは必ずしも、強大な権力の樹立を常に勧めるものではないが、自然災害のような危機状態に限り、期限付きで、政府に一定の強い権力を与えることはむしろ必要ではないだろうか。これまで緊急事態についての制度づくりができなかったことについては、先ほどの「言霊信仰」と同じようなものが作用していた面も否定できない。つまり、緊急事態について考えること自体が、緊急事態を呼び寄せるかのような考え方が。もちろん、その背景にはかつてのたび重なる戦争の歴史があり、日本が戦争を起こさないことがきわめて重視されたという事情がある。緊急事態法制をつくらないことで、間接的に、戦争をやりにくくするという配慮があったのは事実であり、それ自体は意味があった。また、緊急事態においては、権利の制限などが行なわれる側面があり、これが、かつての抑圧的な政治体制の記憶もあって、避けられてきたのも事実である。しかし、災害の場合に限定すれば、緊急事態への備えが必要なのではないか。

居住の自由や所有権などについて、制限する規定がないために、震災後の対応などが円滑に進んでいないとも言われている。ひどい地盤沈下などで、安全に住み続けることが不可能になったような土地についても、居住を制限し続けることが難しい。また、ある土地から別の土地に住み替えたり、工場をつくり直したりする場合に、政府が個人にどこまで援助することができるのかといったことについても、これまで制度的な対応が十分にできていなかったために、いろいろな混乱が生じているとされる。よく中国の四川地震などのときには迅速な対応がされたといわれるが、中国では事情が異なる。もちろん、権利を軽視していいということではないが、逆に、土地利用や経済活動について、なんの制約もできないということでいいのだろうか。

このことは、先ほど移住について個人の判断を優先せよと言ったことと矛盾していると思われるかもしれないが、必ずしもそうではない。人がどこに暮らすかは、自由に選択できるようにすべきである。しかし、あるところに暮らすさいに、どのような条件で暮らすかについては、環境や安全の配慮などで社会的に制限できる。ヨーロッパなどでは、景観も含めて土地利用などについては厳しく規制され、都市計画が厳密に行なわれている。自分の土地だからといって、勝手に開発することはできない。しかし、このことは個人の自由を不当に制約するものとは考えられていないのである。

6

最後に政策論議の欠如について述べたい。この間、日本の政治・経済システムについての根本的な反省が十分になされてきたのか、という問題である。今後の原発規制については、規制官庁を独立させればいい、委員会の独立性を強めればいいといった話に終始している。しかし、先ほどもふれたように、とりわけ原子力のような分野で、独立した専門家なるものが確保できるのかどうかといった根本問題は放置されたままである。

また、今後のエネルギー政策のあるべき姿についても、幅広い国民的な議論が十分に行なわれているとは言えない。当時の菅首相の事故対応については、私はそれなりに評価しているが、脱原発という方針を唐突に打ち出しすぎた面もある。議論を積み重ねたうえで、国民の広い範囲が納得したうえで結論に至るという過程を無視したために、かえって揺り戻しを招いた。メディア等も、そうした問題意識が薄い。疑えば、日本社会によくある「なしくずし」的なやり方、つまり議論をせずに、既成事実を積み重ねることで、なんらかの方向に誘導しようとしている勢力があるのかもしれない。今回の事態の受け止め方として、それで十分なのかどうか。

本来であれば、政党が中心となって、議会政治の枠内できちんとエネルギー問題のあるべき姿について提起し、議論を深めていくべきである。しかし、国の経済の根幹であるエネルギー問題や、それと表裏ともいえる環境問題については、欧米でも必ずしも正面から政党政治のなかで争点化されているとは限らない。日本では特に、主要政党の内部でも意見が割れる問題であることもあって、政党政治のなかで争点化されにくい。かといって、先にふれたように、第三者委員会にすべてをゆだねるということも正しくない。

私は、議論を深めていくための一つのツールとして、直接投票というものもあると思っている。[11] 国民投票を求める運動もあるし、東京・大阪では住民投票の動きもある。私自身は、なんでも直接投票にかけるといったやり方については、従来から懐疑的である。また、国民投票は、国民全体が分母となるため、原発の立地地である福島・新潟と消費地である大都市の意見が合算されてしまう。ここに危険性がある。たとえば私は沖縄の米軍基地問題について、国民投票をするといったことには疑問がある。それは、沖縄にそのまま置いておけばいいという「本土」の「地域エゴ」によって、沖縄の切実な声が単なる少数意見として封殺されてしまうようなことにもつながりかねないからである。同じことは、原発のような問題についても言えるであろう。また、国民という巨大な単位で、どのように実質的な議論を行なうかも難しい問題である。これまで直接投票が行なわれ、成功してきたのはいずれも自治体単位であり、そこでは密度の高い議論が可能であった。

したがって、もしも国民投票をするとしても、それぞれの地域の声を示す住民投票を先行させる形で行なわれた方がいいのではないかと私は考えている。それぞれの地域から、同じ問題について異なる声が出たとしても差し支えない。各地域がどのような考え方をしているのか、まずははっきりさせるところからでないと、国民的議論は始まらない。原発に近い自治体は、先ほど述べたようにその危険についても意識しているが、同時に、さまざまな交付金などを受け取っているので、「原発との共存」という声がむしろ強く出てくることもありうる。他方で、「東京の人間」がどういう判断をするのかも、予断を許さない。そうしたさまざまな声があることをまずはっきりとさせ、相互の対話を促すなかで、方向性が見えてくるのではないか。

また、最近では政治学を中心に、「討論型世論調査」などの「熟議民主主義」的な試みも紹介されている。[12] これは欧米ではすでに多くの実践例をもつものであり、ちょうど陪審制度と同じように、無作為に抽出された市民が集まって、相互に立場の異なる専門家たちからさまざまな情報を得たうえで、集中的に議論を行ない、なんらかの結論を出すというものである。こうしたものも、人びとのあいだで議論を深めるための、一つの回路である。さまざまな回路を通じて、民主政治をより実質的な形で稼働していくことが求められている。それなしに、漫然と過去のシステムを「再稼働」するのでは、3・11の経験を受け止めたことにはならないであろう。

（1）同様のテーマをめぐる拙稿として、杉田敦『3・11の政治学——震災・原発事故のあぶり出したもの』かわさき市民アカデミー講座ブックレット、二〇一二年。
（2）9・11の意味をめぐる拙稿として、杉田敦「境界線の政治を越えて」（藤原帰一編『テロ後——世界はどう変わったか』岩波新書、二〇〇二年、所収）。
（3）山本義隆『福島の原発事故をめぐって——いくつか学び考えたこと』みすず書房、二〇一一年、参照。
（4）高橋哲哉『犠牲のシステム——福島・沖縄』集英社新書、二〇一二年。
（5）市村弘正・杉田敦『社会の喪失——現代日本をめぐる対話』中公新書、二〇〇五年。
（6）開沼博『フクシマ論——原子力ムラはなぜ生まれたのか』青土社、二〇一一年。
（7）天皇機関説問題に関して、「顕教」が「密教」を駆逐した経緯について、久野収・鶴見俊輔『現代日本の思想——その五つの渦』岩波新書、一九五六年。

（8）加藤尚武『災害論――安全性工学への疑問』世界思想社、二〇一一年。

（9）戦前の日本社会における「無責任の体系」について、丸山眞男「軍国支配者の精神形態」（杉田敦編『丸山眞男セレクション』平凡社、二〇一〇年、所収）。

（10）辺見庸『瓦礫の中から言葉を――わたしの〈死者〉へ』ＮＨＫ出版新書、二〇一二年。

（11）直接投票をめぐる筆者の考え方について、以下を参照。飯田哲也・今井一・杉田敦・マエキタミヤコ・宮台真司『原発をどうするか、みんなで決める――国民投票へ向けて』岩波ブックレット、二〇一一年。

（12）篠原一『討議デモクラシーの挑戦――ミニ・パブリックスが拓く新しい政治』岩波書店、二〇一二年、参照。

日本の民主政治、ガヴァナンス、人間の安全保障

ブレンダン・マーク・ハウ（愛甲雄一訳[訳註1]）

はじめに

二〇一一年三月一一日に日本を襲った地震と津波、続いて発生した原発事故。さらにこれらの出来事によって生み出されたその後の余波。これらはすべて、日本の民主政治とよきガヴァナンスの性質、およびその未来に関する多くの重要課題に対し、人びとが関心を寄せるきっかけとなったものである。本稿では、以下の四つの関心領域について探究を行なっていこうと思う。が、同時に、未来への希望となる関連の諸根拠もまた、明らかにしていくつもりである。第一の問題領域は広範なものだが、そこではガヴァナンスの意味、ならびに被統治者に対する統治者の義務というものを関心対象にしたい。第二の問題群には、いわゆる「専門家」たちに統治を任せきりにすることの危険性、また統治を行なうべきでありながらその責任を放棄してしまう者たちのことが含まれる。第三に明らかにしたいことは、日本社会の性質についてである。そして最後に、日本の民主政治における構造とその機能の仕方について探究していこうと思う。

ガヴァナンスと義務

私たちは通常、統治者が被統治者たちの利益に沿って統治してくれることを期待している。集合行為を通じてもっとも適切に、おそらくはそれを通じてのみ実現可能な諸サービスが彼らの手で有効に提供されることを望んでいるのである。「ガヴァナンスとは」、グローバル・ガヴァナンス委員会 Commission on Global Governance の報告書によれば、「個人ならびに諸機関――公的機関と私的機関の双方を含む――が共通の問題について対処する場合に利用する、多様な方法の集まり」のことを意味している。(1) それは、法の支配によって不正な搾取から弱者を保護し、あらゆる人びとに安全がもたらされるよう、対立する諸利益をひとまずは調和させる継続的かつ漸進的なプロセスのことなのである。ガヴァナンスとはまた、集合的に善 good や財 goods を生み出していくことによって、個別に行動するよりもすべての人びとがより豊かになり得る、そんなプロセスのことを指してもいる。

ゆえにガヴァナンスという概念には、統治者が被統治者たちの安全、発展、基本的な人間ニーズBHN(訳註:ii)の提供に関心をもつことが、含意されている。国内の場合は普通、その種のガヴァナンスは国家の諸機関、すなわち政府やその関連諸機関によって行なわれる。しかし国際社会の場合は、国境を越えてそうした課題に対処する世界政府が存在しない。したがってこの国際社会におけるガヴァナンス概念には、そうした状況のなかでも行なわれるグローバルな統治という意味がまず含まれ、と同時に、ある国の統治がその国民に「セーフ・ヘイヴン(訳註:iii) safe havens」を提供し得ない場合、国際的なアクターたちが代わりに為すいっさいの事柄もまた、その意味に含まれる。ゆえに、「セーフ・ヘイヴン」とは、被統治者のなかでも最弱の立場にある者たちが恐怖と欠乏から可能な限り無縁であるよう、統治者たちがそうした人びとの利益を最優先させる、国家・地域内に画された空間領域を指す概念だ、と言うことができる。開発研究に関する文献では、「ガヴァナンス」や「よきガヴァナンス」といった用語が、ますます頻繁に用いられるようになっている。この変化は、社会に起こるすべての悪は悪しきガヴァナンスがその根本原因のひとつである、と認識されるようになったことにともない、生じてきた現象である。しかし同時に、主要ドナーや国際金融機関がその援助や融資の条件として「よきガヴァナンス」を確実にもたらす改革の実行を課し始めたことも、そこには深く関係している。ゆえに、国連開発計画UNDPの場合は、効率的かつ公正で透明性の高い参加型の責任政治、さらには法の支配を促進する政治が「よきガヴァナンス」だ、と規定されたのである。ところが、多くの東アジア諸国では社会的・政治的な発展よりも、経済的な発展のほうを優先させることが広く行なわれてきた。実際のところ、アジアは常に、異常なまでの「経済多幸症 econophoria」――統治に関わるあらゆる問題は、国内・国外のいずれかを問わず、発展と成長とによって乗り越えられる、という信念――が蔓延した地域として、これまでずっと描写され続けてきたのである。この経済を優先させる姿勢は、多くのアジア諸国が成し遂げた急速な経済成長の成功と並行する形で生じてきたものであった(2)。そして確かにその姿勢は、目を見張るほどの経済成長の実現に対し寄与するところがあったと言えよう。しかしながら他方でそれは、絶対的な意味でも相対的な意味でも、人間の安全保障に対する脅威として重大な影響を与えもしてきたのである。

これまで批判者たちは、以下のような非難を日本政府と自治体とにぶつけてきた。すなわち、「経済多幸症」のリスクを知悉していたにもかかわらず政府と自治体はそれに服してきたのであり、しかもそれと同種の統治義務に対する怠慢が、いわゆる原子力の「平和」利用促進において行なわれてきた、という批判である。重要なことは、この怠慢ぶりが被統治者に与えられた諸権利に対する統治者の著しい軽視の反映であるとともに、この現象が実のところ、日本だけに限られたものではなくアジア全体にも共通するものだ、という点である。ヘンリー・ナウはこれに関連して、次のような点に注意を促している。アジアにおける市民的自由の完全なる保護の欠如は、「社会に対する個人の関係が、〔西洋とは〕かなり異質な伝統の下にあることから生じている。西洋においては、政治思想にせよ、宗教改革や啓蒙主義運動といった歴史的事件にせよ、政治的な意味での個人が賞賛された事例を挙げることができる。ところが、アジアの場合は、どこに赴こうともそのようなものが存在しないのである」(3)。さらにナウは、「家庭内においても(儒教)、宗教においても(仏教・イスラム)、そして国家においても(神道)、〔アジアでは〕あらゆる社会関係のなかに、権威主義的な秩序の蔓延が見られる」と主張している(4)。ゆえに、これまでのアジアのあり方をより寛大に解釈するとすれば、せいぜい、農村地帯における人間の安全保障を度外視することによって、国家や諸地域の経済開発実現が追求された、ということになろう。しかしこの解釈は結局のところ、その両者を同時に提供する政策の追求こそが肝要だ、という点を浮き彫りにするにすぎない。そしてその両者が提供される場こそ、「セーフ・ヘイヴン」という概念で要約されるものなのである。

人間の安全保障とは、個人が抱える脆弱さをグローバルに理解しようとする、現在誕生しつつある分野横断的なパラダイムのことを指す。そこでは、戦略研究、安全保障研究、開発研究、人権研究、国際関係論、国際機構研究など、多くの研究領域が提示する方法や分析結果がひとつに結合されている。そして、これらの研究領域の中心に位置し、統括的な役割を果たしているのが、保護という概念にほかならない。既存の国家安全保障概念の場合、外国からの軍事侵略という脅威ばかりが関心を集めてきたが、しかし今日、人びとが日常的に直面する複合的な脅威はそうした概念枠を踏み越えてしまっている。その種の複合的な脅威として、貧困、失業、麻薬、テロリズム、環境破壊、社会の崩壊といった事例を挙げることができよう(5)。要するに、安全への脅威は国家間のみならず国内にも存在するという事実が、国際社会によってようやく理解され始めたのである。そして、国際社会はそれにともない、国家だけでなく個々の人びとに対しても、関心を向けるようになってきている(6)。

ＵＮＤＰ発行の一九九四年度版「人間開発報告書 Human Development Report」は、この最近生じたパラダイムの主要テキストである。この報告書では、人間の安全保障概念を幅広く解釈する必要性が強調され、「恐怖からの自由」と「欠乏からの自由」を人間における安全の条件として定義している。さらに本報告書では、同概念について、「飢餓・病気・抑圧といった慢性的な脅威から安全であるとともに、家庭・仕事場・地域社会を問わず、日常生活のサイクルにおいて突然害をもたらす混乱から保護された状態」という特徴づけが行なわれている。[7] この概念規定によれば、人間の安全保障の構成要素には七つの項目が含まれる。[8] そしてその七項目いずれをとっても、被害の予防が意図されているとともに、個々の人間が中心に据えられているのである。[9]

国連は二〇〇一年、緒方貞子[10]とアマルティア・セン[11]を議長とする独立の委員会として、人間の安全保障委員会 Committee on Human Security を創設した。そして二〇〇三年に同委員会が発行したのが、「人間の安全保障の今日的課題 Human Security Now」と題された最終報告書である。その報告書では、人間の安全保障概念を確立するために各種支援を結集させて、その具体的な枠組みを提供することが目的とされている。そのなかで同委員会は、人間の安全保障概念に関し、一九九四年におけるＵＮＤＰの報告書よりもさらに広い定義を採用した。それによれば、「人間の自由と満足感を増大させるうえで必要とされる、あらゆる人間の生にかけがえのない中枢部分」の保護が、同概念には含まれなければならない。[12] そして同委員会は、ＵＮＤＰの七項目に対し、一〇項目にのぼる人間の安全保障推進のための「出発点」を提案している。[13] 一方、学問の世界では、キングとマリーが同概念について「単純かつ厳密で、しかも計測可能な定義」を提出した。その定義によれば、「人間の安全保障とは、『一般的貧困 generalized poverty』以外の状態で過ごすことのできる将来の年数」のことである。そして彼らは、その「一般的貧困」状態のことを、「人間福祉の核となるすべての領域において、一定の基準以下にある〔状態に落ち込んでしまった〕個人」の状態、と見なしている。[14]

この新しく登場した人間の安全保障というパラダイムは、よきガヴァナンスという概念が主として以下のような事項を含むべきことを示唆している。すなわち、国家よりもむしろ個人の保護が必要だということ、恐怖と欠乏からの自由を提供すべきだということ、すべての人間にはそうした保護や提供を受ける権利が「与えられている」ということ、その概念のもっとも広い解釈においては、食糧、健康、環境、地域社会、政治、人権に関する安全保障が含まれるということ。すべての統治者はすべての個人に対し、とりわけ最弱の立場に置かれている人びとに対し、次のような生活環境を提供する責任がある。つまり、彼らの生活や福祉に対する複合的かつ相互に関連したさまざまな脅威に対し、それらの恐怖から無縁な状態で彼らが自らの生を送り得る――そんな条件を備えた生活環境の提供である。これは結局のところ、各国政府は自分たちの国を一定の地理的範囲を備えた「セーフ・ヘイヴン」として統治する義務を負っている、との謂いにほかならない。

理論面と実践面の双方において、安全保障と開発という二つの概念は、個人の保護という意味をもつ人間の安全保障概念と基本的な人間ニーズの提供という意味をもつ人間開発 human development 概念として理解されるときに、もっとも調和的となる。その双方はともに個々の人間を重視するところに共通点があり、またそれらはともに、安全保障と開発に関する正統派アプローチ――国家安全保障と自由主義的な経済成長という概念――に対し挑戦を突きつけている。両概念が強調するのは、人間をけっして手段ではなく最終目的と見なすことである。また、自らの必要物を満たすプロセスに直接参与できる力をもつのが人間と呼ばれる主体 agent だと考える点も、それらが等しく強調している側面として指摘できる。人間の安全保障概念においても人間開発概念においても、ともにその視点は多角的である。それらは人間たちの物質上・身体上の関心事と並んで、彼らの尊厳ということにも十分な注意を払っている。

無責任な開発行為は汚染や気候変動などを引き起こすことがある。そしてそれは、グローバル社会のなかで最弱の立場に置かれている人びとの安全や発展において大きな影響をもたらすのである。さまざまな国際機関では今日「よきガヴァナンス」と呼ばれる政策的処方箋――財政責任や効率性に関する処方箋――が支持されているが、それさえも、社会における最弱部の人間の福祉と安全とに対し、重大な負の影響を与えかねない。その処方箋は、途上国であるか先進国であるかを問わず、国内に「セーフ・ヘイヴン」を作り出すよりも、むしろ弱者のゾーンを作り出してしまうのである。実際、北と南の双方において批判的立場に立つ経済学者や政治評論家たちの認識はずっと、新自由主義革命が人間と経済の双方にとって著しい負担になる、というものであった。[15] しかもこうした犠牲の多くは、進歩というものが国家レベルで集計される統計によって計測されてしまうこととけっして無関係ではない。その統計のなかでは、ドウィヴェディ言うところの「人間の顔をしたガヴァナンス humane governance」――このガヴァナンスでは、持続的な環境の保護や資源配分の公平な制度が、貧困や不平等といった問題への対処が行なわれるときに育成されていく――に近い何かに関心がもたれることなど、まずないのである。[16]

日本の原子力政策は大都市圏の急速な経済成長の実現を目的として推進されてきた。国家全体で平均化されてしまう成長の集計データにより目を眩まされた結果、責任ある地位にあった統治者たちは等しく、原発近郊に住む弱き庶民のリスクについて無視を決め込んできたのである。ゆえに、日本の憲政史上初めて国会が設立を認可した独立の委員会・国会福島原子力発電所事故調査委員会ＮＡＩＩＣの委員長は、以下のような発言をすることになった。[訳註IV]「福島第一原子力発電所でその後発生した事故は」、たとえそのきっかけは大地震にあったとしても「単なる自然災害とは見なし得ない。それは本質的なところで、まったくの人災であった。それが発生することは予見できたのであり、防止することもまた可能だったのである」。[17] 同委員長はさらに続ける――戦後日本の経済的な奇跡は、人びとのまさにひたむきな決意が動かしてきたものだ。しかし、その強い意志とともに「原子力の推進は止められない流れとなり、市民社会による検証からも除外されていった。ゆえに、その促進に利害関係をもつ官庁に対し、その規制監督の権限も委ねられてしまったのである」。[18] したがってＮＡＩＩＣの報告書では、以下のような結論が下されている。

東京電力福島第一原子力発電所の事故は、政府・規制当局・東京電力の間にあった馴れ合いの結果であり、またこれらの関係諸機関において、ガヴァナンスが欠如していたことの結果であった。それらは実質的に、原子力事故から安全であるべき国民の権利を裏切ったのである。(19)

しかしその報告書はまた、以下のようなことにも注目している。すなわち、政府がその監督義務を怠ったこと、日本の原子力産業に対する規制権限が国民の選んだ代表者にではなく、むしろ「専門家」たちに委ねられてしまったこと、である。そこで次節では、この統治者による権威と責任の放棄がもたらす危険性について言及することにしたい。

民主的監督の放棄

近代国家の誕生以来、競合するさまざまな利害を考慮し得る集合的政策決定のシステムが、複雑さと人びとの相互依存が増すばかりの状況のなかで求められてきた。そして現代の国際社会においては、デモクラシーこそが、そうした政策決定システムにおける最善あるいは唯一のものだと考えられている。その広範な合意のなかで、大多数の論者によって受け入れられている前提が以下のような考え方にほかならない。すなわち、あらゆる人びとの利益は保護されるべきであり、またあらゆる人びとは最大限の自律性を担保されるべきだ、との考え方である。人類の歴史は、なんらかの利得——たとえば物質的な利得——をめぐる政治過程において、積極的に参加していこうとした個人や集団の事例であふれている。ゆえに一般的には、たとえ貧困に打ちひしがれていても、独立状態の方が（相対的に）恵まれた従属状態および／ないし占領状態よりもましだ、と考えられてきたのである。腹一杯の奴隷でいるよりも極貧状態にある自由人でいるほうがいい、というのであった。

こうした文脈からすれば、選択肢があることと参加の機会が開かれていることは、人類が実現してきたもっとも重要な政治上の成果だ、と見なし得よう。ゆえに、集団的政策決定のシステムはこの成果を最大限にするよう取り計らわなければならない、ということになる。なぜなら、人は自分自身の夢を自らの力で実現できる状態になければ、すべてのことがなんの価値もなくなってしまうからである。だから当然、たとえ慈愛心にあふれたものであっても、独裁政治は容認すべきではない。――こうした考え方こそ、あらゆる種類のエリート統治モデルに向けられてきた批判の背後にあるものである。他の集団が私たちの利害を配慮することにどんなに優れていたとしても、彼らにそうした行動を認めてはならないのだ。人間としての成長に固有なものがあるとすれば、それは私たちに間違いを犯すことが許されていると同時に、その間違いから――望むらくは――何かを学び取ることが許されているからであろう。それに、しばしば指摘されるように、一般庶民の上に立つエリートがたとえどれほど開明的であるにしても、彼らのものでない利害やその仲間が代表していない利害について、それらを他の利害と同等のものとして彼らが扱うとはほとんど考えられない。もっとも、こうしたことは必ずしも彼らエリートたちの冷淡きわまりない無視から生じるのではないのかもしれない。それはおそらく単に、時間上の制約、統治をめぐる複雑さといった事情から生じてしまうものなのであろう。

他方で、統治者に以下のようなことまで期待するのは酷だと言える。つまり、実行される全政策のディテールについても彼ら自身が対応すべきだ、といったことや、彼らもまた直接現場で働く人びとと同等の関連知識・専門技術を備えていなくてはならない、といった事柄である。大多数の政治社会が目指しているのは、デモクラシーと効率性とのあいだにおけるある種のバランスにほかならない。とはいえ、そのような事情がしばしばもたらす必然的な結果は、社会における多くの領域、とりわけ経済の領域が民主的な応答責任の対象外になってしまう、ということである。ここで私たちは、民主政治の原理に対して留保が加えられるべき最初の条件に直面する。すなわち、民主政治において目指されるべき最大限の参加とは、政策を実行するにあたって必要とされる程度の効率性とあくまで両立するものでなくてはならない、という条件である。

このような事情から、選挙で選ばれていない裁判官が立法過程に関わり、選挙で選ばれていない軍人が軍需品の調達を行ない、選挙の洗礼を受けることのない特殊法人が多くの人間活動の領域ではびこる、ということが起きる。もとより、こうした団体や個人は国民が選んだ代表者たち、つまり財布の紐を握っている人びとに対し、たいていの場合、基本的には応答責任がある。しかし、にもかかわらず彼らには同時に、かなりの程度の権威も付与されている。ゆえに、政策が選挙を通じて直接生み出されることはなく、それに代わって実際に行なわれるのは、立法府内の諸専門委員会を通じて、また高度の専門知識を備えた実に有能な人びとをスタッフに抱える行政機関を通じて、あらゆる政策上の提案が等しく篩《ふるい》にかけられる、ということである。実際のところ、専門性は今日、いかなる統治システムにおいてもきわめて重要な地位を占めている。現代の統治システムは言うなれば、デモクラシーとメリトクラシーとの混合物なのである。

ジョージ・W・ブッシュ大統領、イスラエルのエフード・オルメルト首相、韓国の盧武鉉大統領といった政治指導者たちは、国内・国外を問わず、さまざまな報道機関から厳しい批判を受けた。というのも、彼らは、軍部の指導者たちから見れば驚愕の対象と損失にしかならないような軍事政策に直接手を染め、しかもそれを大々的に実行したからである。しかしながら、歴史が私たちに示すおびただしい数の事例は、むしろ統治上の応答責任を放置することが生んでしまう、その危険性のほうである。朝鮮戦争において、中国の干渉を誘発してしまったそのもともとの原因は、アメリカの政治家たちがダグラス・マッカーサー元帥への政治的監督を怠ったことにあった。その結果、この紛争は著しく長期化し、事態は一時、原爆を北京に投下する直前にまで悪化してしまったのである。さらに深刻な事例は、第一次世界大戦期において、イギリスの国会議員全党派が見せた情けないほどの職務怠慢ぶりに見出せる。実際のところ、当時のイギリスは協商側とのあいだに公式的と呼び得るなんらの同盟も結んではいなかった。にもかかわらず彼ら国会議員は、軍の指導者たちに対し帝国がヨーロッパ大陸で軍事行動を行なうことを許してしまったのである。その戦争が正義に適うものであったかどうかは、ここではひとまず関係がない。たとえその戦争がいずれ戦わなければならなかったものだったとしても、そのようなレベルで政治的な監督への怠慢があったことは、イギリス民主政治の信用を著しく傷つけるものとなった。大英帝国が結局のところ崩壊してしまったのも、この決定ないし決定の欠如が原因だった、と言えるかもしれない。

ガヴァナンスを効率よく行なうためには専門家と政策立案者双方からのインプットが必要であり、彼らのあいだで十分な協議と調整とが行なわれなければならない。しかしこの点はおそらく日本において、とりわけお寒い状態にあった。日本の政治システムに対する批判者たちの議論によれば、その過ちは、権威側の監督面においてというよりむしろその怠慢という面においてずっと大きいものがある。結局、日本に存在しているのは政治家も専門家もともに責任を取ろうとしない構造なのである。では、なぜこのような構造が日本では生じてしまったのか。それは、政府内の政治家と官僚の双方がなんらのリスクも負おうとはせず、政策決定に関わるあらゆる事項をすべて専門家たち——そしてその専門家自身は、時間と優先順位において両立しない諸要求を抱えている——に丸投げしてきたからである。加えて、ある産業の促進に利害をもつ関係者たちが同時にその産業の規制にも責任をもつ、いわゆる「規制の虜 regulatory capture」も日本ではいたるところで行なわれてきている。それはフクシマという大失敗にも関わる問題としてとりわけ非難されるべき点であり、ゆえにＮＡＩＩＣの報告書でも、「立法府における行政上の権威を強化す」べきだ、ということが強調されているのである。[20]

同報告書は、フクシマの大災害に関して以下のように記している。「原子力を扱うすべての人間と機関において無知と傲慢さはけっして許されないことを、諸会議を通じて本委員会〔NAIIC〕は理解した」[21]。同報告書はまた、二〇一一年三月一一日の東日本大震災と津波以前にも福島第一原子力発電所で発生していた過失や意図的な無視、事故発生後の数時間・数日・数週間のあいだに行なわれた不適切な対応について、その概要を説明している。日本の政治文化がそこで果たした役割に人びとの眼を向けさせたのも、この大災害であった。再びNAIIC委員長の言を借りるならば、

日本において自信というものが減退していくなか、内向きに固まった巨大な財政権限をもつエリートたちは、「自分たちから発せられたものではない」すべてに対し、少しずつ関心を払わなくなっていった。この慢心ぶりは、日本の官僚に見られる集団主義的なメンタリティによってさらに強化されていき、ゆえに個々の官僚が果たすべき第一の義務は、彼が属している省庁の利益を守ることになってしまったのである。それが極端にまで至った結果、彼ら官僚たちは、国民の安全を守るという最大の義務よりもむしろ自分たちが属する省庁の利益を優先するようになってしまった。いったいどのようにして日本の原子力産業は、スリーマイル島やチェルノブイリで事故が起きたにもかかわらず、それらから大切な教訓を学び取らずにいられたのだろうか。また、規制への圧力に対しては抵抗をし、小規模な事故は隠蔽するというようなことが、いったいどのようにして受容されていったのか。こうした問題は、そのような日本の官僚に見られるメンタリティを把握することによって、初めて理解が可能となる。こうしたメンタリティこそが、福島第一原子力発電所の事故を生み出したのだ[22]。

このメンタリティをめぐる問題は、効率性と正当性とを備えた民主的なガヴァナンスという観点から見た場合、日

本社会が抱えていると広く認められてきた問題の一部を構成している。そこで次節では、この点についてさらに探究していくことにしたい。

日本社会、ガヴァナンス、人間の安全保障

群れたがるというメンタリティと、他者に合わせなければならないという同調への圧力。これらは、日本における政治文化、さらには東アジアにおける政治文化の主な特徴だとずっと考えられてきた。この種の特性が政治的権威を有する人物への過度な服従に結びつくとき、民主的なガヴァナンスにはしばしば深刻な結果が引き起こされる。つまり、それは個人における人間の安全保障を危険にさらすとともに、「セーフ・ヘイヴン」の提供が顧みられなくなる、という結末をもたらすのである。カレル・ヴァン・ウォルフレンによれば、過去四世紀にわたり日本の人びとは、社会的・政治的な忠誠心こそが至高の徳だ、との思想を植えつけられてきた。その帰結が、真実なるものは社会のなかのエリート集団が形成するものだ、という発想である。(23) つまるところ、政府はガヴァナンスの過程に国民がいっさい関知しないことを望んできたのであり、また国民の側にしても、一般的に言って、あえてその過程を知ろうとはしてこなかった。ゆえに、すでに詳しく述べた通り、日本では国民の代表者たちが民主的な監督という面においてひどく怠慢であったが、国民のほうも、政府内の代表者たちを監督する役割を怠ってきたのである。政府と市民社会とのあいだに適切なコミュニケーションが存在せず、それがますます日本において適切なガヴァナンスの可能性を阻んできた、と言える。

重大な決定を下す責任をもつ人びとの傲慢さや無関心という文化は、統治上の応答責任が欠如していることによっ

て育まれてきた。したがって何かまずいことが起きた場合、すぐさまやり玉にあがるのは適当なスケープゴートでしかない。そしていったんその人物が失墜してしまえば、生贄を必要としたその危機が起こる前とほとんど何も変わらず、同じ状態で事が進んでいくのである。ゆえに3・11という大災害も、戦後日本の政治構造や統治システムに対する根本的検証へとつながることはなく、ただ当時の菅直人首相をその地位から引きずり下ろすことだけで終わってしまった。もちろんその結末は、部分的にはNAIICの報告書が行なった厳しい批判によって、将来、変わっていく可能性はある。とはいえ、民主的なガヴァナンスに対するもろもろの障害物は、日本政治や日本社会の文化のなかに依然として深く組み込まれたままである。

日本の政治や行政の文化においては、指導力の欠如こそが、これまでずっと苦労の種であり続けてきた。単一かつ強力なリーダーの欠損こそ、戦後日本の政策決定過程分析によって明らかにされてきたポイントである。事実、日本の政体は、政策決定を最終的に行なう最高権力を備えもった個人や部署の誕生を防ぐために、特別に設計されているかのように見える。先端部を欠くそうした政策決定の構造は、西洋の観察者にとって、そしてときには他のアジアの観察者にとっても理解しがたいものであった。したがってその構造に関係した海外の政治家たちは、フラストレーションを貯め込む結果となる。要するに、日本では「責任者のところに私を連れていけ」との表現が機能しないのである。[24]実際のところ、ウォルフレンによれば、日本の政策決定過程におけるもっとも本質的な特徴は「誰も最終的な責任をとらない」という点にある。[25]日本には確かに上下関係を含む階層的な社会が存在する。しかし、重要な政策闘争を闘い抜けるような力のある政治家は、ほとんどと言っていいほど存在しないのである。

こうした事態は日本の行政行為における特徴的なシステム、すなわち「稟議制」ないし「積み重ね piling-up」のシステムによって、さらに錯綜したものとなっている。[26]「稟議制」とは、「稟議書」と呼ばれる書類が各部署を順に回っていくなかで、行政上の計画や決定が行なわれていくシステムのことである。稟議書の草案作成を担当するのは、階層の下部に位置する役人たちである。そしてその案はその後、「より下位の官僚たちによる長期の事前審査のおかげで、最高位の官僚が変更や修正を加えることなく容認できるように」なるまで、全関係部局の役人たちによって個別に議論され、検討されていく。[27]

政策決定におけるコンセンサス重視という日本の文化的なものが、さらにこうした事態に影響を及ぼしている。各部署のリーダーは配下にある者たちの考えを十分理解するために最大限努力するということが、たとえパフォーマンスにすぎなくとも、日本社会では不可欠なのである。その目的は、自分たちの仲間うちにおいて、相互に信頼し合う調和的な社会、というイメージを維持する点にある。[28] 合意の形成にあたっては「和」の維持、「恩」、他者への依存、思いやり（「甘え」）などを重視する「根回し」と呼ばれる過程において、全関係者・全機関が幾多の配慮を受ける。[29] これは一見したところ、欧米の自由主義的な個人主義よりも、他者における人間の安全保障をより考慮したやり方に見えるかもしれない。しかし他方で、強力なリーダーシップが必要とされる場合には、そのリーダーシップが骨抜きにされてしまう可能性がある。

実際のところ、日本ではときに決定しないことを通じて、あるいはその過程が漂流 incremental drift していくことを通じて、政策上の決定が行なわれているように見える。これに関連する政治学上の非決定モデルによれば、政策というものは、「支離滅裂な漸進主義」というプロセス（すなわち方向性が定まらないまま少しずつ進んでいくこと）のなかでもっぱら形成されていくものらしい。というのも、政策決定過程ではその圧倒的多数において、果断な政策上の決定や重大な政策変更などではなく、むしろ「少しずつ漂流していく」ことや現行の政策をわずかに変更していくことのほうが、よほど頻繁に見られるからである。[30]

いずれにしても、日本の政治文化は国内における人間の安全保障や人間開発の促進という面から見て、むしろマイナスに作用してきたと言わねばなるまい。ところが皮肉なことに、国際的に見れば、日本の歴代政権は「セーフ・へイヴン」促進の先頭をひた走ってきたのである。ロングによれば、日本による他国への経済援助は、一方では外国から受けた圧力への対応（いわゆる「外圧」理論）、さらには、輸出・投資市場を日本企業のために拡大させるという動機（新重商主義理論）から行なわれてきたものであった。しかし他方で、日本の援助は包括的視点から捉えられた安全保障、つまり「総合安全保障」の一形態ともみなし得る、というのがロングの主張である。[31] この「総合安全保障」という考え方は地域や世界のレベルから安全保障問題にアプローチしており、ゆえに伝統的な自衛という考え方を乗り越えている。しかしそれだけでなく、国内の安定に不可欠なその他の側面、すなわち食糧・エネルギー・環境・コミュニケーション・社会的な安全保障といった側面にも、その概念は重点を置いているのである。確かに、世界という舞台や伝統的安全保障の分野では、日本は「事後対応的」な役割を果たすことで満足してきた。ところが、東アジアという舞台や非伝統的な安全保障の分野においては、日本は積極的な姿勢を一貫して採り続けてきたのである。アジア太平洋経済協力APECやアジア開発銀行ADB、東アジア共同体、ASEAN＋3、東アジアサミットEASを設立する動きの先頭に立っていたのは、ほかならぬ日本であった。

日本がとりわけ積極的であったのは、アジア地域主義のプロセスにおいてであった。一九九七年に発表された橋本ドクトリンでは、相互協力やさらなる経済交流の拡大・深化、地域的な問題に対する共同行動などが呼びかけられている。アジア金融危機（一九九七―九八年）をきっかけとして、国際通貨基金IMFを補完するアジア通貨基金の設立を提案したのも、やはり日本であった。その提案がアメリカの反対で頓挫してしまうと、日本は次に、チェンマイ・イニシアティヴを推進する取り組みに熱心となる。その結果、アジア諸国が将来起こり得る危機を自分たちで克服するための救済制度、すなわち通貨スワップ制度が整えられたのである。東京はまた、東南アジア諸国に対する影響力をめぐって、北京と激しく争っている。日本はASEAN＋3が進展していくことに積極的であり、二〇〇五年には東アジアサミットの発足も後押ししているが、そのサミットにおいて日本が激しく要求したのが、アメリカ・インド・

オーストラリアの参加であった。これは、アジア諸国だけを構成メンバーとする機関を望んでいた中国の主張とは明らかに異なっている。[32] しかしその最初のサミットにおいてインドとオーストラリアが参加したことで、結局それは日本の部分的勝利となった。そして同サミットには二〇一一年、さらにアメリカが参加することも認められたのである。

日本はまた、アジア諸国の警戒感を和らげるために幾多の積極的・事後対応的な政策を行なってきた。たとえば一九七四年に当時の田中角栄首相が東南アジアを訪問したことで各国の首都において暴力的な反日デモが発生すると、福田赳夫首相はのちに「福田ドクトリン」として知られることになった声明を一九七七年に発表して、日本が東南アジアにおいて「心と心の対話」を欲していること、軍事的な役割は今後いっさい行なわないことを表明したのである。[33] このドクトリンは合理的かつ明確な計算の結果発せられたものであるが、日本の国益に対する脅威への、前例にとらわれない実に有効な対処法であった。その後続いた政権でも日本は、そのような申し入れを継続的に行なっていく。日本はまた国連における全予算の二〇％を負担しており、これまで一八五にも及ぶ国や地域に対し何兆ドルものODA（政府開発援助）を供与し続けてきた。平和維持や平和構築、人道的活動、紛争後の再建においても広範な貢献を行なっているのが、日本である。今日では二八万人もの専門家やボランティアが一六六カ国に派遣されており、また二八万人にものぼる外国人訓練生が、技術支援プログラムのもと日本に受け入れられている。[34]

日本は、人間の安全保障に関わる分野や国際機構の活動において、もっとも積極的な関与を行なってきた国家のひとつでもある。その積極性は、カンボジアで約二〇年前に初めて参加して以来の国連平和維持活動において、とりわけ顕著であった。前国連難民高等弁務官であった緒方貞子、国際原子力機関IAEAの事務局長・天野之弥のように、国連の枢要なポジションで活躍する日本人もいる。アフガニスタンのような国のために幾度となく国際援助会議のホスト役を務めてきたのも、やはり日本であった。人間の安全保障委員会は二〇〇一年一月、当時の国連事務総長であったコフィ・アナンと緒方が東京で話し合いをもったあとに設立されたが、しかしその会合は実のところ、日本の呼び掛けがあったからこそ実現をした。その呼び掛けとは、人間の安全保障という概念を発展させ国際社会に対し具体的な行動プログラムを提案させようとして、二〇〇〇年九月の国連ミレニアムサミットで日本が行なった同委員会の設立提案である。現在も日本は人間の安全保障というアジェンダを支援し続け、それをテーマとした国際シンポジウムを定期的に開催している。人間の安全保障を促進し個人の福祉を保護するために、特に東アジア諸国に対し相当額のODAを供与し続けているのも、日本なのである。

しかしながら、日本政府がこうした分野で積極性を示し得たのは、まさに一般の日本人が最近まで国際問題にほとんど関心を抱かず、またそれに関与することもほとんどなかったからだ、と言えないこともない。国際的には人間の安全保障を促進することに強い関心を抱いてきた人びとが、なんとも皮肉なことに、自国においては「セーフ・ヘイヴン」を全国民に提供する義務を怠り続けてきたのである。ここでのより大きな問題は、日本の民主政治の機能の仕方それ自体にほかならない。戦後日本における政治システムは「操作された一党制 rigged one-party system」として描かれてきたが、その意味するところは、日本では国会による民主的な審議が保障されてはいるものの、その審議が実は「その国に関わる事柄の展開に対しなんらの影響力ももつことができない」ということなのである。[35] 要するにこれは、日本の国家も政治システムも、それが模倣した欧米民主主義国の国家やシステムと比較した場合そのほとんどで表層的な類似性をもっているにすぎない、ということを意味している。[36] そこで次の節では、日本の民主政治に関する既知の欠点を明らかにしたうえで、明るい未来を実現するための日本の可能性について考察していこうと思う。

日本の民主政治

ほぼ途切れることなく続いた自由民主党による半世紀支配のあと、二〇〇九年八月、民主党が政権を獲得した。このときの民主党は、一九九三—九四年に一時自民党が政権から追いやられたときに比べ、国民からのより強力な信任と、一見したところより安定的な政党間連立とに支えられて登場したと（少なくとも二〇一〇年六月の選挙で参議院の多数派を失うまでについては）言える。この新政権は、国民に以下のようなことを約束した。すなわち、新時代にふさわしい透明性ある政治の実現、アメリカとのより対等な同盟、隣国とのよりよき関係の樹立、そして沖縄の基地移転協定の破棄といった事柄である。ところが彼らは、こうした約束のいずれも果たすことができなかった。ゆえにこの失敗によって、単に民主党革命の限界が顕わになっただけでなく、国内外の構造的制約が日本の政策立案者をあいかわらず縛り続けていることも、明らかになったのである。

革命の代わりに起きたのは、少なくとも政権初期においては、与党が交代してもほぼかつてと同じように事が進んでいく、ということであった。先の自民党政権と同様、その後継の民主党政権も、政治腐敗のスキャンダルで早々に苦しむことになる。普天間基地問題ではアメリカからの圧力で後退を余儀なくされ、北朝鮮および中国とのあいだでもすぐに緊張が高まった。ヴェトナムでの投資スキャンダルも間もなく明るみに出る。鳩山由紀夫もそれに続いた菅直人もともに優柔不断という非難を受けたが、しかし両者が痛感せざるを得なかったことは、政策上の主導権を貫徹することがいかに困難か、ということであった。鳩山の場合は対米関係の見直しと沖縄からの普天間基地完全移転をめぐって、菅の場合は緊急経済対策をめぐって、その難しさは明らかになったのである。首相であろうと他のいかなる権力者であろうと、彼らには政治的公約を実現し得ないことがはっきりしてしまったのだ。

事実、日本の観察者も欧米の観察者もともにこれまで、日本における統治構造の特徴は政・官・業――支配政党・官僚・大企業――から成る「鉄の三角形」に存在する、と考えてきた。[37] この構造を強化してきたのがいわゆる「天下り」と呼ばれる慣行にほかならない。この「天下り」という言葉は、官界という「高み」にいた官僚が財界・政界といった俗世間で働くために、学閥・郷土閥・閨閥を通じて作られた既存のコネを生かして省庁を退いたあとに降下してくる、といったさまを表わしている。ロジャー・ボーエンによれば、日本は確かにデモクラシーの国であるが、実際に支配しているのは「鉄の三角形」であり、けっして一般の国民ではないのである。[38]

しかしながら、現在では「鉄の三角形」の各構成要素において、そのかつての力が徐々に失われつつある。行政官僚がその支配権を喪失したのは、まずは戦後直後に連合国に解体された財閥の一族に代わり系列複合企業が発展したことが大きかった。彼ら官僚たちの力はその後、その特権に対する政治改革推進者の正面切った攻撃によって、さらなるダメージを被っている。[39] 一方、一九九七年に発生したアジアの金融危機、続いて起きた日本の経済不振は大企業支配の終焉をさらに加速化させた。これは、系列システムに属さない日本企業と海外のライバル企業が系列複合企業よりも好成績を収め出したことによって、すでに始まっていたことである。そしてこの傾向は、昨今のグローバル金融危機の下でも依然続いていると言ってよい。最後に、過去約四〇年にわたり政権の座にあった自民党は、一九九三年の総選挙で敗北を喫した。その後、同党は最初は連立の一部として、のちには第一党として間もなく政権復帰を果たすが、しかし選挙制度の変更によって、かつてのような支配的地位に戻ることは難しくなっている。実際、先に述べた二〇〇九年の下野以前にも、二〇〇七年七月の参議院議員選挙において、自民党はすでに大敗北を喫していたのである。

選挙における自民党の敗北に加え、官僚権力のさらなる削減が、民主党によってさまざまに手がけられていった。

一方、いまだ終息しない日本の経済危機も、系列システムに多大な影響を与え続けている。そして、このように「鉄の三角形」から力が失われていくにつれて、システムへの反抗を確信的に行なう若く優秀な、しかも高い――しばしば外国で――教育を受けた政治家たちが日本政治でも影響力をふるい始めた。彼らの振る舞いは「政治的な企業家political entrepreneurs」と呼ばれる者たちのそれにほかならないが、マイケル・レイヴァーによれば、彼らには主として以下のような特徴が備わっている。すなわち、グループ全体を従わせるほどの強制力はもっていないこと、評判というものを重視すること、「グループとしての結束行動に協力する『政治的サービス』の提供には見返りが必要だ」と考えていること、などである。(40) ゆえに、こうした政治家の新人類たちは、影響力ある政策推進型の新聞報道や世論に対し、必然的に敏感となる。

民主党政権が続くにつれて、政策と政治過程にも一定の変化が生じている。まず鳩山由紀夫から菅直人への首相交代劇は、単にトップに座る人物の変化ではなかった。それは同時に、その地位にいかなる背景をもった人物が就くか、という問題をめぐる変化でもあったのである。彼の前任者であった四名の首相は、すべて元首相の息子ないし孫であった。それに対し、サラリーマンの息子でなんのコネもなかった菅の場合は、まさにこの平凡さこそが彼を非凡なものにしていた、と言える。(41) かつての日本政治は政治を商売にする一族たちの支配として特徴づけられてきたが、しかし菅の場合は、草の根の政治活動を通じて、さらには不首尾に終わった政治運動の手ひどい敗北を通じて、自身に対する人びとからの支持を積み上げてきたのである。首相になった菅は、安全保障問題をめぐるワシントンとの関係修復に努め、アメリカとのあいだに交わされた計画に沿って普天間基地の移転を推進する一方で、沖縄に対する「負担」軽減もまた、同時に約束をした。この基地問題へのスタンスが端的に表わしているように、見たところ彼は、継続と変化の中間を歩みたがっていたようである。(42) つまり彼は、構造的な現実があるために守り得ない性急な約束は行なわないようにしつつ、にもかかわらずその政策においては、彼自身の原理原則にしたがって少しずつ変化を生じさせようとしていたのである。

政治のあり方と過程をめぐるこうした漸進的な変化は、現代の日本政治が直面しているより大きな変化の一部である。その変化は革命と呼べるようなものではないが、国内政治と外交の双方で起きている重大な変化だと言える。鳩山も菅もその任期中には各党派が対立する政党政治の残酷な現実に、外交政策では限定的な選択肢しかないという現実に等しく直面した。その結果、彼らの考えていたもっとも遠大な計画は先送りされ、ただ実現可能なもののみを行なわざるを得ないという妥協を強いられたのである。また同時に彼らは、政策的な非一貫性と政治的な失策にもひどく苦しめられた。そうした問題は二〇〇九年の選挙に先立つ三年間、先の自民党を悩ませた問題と同様のものである。結局のところ民主党も、自民党とまったく代わり映えのしない「大風呂敷 broad tent」政党にほかならない。党内には多様なイデオロギーや政治プログラムを抱えた政治家が含まれており、ひとたび複雑な統治上の問題——減税の是非、社会保障制度や財政赤字への対応、対アメリカにおける新たな指針追求の是非など——が発生すると、それは深刻な争いを党内に生む。[43]ゆえに、二〇〇二年に民主党に合流した黒幕の重鎮でありかつて自民党の指導者だったこともある小沢一郎と、党創始者のひとりであった菅は、繰り返し衝突したのである。先述の通り、日本には確かに上下関係を含む階層的な社会が存在する。しかしながら、重要な政策闘争を闘い抜けるような力のある政治家は、ほとんどと言っていいほど存在しないのである。

首相の役割は時とともに、おおむね首相に権力が集中する方向で変化をしてきた。現在その役割は、ポピュリスト的な首相が政治的企業家精神 political entrepreneurship を駆使してシステムに挑戦し、国内からの広範な支持を取りつけられる程度には拡大してきている。ゆえに小泉純一郎は、伝統的権力母体からの支持も外交経験も実に貧弱であったにもかかわらず、彼の政党と官邸の行く末について変化を起こし得たのである。二〇〇一年以降、日本政府における外交政策の中心は、それまで支配的だった外務省から首相官邸へとシフトした。小泉がトップ・ダウン式の政策決定スタイルを実行し得たのも、実はこの点に因っていたのである。この官邸機能の強化こそ、小泉構造改革のもたらしたもっとも重要な成果であったと言える。というのも、首相はそれによって特に外交や防衛政策において、より大きな権威を動員できるようになったからである。小泉はアフガニスタン戦争やイラク戦争で既存の政策を変化させ、アジアの経済統合を促進しようとする日本の努力も後押ししたが、しかし彼にその種のことが可能であったのも、実はそうした変化が起きていたからであった。[44]

　小泉は、国内の有権者から広範な支持を取りつけることができた。したがって彼にはシステムに挑戦することも、官僚から独立して行動することも可能だったのである。すなわちこれは、利益集団を中心とした政治から特定の利益を中心にした政治への変化であった、と言ってよい。ところが、後継の安倍晋三はサミュエルズが「普通のナショナリストたち」(訳註v)と呼んだ人びとの支配を継続できず、麻生太郎もまたその勢力を回復することができなかった。[45]官僚たちは並外れた影響力を行使し続けており、他国の官僚たちと比べてもその力は、依然として著しく強いままである。その結果、日本の安全保障政策に関する決定は、漂流とでも呼ぶしかない事態に繰り返し陥ることになった。もし政治的な企業家たちに充分な政治資本が備わっていたなら、たとえ危機の時代においても、またたとえ問題が論争的であったとしても、彼らはシステムに逆らい積極的に活躍できる機会をときにもち得ただろう。しかし一般には、官僚たちが政府の政策を慣習にしたがって日々処理していく――そんな状態が結局は維持されてしまったのである。[46]確かに鳩山は、日本の外交や国内政策に新たな方向性を与えようとした。しかし彼は、国内外に存在する構造的な制約を克服することができず、その結果、失敗という周知の代償を支払うことになったのである。

　首相としての菅が実に弱い立場にしかなかったことは、当初から明らかであった。まず彼はその地位をめぐり、小沢からの激しい挑戦を受けた。日本があらゆる隣国とのあいだに抱えている領土問題への対応に加え、東シナ海で中国漁船と日本の海上保安庁巡視船とが衝突したさいの彼の対応もまた、人びとには手ぬるいものだと受け取られた。

彼の党は政党資金スキャンダルにより大きな打撃を受け、政府もまた、円の価値の急上昇に対しなんの対策も施せなかった。菅の後任である野田佳彦も、鳩山や菅の動きが封じられてしまったのと同じ難問に直面している。すなわち、消費税を上げるべきかどうか、弱い経済や強い円にどう対処するか、中国・韓国との冷えきった関係をどうやって修復していくか、といった問題である。

日本の政策決定過程に真に根本的な変化が起き、世の動きにも適切に対応できる実効性の高い民主的ガヴァナンスのシステムを作り出すためには、いったいどうしたらよいのだろうか。そのためにはまず、日本政治の内部構造においてより抜本的な変化が起きる必要がある。二〇〇九年の民主党マニフェストにおける最重要綱領は政治改革であったが、そのときの目玉になっていたのが、官僚からの権力奪取であった。民主党の指導者たちは、自民党政権が過去五〇年のあいだに行なった高級官僚や経済界トップとの密約、さらにはその蜜月関係のすべてを清算してしまおうとしたのである。鳩山と菅はより民主的と言えるガヴァナンスのシステムを少しずつ導入しようとし、その最初の試みとして、定期的な事務次官等会議の廃止と大臣政務官に任命される議員数の増加を実行した。(47) 彼らはまた、国民投票を始めとするさまざまな民主的メカニズムを将来的に導入することも視野に入れていたのである。

しかしながら、先述の通り民主党の議員たちは、前政権党の自民党と同じく、政治改革と真の実効力を備えた民主的ガヴァナンスを実現することができなかった。外交と国内政治の双方において日本が直面している統治上の難問に本格的に取り組むためには、やはり十分に機能し世の動きにも適切に対応できる多党制の創出が欠かせないのである。が、そのためには自民党と民主党——双方とも、政治的スペクトラムの各所に位置する諸利益団体の連合体にすぎない——の解体、ならびにより一貫したイデオロギーに基づく政党の再編が不可欠であろう。民主党ではすでにさまざまな党派が権力をめぐって争っており、自民党も、いくつもの小政党がそこから分離している。自民党と民主党という二大グループの寄合所帯的な性格は、このプロセスが完了するまで、実効性のある民主的なガヴァナンスの誕生に寄与し得ないだろう。両党ともしばらくのあいだ、その優先的な関心事項は、党内における多数派の結集と権力の維持ばかりとなりそうである。これでは真のガヴァナンスや果断な決定などは不可能であり、ただそれは、なんの政策も実行されないという状態をもたらすだけだろう。自民党にとっても民主党にとっても、今後待ったなしのエネルギー問題に取り組むことは、党内での争いと分裂がネックとなって実に困難な課題となってしまいそうである。

結論

非難の対象に挙げられるべき人びとはたくさんいる。事実、東京電力福島第一原子力発電所の「事故」とそれに続く一連の大災害に関係した者たちはすべて、完全には罪を免れ得ないだろう。発電所の設計や稼動、運営に関わっていた人びとには例外なく、明らかに怠慢という罪が帰せられる。が、その監督側も果たすべき義務を怠っていたという事実は、忘れるべきではない。国民の代理として統治を行ないその利益を代表するはずの代議士たちも、そうした監督の義務を完全に放棄していた。彼ら代表者たちが国家と地方の双方で行なってきたのは、もっとも弱き者たちに対する「セーフ・ヘイヴン」の提供ではなく、経済と開発をめぐる全体的な利益ばかりを優先する政策だったのである。また日本の市民社会も全体として、その責めの一部は負わなければならない。社会の出来事に無関心でそれにいっさい関わろうとしない一般の人びと、自己中心的なメディア、日本の政治文化に深く組み込まれているある種の価値観に至るまで、そのすべてに対し責任が帰せられるべきである。しかし、非難合戦をこのまま続けていっても建設的目標の実現にはほとんど益することがない、と言えるだろう。より大切なことは、あの大災害が日本における民主的ガヴァナンスの欠点として知らしめたものに、もっと着目することである。あの大災害を生み出してしまった背景として、またその被害規模を増幅させることにつながったこれまでの慣行として、それらの欠点は例証されたのであった。

しかし3・11という経験によって明らかにされたもののなかには、よりよきガヴァナンスがどうしても必要だ、といったこと以上のものが含まれる。まずそれは、恐怖や欠乏とは無縁な「セーフ・ヘイヴン」――国家の保障ではなく人間の安全や人間開発を保障する空間領域――を個々人に提供することの重要さを、はっきりと示したのである。そしてさらに、その両者――人間の安全保障と人間開発――の複雑な関係にガヴァナンスの関心を移す必要があることも、3・11という経験は明らかにした。したがってそれまでの経済多幸症を、人間を中心としたガヴァナンスに置き換える必要がある。事実、そのフクシマの大災害によってすでに日本の統治者たちは、そうした方向へと舵を切らなくてはならない状態に置かれている。しかも3・11は同時に、特にその詳しい実態が調査から明らかになるにつれて、多くの一般大衆にも新しく目覚めるきっかけを与えたのであった。日本のなかにはよきガヴァナンスに対する構造的・社会的な障害がどの程度あるのか、多くの人びとを参与させる真剣かつ開かれた対話が日本ではいかに必要か、ということもまた、3・11という経験によって明らかにされたと言えよう。

今後望まれることは、十分な応答責任を果たすガヴァナンスが徐々に鉄の三角形に置き換わっていくことである。そして最終的には、選挙民のより直接的な政治参加を通じて人間の安全保障と人間開発の目的、すなわち、欠乏と恐怖からの自由が実現されることが、強く期待される。確かに、現時点から眺めた場合に、あのような大規模災害がさも必要であったかのように見えるという事実は、実に悲劇的と言わなければならないだろう。つまり、人びとに改革の必要性を知らしめるために、またこれまでの政治文化――これは日本を東アジアの強固で安定したデモクラシーの砦と見なす自己満足から生じたもの――から脱していくためにはあの災害がまるで必要だったかのように見えてしまう、という事実である。しかし、少なくとも現在の日本人は、人間の安全保障や「セーフ・ヘイヴン」という指標から質が判断されるデモクラシーが、国際標準によって計測されるフリーダム・ハウス[訳註vi 6]やポリティIV[訳註vii]の数値化されたデモクラシーとはけっして同じではない、ということに気づき始めている。彼らはいまや、痛みを受けたことで、よきガヴァナンスとは経済効率以上の何かでなければならない、ということを理解しているのである。

日本の統治者たち、つまり国際的には総合安全保障、福田ドクトリン、人間の安全保障といった包摂的性格をもつ政策を長く支持してきた人びとは、いまやその視線を国内に向けなければならない。ガヴァナンス、応答責任、民主的な政治参加といった点のそれぞれおいて、日本が抱えている欠点から目をそらしてはならないのである。もしそうした指導者たちにそのような姿勢やそうする可能性が見られないのであれば、一般の人びとの力で、彼らのなかに責任というものを意識させていく必要がある。たとえばそれは、そうしたことを実行する意志のある人物を選挙で選ぶことであり、基本的な人間ニーズの充足を優先させる政策が中心になるよう、日本の民主政治における構造的な改革を訴え続けていくことである。

デヴィッド・シャンボーによれば、アジアの国際関係はますます二つのレベル――国家と国家、社会と社会――で行なわれるゲームと化してきており、その結果、アジアの社会間にはかつてないほどの結びつきが生まれてきている。[48] よきガヴァナンスに関しては現在、世界的な合意が形成されつつあるが、なにもそれは私たちのすべてが西洋的な自由主義的個人になったからではない。国家や政府は権利の主体になり得ないという考え方にあらゆる社会が気づき始めたからこそ、そうした変化は起きたのである。国家や政府のもっている特権は、その国民が信用の上に与えたものにすぎない。したがって国家や政府は国民の利益を尊重し、その基本的な人間ニーズを充足させる統治を行なう必要がある。今日では、多くのアジア諸国で人道主義的な大義を掲げ、政府や企業に圧力を加える「新しき伝道者たちnew preachers」――NGOや市民社会、コミュニティの運動家たち――が活躍し始めている。[49] こうした運動家たちは、国際機関や他国の運動家とも連携しながら、相互協力や支援のための活動を行なっている。もちろん、官僚や統治エリートたちは、あいも変わらず自分たちのあいだで権力を維持するための努力を続けていくことだろう。しかしそれも、情報が絶え間なく拡散し市民社会での行動主義が広がっていくなかで、その相乗的な効果から生まれた激しい圧力に晒されているのである。[50]

日本のデモクラシーが脅威に晒されているわけではない。脅威に直面しているのは、統治者たちのひとりよがりであり彼らの怠慢である。痛みを伴う変化と自己反省の期間はこの先、かなり長期に及ぶことが予想される。しかしその結果、日本のあらゆる人びとに、とりわけその社会のもっとも弱き人びとに「セーフ・ヘイヴン」が優先的に提供される民主政府・政治文化が誕生する可能性は高い。そしてそうなったときにこそ、日本は初めて、真の強さと高い質を備えた民主政治・統治システムをもつ国になった、と見なし得るのである。

原註

（1）Commission on Global Governance, *Our Global Neighborhood: The Report of the Commission on Global Governance* (Oxford: Oxford University Press, 1995), p. 2.

（2）Barry Buzan and Gerald Segal, "Rethinking East Asian Security", in Michael T. Klare and Yogesh Chandrani (eds.), *World Security: Challenges for a New Century* (New York: St. Martin's Press, 1995), p. 107.

（3）Henry Naw, *At Home Abroad: Identity and Power in American Foreign Policy* (Ithaca: Cornell University Press, 2002), p. 163.

（4）Ibid., p. 164.

（5）United Nations Development Programme, *Human Development Report: New Dimensions of Human Security* (New York: Oxford University Press, 1994), p. 11.

（6）World Health Organization, *World Report on Violence and Health* (Geneva: WHO, 2002), p. 218.

(7) United Nations Development Programme, *Human Development Report: New Dimensions of Human Security*, p. 23.

(8) 人間の安全保障を構成している七項目は、以下の通りである。(1) 安定した基本収入を不可欠とする経済の安全保障、(2) すべての人が物理的にも経済的にも最低限の食糧を入手できる状態を意味する食糧の安全保障、(3) 疾患や伝染病から無縁な状態を意味する健康の安全保障、(4) 環境汚染などが引き起こす危険から無縁な状態を意味する環境の安全保障、(5) 物理的な安全を意味する個人の安全保障、(6) 伝統文化やエスニック集団の存続を担保する地域社会の安全保障、(7) 基本的人権や自由の保護という意味での政治の安全保障 (Ibid., pp. 23-33)。

(9) Ibid., pp. 22-23.

(10) 前国連難民高等弁務官（一九九一—二〇〇一年）。

(11) ノーベル経済学賞受賞者（一九九八年）。

(12) Commission on Human Security, *Human Security Now: Final Report* (New York: Commission on Human Security, 2003), p. 4.

(13) 人間の安全保障委員会は、人間の安全保障を推進するための出発点として、以下の一〇項目を掲げている。(1) 暴力紛争下にある人びとを保護すること、(2) 武器が増殖していく環境から人びとを保護すること、(3) 移動する人びとにおける人間の安全保障をサポートすること、(4) 紛争の終結後に平和や発展のための支援を行なう「人間の安全保障移行基金」を設立すること、(5) 最貧困層に利益をもたらす公正な取引や公正な市場を促進すること、(6) あらゆる地域で最低限度の生活を提供すること、(7) 基本的な保健医療の完全普及を優先すること、(8) 特許権に関する効率的かつ公正なシステムを構築すること、(9) 世界あるいは各国のさらなる努力を通じて、基礎教育の普及による人びとのエンパワーメントを実現すること、(10) 多様なアイデンティティや属性をもつことに対する個人の自由を尊重するとともに、人間としての普遍的アイデンティティの必要性を明確化すること (Ibid., p. 133)。

(14) Gary King and Christopher J. L. Murray, "Rethinking Human Security", *Political Science Quarterly*, 116, 4 (2001-2002), p. 585.

(15) David Simon, "Introduction: Rethinking Geographies of North-South Development", *Third World Quarterly*, 19, 4 (1998), p. 600.

(16) O. P. Dwivedi, "On Common Good and Good Governance: An Alternative Approach", in Dele Olowu and Soumana Sako

(eds.), *Better Governance and Public Policy: Capacity Building for Democratic Renewal in Africa* (West Hartford, CT: Kumarian Press, 2002), p. 49.

(17) Kiyoshi Kurokawa, "Message from the Chairman", in The National Diet of Japan, *The Official Report of The Fukushima Nuclear Accident Independent Investigation Commission, Executive Summary* (Tokyo: The National Diet of Japan, 2012), p. 9.

(18) Ibid.

(19) The National Diet of Japan, *The Official Report of The Fukushima Nuclear Accident Independent Investigation Commission, Executive Summary*, p. 16.

(20) Ibid., p. 7.

(21) Ibid., p. 21.

(22) Ibid., p. 7.

(23) Karel van Wolferen, *The Enigma of Japanese Power: People and Politics in a Stateless Nation* (New York: Vintage Press, 1989), p. 8

(24) Ibid., p. 5

(25) Ibid.

(26) Chihiro Hosoya, "Characteristics of the Foreign Policy Decision-making System in Japan", *World Politics*, 26, 3 (1974), p. 363.

(27) これは前掲書に引用されている文からの孫引きである。原文は、Kiyoaki Tsuji, "Decision-Making in the Japanese Government: A Study of *Ringisei*", in Robert E. Ward (ed.), *Political Development in Modern Japan* (Princeton: Princeton University Press, 1968), p. 458を参照のこと。

(28) Hosoya, "Characteristics of the Foreign Policy Decision-making System in Japan", p. 366.

(29) Kevin J. Cooney, *Japan's Foreign Policy Since 1945* (New York: M. E. Sharpe, 2007), p. 25.

(30) David Braybrooke and Charles E. Lindblom, "Types of Decision-Making", in James N. Rosenau (ed.), *International Politics and Foreign Policy: A Reader in Research and Theory* (New York: The Free Press, 1969), revised edition, p. 223;

and Roger Hilsman, “Policy-Making is Politics”, in ibid., p. 233.

(31) William J. Long, “Nonproliferation as a Goal of Japanese Foreign Assistance”, *Asian Survey*, 39, 2 (1999), pp. 328-329.

(32) Sueo Sudo, “Japan’s ASEAN Policy: Reactive or Proactive in the Face of a Rising China in East Asia?”, *Asian Perspective*, 33, 1 (2009), pp. 137-158; Julie Gilson, “Complex Regional Multilateralism: ‘Strategising’ Japan’s Responses to East Asia”, *Pacific Review*, 17, 1 (2004), p. 71.

(33) Bhubhindar Singh, “ASEAN’s Perceptions of Japan: Change and Continuity”, *Asian Survey*, 42, 2 (2002), p. 284.

(34) Ministry of Foreign Affairs of Japan (MOFA), “Japan: Path of 60 Years as a Nation Striving for Peace (Fact Sheet)”, July 2005, http://www.mofa.go.jp/policy/postwar/60th.html.

(35) Van Wolferen, *The Enigma of Japanese Power*, pp. 28-31.

(36) Gerald L. Curtis, *The Japanese Way of Politics* (New York: Columbia University Press, 1988), pp. x-xii.

(37) Roger W. Bowen, *Japan’s Dysfunctional Democracy: The Liberal Democratic Party and Structural Corruption* (New York: M. E. Sharpe, 2003), p. 72.

(38) Ibid., pp. 72-87.

(39) Richard J. Samuels, *Securing Japan: Tokyo’s Grand Strategy and the Future of East Asia* (Ithaca: Cornell University Press, 2007), pp. 74-76.

(40) Michael Laver, *Private Desires, Political Action: An Invitation to the Politics of Rational Choice* (London: Sage, 1997), pp. 68-71.

(41) Roland Buerk, “Will Naoto Kan Break Japan’s Political Mould?”. *BBC News*, 8 June 2010, http://www.bbc.co.uk/news/10264358.

(42) “Japan PM Apologises for US Bases in Okinawa”, *BBC News*, 23 June 2010, http://www.bbc.co.uk/news/10388407.

(43) “Japan’s Main Political Parties: Democratic Party of Japan (DPJ) and Liberal Democratic Party of Japan (LDP)”, http://factsanddetails.com/japan.php?itemid=802&catid=22&subcatid=146; and Yuka Hayashi, “Long, Hot Summer for Kan, Ozawa and DPJ”, *The Wall Street Journal*, August 24, 2010, http://blogs.wsj.com/japanrealtime/2010/08/24/long-hot-summer-for-kan-ozawa-and-dpj/?KEYWORDS=long+hot+summer+for+kan.

(44) Tomohito Shinoda, *Koizumi Diplomacy: Japan's Kantei Approach to Foreign and Defense Affairs* (Seattle: University of Washington Press, 2007), pp. 86-132.

(45) Ibid., p. 5.

(46) Senior members of the Japanese Ministry of Defense (MOD), personal communication in Sydney, 13 June 2008.

(47) Jonathan Adams, "Ichiro Ozawa Scandal Clouds Japan's Push for Reform", *The Christian Science Monitor*, January 21, 2010, http://www.csmonitor.com/World/Asia-Pacific/2010/0121/Ichiro-Ozawa-scandal-clouds-Japan-s-push-for-reform, p. 2.

(48) David Shambaugh, "International Relations in Asia: The Two-Level Games", in D. Shambaugh and Michael Yahuda (eds.), *International Relations of Asia* (Plymough: Rowman & Littlefield), p. 3.

(49) Nayan Chanda, "Globalization and International Politics in Asia", in Shambaugh and Yahuda, *International Relations of Asia*, p. 307.

(50) Ibid., pp. 308-9.

訳　註

(i) 原文で引用されている文献のうち、邦訳のある場合は適宜その訳を参考にさせていただいた。が、本稿で示したそうした文献の訳文はすべて、訳者自身のものである。なお本稿が本書の編集担当者に提出されたのは、二〇一二年八月のことである。したがってその内容は、それ以降の日本政治・世界政治の動きを反映したものではないことを、ここに付記しておきたい。

(ii) 「基本的な人間ニーズ Basic Human Needs (BHN)」とは、経済開発や国際協力の分野で使用されている専門用語で、一九七〇年代の半ば以降、特に世界銀行や国際労働機関（ＩＬＯ）といった国際機構において多用されるようになった。この概念は、衣食住や医療・教育といった人間の文化的生活に最低限必要な物資・諸サービスのことを指している。

(iii) 本稿でハウが多用しているこの「セーフ・ヘイヴン safe haven」という概念は、あえて日本語訳するとすれば、「安全な避難所」ということになろう。ちなみにこの「セーフ・ヘイヴン」という言葉は「安全な投資避難先（投資してもリスクが少ない、信頼性の高い通貨や銀行・企業などのこと）」を指す言葉として、経済の世界でしばしば用いられてきたものである。しかしもちろん、ここでのハウの用法にはそうした意味はまったくない。この翻訳では、本概念を一貫して「セーフ・ヘイヴン」というカタカナで表記するものとし、ただし経済分野でのそれとは異なるという意味を込めて、常に「 」を付すことにする。

(iv) 以下、本稿の筆者であるハウはNAIICの報告書から繰り返し引用を行なっているが、それらはすべて、本報告書の英語版からのものである。ちなみにその英語版の文章は日本語版報告書のそれとかなり異なっている。

(v) 「普通のナショナリストたち normal nationalists」とは、マサチューセッツ工科大学のリチャード・J・サミュエルズが、日本人の安全保障に対する態度を指標に分類した四グループの、そのうちの一つを表わしている（他の三つは「新自主主義者 neoautonomists」「平和主義者 pacifists」「中級国家国際主義者 middle-power internationalists」)。サミュエルズによれば、「普通のナショナリストたち」の目的は、彼らが言うところのいわゆる「普通の国」に日本を「戻す」こと、すなわち外国からの攻撃に対し「堂々と」自衛権を発動して自国の軍隊を動員できる国にすることである。Samuels, *Securing Japan: Tokyo's Grand Strategy and the Future of East Asia* (Ithaca: Cornell University Press, 2007), p. 193 を参照せよ。

(vi) フリーダム・ハウス Freedom House とは、世界における自由の促進を目的に一九四一年にアメリカで設立された国際NGOである。同団体は一九七二年以降、世界各国の政治的権利や市民的自由の度合いを一定の指標に基づいて計測・ランク化し、それを調査報告「世界における自由 Freedom in the World」として毎年発表している。

(vii) ポリティIV（Polity IV）とは、特定の指標に基づいて各国の民主化度を数値化したデータベースのこと。これは、アメリカの政治学者テッド・ロバート・ガーが同様のデータベースをポリティIとして作成したことに始まり、現在のポリティIVは、モンティ・G・マーシャル（ジョージメーソン大学教授）の指揮下においてデータ収集が行なわれている。本データベースは、以下のサイトで閲覧が可能（http://www.systemicpeace.org/polity/polity4.htm、二〇一二年一二月現在)。

韓国併合一〇〇年を迎えた日本と韓国——脱植民地の課題

徐勝

二〇一〇年、韓国併合一〇〇年を迎えて、日韓両国で歴史認識・脱植民地問題が盛んに議論され、当時、菅直人総理も談話を通じて強制性を示唆する認識を示すなど、一歩前進という評価も現われた。ところが二〇一二年になって、平素親日的であるという批判を浴びていた李明博《イミョンバク》韓国大統領が政権末期の人気回復という疑いをもたれながら行なった、唐突な独島《トクト》（竹島）訪問とそれに続く天皇訪韓をめぐる発言に至り、日韓間の外交は戦後最悪といわれるまでに至った。そこに加えて、中国とのあいだに尖閣諸島（釣魚島列嶼）領有に関する紛争まで突出し、北朝鮮核・ミサイル問題で緊迫度を高め、東アジアの国際関係は複雑に錯綜しながら、一触即発の緊張の度合いを増している。

この緊張高調の背景には、一方で、世界経済危機を背景としたアメリカの凋落や日本の混迷、他方で中国や韓国の経済・政治的発展を背景にしたパワーバランスの変化が存在する。しかしなによりも東アジアにおける国家間の葛藤の背景には、アヘン戦争以来の西欧中心の世界秩序の強制のなかで生じた侵略、不平等条約の強要、植民地支配、その結果としての朝鮮半島の分断が根底にあり、第二次世界大戦後に被植民地諸国の大部分が独立したにもかかわらず、冷戦の始まりで旧植民地支配国である日本と被支配・被侵略の地域であった中国や朝鮮民主主義人民共和国（北朝鮮）などの地域との間に、三八度線、台湾海峡、ベトナム一七度線によって断絶が作られたのみならず、韓国や台湾などでは反共の論理が優越し、植民地清算の要求は抑圧されてきた事情がある。特に朝鮮半島では、いまだ植民地支配と冷戦の傷を引きずっており、東アジア諸国家の矛盾・対立の焦点となっている。東アジアにおいて植民地・冷戦時期の歴史清算の要求が顕在化したのは、冷戦の崩壊によって、ようやく反共の呪縛が一部解除されるとともに、いわゆる民主化のなかで権利意識が高調し、「凍えた口」「封じられた口」が語りはじめてからのことであった。

本稿では、韓国併合一〇〇年をめぐる論議を手がかりに、西欧中心の世界秩序に疑問を呈し、「暴力としての国際法」を解析するとともに、東アジアの脱植民地、なかんずく日本と朝鮮半島（南北朝鮮）の脱植民地の課題は何かを考察する。

1　暴力としての国際法(1)

(1) 国際関係・国際法の誕生

主権国家体制を作り出したウェストファリア条約（一六四八年）以後、主権国家相互の内政不干渉を原則とした国際社会が成立し、主権国家相互の関係を規定する国際法が誕生した。しかし平等な国際関係を享受しうる国家は西欧の法にのっとった法的主体として認められることが求められた。このような視点は必然的に西欧的法規範を有する「文明」国家とそれ以外の「野蛮」「未開」（以下、野蛮とする）地域を弁別する二元的世界観を産出した。

（2）「文明と野蛮」という西欧の世界観

西欧世界における主権国家の独立と平等という「国際」規範の成立は、その後の市民社会ならびに「個人」の自立・独立、平等という価値の形成に道を開く大きな歴史的転換点であった。また平等の原則は当然、二国間あるいは数カ国の関係から無限に拡大する普遍性への要求へと拡張してゆくものであって、弱者が強者に対して「公正な分け前を要求」する根拠として、国家主権、すすんでは個人の権利の普遍的な平等を要求する解放的性格をもたざるをえないものであった。

しかし、一七世紀ヨーロッパに生まれた国家間の「平等」は、それを享受する資格を要件とする特殊なものであり、大航海時代の幕開けとあいまって、宗教戦争を終息させた西欧は世界に向けて膨張を始め、西欧各国は非西欧世界において、はじめは交易・略奪という形における物的・人的（奴隷）資源の獲得、次には領土・植民地の獲得における熾烈な競争を通じて、「未知の世界」に帝国主義的秩序を作っていった。そこで、文明と野蛮という二元的世界観が形成され、不平等が当然視されることになった。文明の野蛮に対する優位が前提され、文明の野蛮に対する教導、支配が当然視されるだけではなく、不平等条約の強制や植民地支配が文明の使命とまで観念されるにいたった。

（3）植民地・帝国主義

植民とは、本来、無主・未墾の地を開拓し、新たなる生活の領域を作ることを意味したが、やがてすでに先住者がいる土地を侵略し支配することをも意味するようになった。すなわち近代以降、「西欧法的」占有権が確立されていない土地を、たとえそこに人がすでに生活の領域を作っていても、「法的に」無主の地として先占することによって領有権が発生し、その占有を「合法的」行為とすることによって、西欧的法規範の存しない領域に対する無限定的侵略が合理化されたのである。そこから一八、一九世紀に至って、西欧列強が非西欧世界における人間集団を支配する植民地が簇生することになった。植民地主義とは、すでに非西欧的国家体系をもっていたアジアやラテンアメリカ、一部のアフリカ地域にとっては国の主権の盗取であり、その他の地域にとっては、西欧帝国主義による生活領域の任意の切り取りであり、さまざまな人間集団に対する自己決定権の剝奪であった。

(4) 華夷秩序と条約体制

西欧帝国主義勢力が到来する以前の東アジアの伝統的社会において、地域秩序はほぼ中国を中心とする中華(華夷)秩序によって維持されてきた。中華秩序は、中国皇帝を頂点とする身分上下の名分を明らかにする「儒教的礼」の倫理にのっとるものであり、中国と周辺異民族とのあいだには、朝貢と冊封という名分的な上下関係と、朝貢に対する回賜という経済的な施恵によって秩序づけられていた。これは中国にとっては、周辺異民族を安定的な関係のなかに位置づけることによって自らの領域の安全を図る手段であり、周辺諸民族にとってはその秩序のなかに位置づけられることによって、中国ならびに近隣諸国との関係における安定を確保する方法であった。

伝統社会における中国政治は「徳」を重んじる「王道」政治を理想とし、「権力」による「覇道」を否とするものである。その特徴は、軍事的手段による侵略・支配でなく、皇帝の威徳を慕い自ら帰順することを理想としているので、原則的に朝貢国に軍部隊を駐屯させることはなかった。また経済的にも朝貢は「薄来厚往」であって、皇帝の威信を示すために中国にとって経済的には「持ち出し」であり、朝貢国には利益をもたらすものであったし、朝貢国にたいする中国の徴税もなかった点に大きな特徴がある。だから「華（文明）夷（野蛮）」という二元的あるいは位階的世界観において西欧帝国主義の条約体制と共通しているものの、中華秩序には西欧帝国主義が行なった軍事的支配はなく、朝鮮やベトナムのような朝貢国には、少なくとも主観的には隷属の意識は少なかったと言える。

2　韓国併合の歴史的座標

（1）明治維新と文明開化

西欧帝国主義勢力はアヘン戦争を皮切りに中国、東アジアに対する侵略を本格化させ、中国、日本に対しては不平等条約を強制し、租界、割譲地、租借地などの名の下に領土の切り取りを行なった。その結果、中国は列強によって瓜分され、半植民地に転落した。日本は明治以降、その圧倒的な西欧の侵略に抗して独立を模索するうえで、西欧帝国主義を模倣し、東アジア諸民族を抑圧する「欧化主義」の道を選んだ。すなわち日本は中国、朝鮮の「アジアの悪友」と決別して、東アジア諸民族を侵略し、西欧「文明」社会と「肩を並べる」道を選んだのである。日本は「文明開化」の旗印を掲げ、法体系、生産様式において徹底的に西欧を模倣し、軍事組織を整備して、暴力において「文明国」としての資格を西欧に認められようと懸命になった。明治国家は内においては、「富国強兵・殖産興業」の名の下に天皇制軍国主義国家の支配体制を固めるとともに、外に向かっては、北海道、沖縄、台湾、朝鮮、中国大陸へと侵略の歩を進め、帝国の版図を広げていった。

（2）韓国併合への道

一八七五年九月、日本は朝鮮の首都、漢陽の喉元である江華島《カンファド》にまで軍艦を送り武力攻撃を加え、日本が黒船来航によって被ったのと同じ「砲艦外交」の手法によって、不平等条約である「江華島条約」（日朝修好条規）の締結を強いた。同条約の狙いは、第一款「朝鮮国ハ自主ノ邦ニシテ、日本国ト平等ノ権ヲ保有セリ」に集約されている。その後の経緯からも明らかなように、日本は決して朝鮮を「自主独立の邦」として日本と平等たらしめようとしたのではなく、清国との朝貢関係を断つことを強要し、朝鮮を日本の影響下に置くところに眼目があった。同時に、それは朝鮮にとって「条約体制」という帝国主義世界の荒波に投げ出されることを意味した。日本はその後、一九八四年の甲申《カプシン》政変で明らかになったように、「開化派」を操り、同条約を梃子に政治的、経済的に朝鮮への侵略を進めたのである。

一八九四年、東学農民蜂起を口実に日本は日清戦争を起こし、駐朝鮮公使、三浦梧楼の指揮のもとに一団の浪人が王宮に乱入し王妃を殺害し、朝鮮・中国・台湾にわたって大々的な殺戮を繰り広げた。朝鮮では数万の東学農民軍を、旅順では二万人余の非戦闘員を、台湾占領戦争では住民とは無関係な一方的割譲・侵略に抵抗する民衆一万数千人を虐殺した。東学農民戦争の研究で明らかにされたように、それは特定の（宗教・民族）集団の抹殺を指令した日本軍による最初のジェノサイド（集団抹殺）であった。(2)

一九〇四年、日本は朝鮮半島の完全支配を目指して、ロシアと戦端を開いた。そもそも明治初頭以来、日本は「朝鮮半島は日本の生命線」であると主張し、朝鮮支配を執拗に追求してきたのであり、日清、日露の戦争は実に朝鮮支配をめぐる戦争であった。日露戦争で日本は大韓帝国の植民地化を進め、日露戦争後は軍事的脅迫によって一九〇四年、日韓議定書の締結、一九〇五年、第一次日韓協約、第二次日韓協約（乙巳条約）、第三次日韓協約（丁未七条約）という四つの「条約」を強要し、外交・軍事権を奪い、朝鮮統監府を設置し、内政監督権を掌握するにいたり、朝鮮は「保護国」（植民地）に転落した。独島（竹島）も日露戦争遂行の過程で一方的に日本に占拠されたのであり、実際は、日露戦争をもって朝鮮の植民地支配ははじまったと言える。このような事態のなかで大韓帝国皇帝高宗がこの協約の無効を諸外国に訴えようとし、一九〇七年、ハーグ平和会議に密使を送ったことを口実に、伊藤博文朝鮮統監は高宗の責任を問い退位させて併合を強行しようとしたが、一九〇九年、安重根《アンジュングン》に撃殺された。日本はこれを機に一気に併合を進め、一九一〇年の韓国併合に至った。

(3) 韓国併合条約をめぐる論点

「韓国併合ニ関スル条約」（明治四三年条約第四号）は「相互ノ幸福ヲ増進シ東洋ノ平和ヲ永久ニ確保セムコト」を目的とするとしているが、それは偽装のうたい文句であって、その核心は第一条の「韓国皇帝陛下ハ韓国全部ニ関スル一切ノ統治権ヲ完全且永久ニ日本国皇帝陛下ニ譲与ス」と第二条の「日本国皇帝陛下ハ前条ニ掲ケタル譲与ヲ受諾シ且全然韓国ヲ日本帝国ニ併合スルコトヲ承諾ス」の二カ条で、韓国皇帝の自発的意思により日本に主権を「譲与」して、日本がそれを「承諾」する形をとっている。[3]「譲与」の名の下に朝鮮の主権の剝奪は公式化されたのであった。

軍隊が王宮を包囲するなかで条約締結を武力で強制したのであって、そもそも自ら主権を自発的に放棄する国家や為政者などはありえない。にもかかわらず、今日に至るまで、日本政府の基本的立場は「条約は合法的に結ばれ、かつ有効である」というものである。つまり韓国が自発的に納得して条約締結をしたという、このような立場は誰に対しても説得力をもたず、ましてや朝鮮民族の立場からすると、かえって敵愾心を煽る侮辱であり、欺瞞でしかない。このような日本政府の立場からして、日本には当然、侵略・植民地支配の責任は存在せず、清算すべき過去はないということになり、今日に至るまで日本と朝鮮民族のあいだの深い不信の溝がここに作られた。そこで韓国併合一〇〇年を期して、日韓間の敵対関係を解消し、未来に向けて協働するために日本が歴史に正面から向き合い、非は非として潔く認め、韓国はそれを受け入れ、歴史清算の問題に終止符を打つべきだという声があがった。

東アジア各国の歴史清算の課題は第二次世界大戦以後、一方において社会主義、他方において自由主義市場経済の価値を最優先させる東西両陣営の政治・思想の論理のなかに凍結されてきた。冷戦崩壊によって、ようやく過去清算の問題が表面に浮上したのである。そこで朝鮮植民地支配に対する日本の歴代政治家の認識は冷戦崩壊を契機にようやく変化してきた。日本の韓国併合条約と朝鮮植民地支配に対する日本政府の認識は、河野官房長官談話（一九九三年）、村山総理談話（一九九五年）、金大中《キムデジュン》大統領訪日に際して出された日韓共同宣言（一九九八年）、日朝平壌宣言（二〇〇二年）などで、少しずつ改善され積み重ねられてきた。とくに村山談話において、日本政府は「植民地支配」がもたらした「多大の損害と苦痛」に対して、「痛切な反省の意」と「心からのおわびの気持ち」を表明した。村山首相は同年一一月一四日、金泳三《キムヨンサム》大統領への親書で、併合条約と日韓協約が「民族の自決と尊厳を認めない帝国主義時代の条約である」とまで述べている。二〇一〇年八月韓国併合一〇〇年にあたっての菅総理の談話では、「その意に反して行なわれた植民地支配によって、国と文化を奪われ、民族の誇りを深く傷つけられました」と、その強制性を示唆する発言をしている。しかし、日本政府あるいは政治指導者の立場は韓国併合の「不当性」は認めても条約の合法性を否定するに至っていない点で、韓国・朝鮮側の認識となお根本的な懸隔がある。そのうえ、「不当性」の認識すら、今日の日本の政治家たちに共有されておらず、現安倍政権においては、村山談話や河野談話の否定が云々されたりもしており、歴史認識の大きな後退すら憂慮されている。

二〇一〇年、各メディアで「韓国併合」一〇〇年を大きく取り上げ、関係の学会・NGOが声明を出した。五月一〇日には、歴史学者を中心とした「日韓知識人共同宣言」が発表され、八月のシンポジウム開催に至っている。(4) 八月二二日には、NGOを中心とする『韓国強制併合100年』日韓市民共同宣言」が発表された。[5] また、これを受けて、二〇一一年一〇月には、「東アジア歴史・人権・平和宣言」[6]が出された。

これらの声明や運動の基本的な主張は次のように要約できる。①近代以降、日本は朝鮮を侵略し「韓国併合」を行なった。②併合は不義不当であり、併合条約は違法である。③一九六五年に締結された日韓基本条約は、国交正常化条約であって、そもそも植民地支配の終結を法的に確定すべきものであったが、併合条約に対する正確な否定を行なうことに失敗した。[7] ④朝鮮民族の半分との植民地支配清算のために日朝ピョンヤン宣言は早急に履行されるべきである。⑤併合一〇〇年を期して、日本の総理は併合条約の不法・無効を宣言して謝罪し、過去清算に決着をつけるべきである。つまり、併合一〇〇年をめぐる日韓の民間の論議は、「韓国併合の過程は不義不当であり、併合条約も不義不当である」というもので、「日韓知識人共同宣言」では、併合条約は「前文も偽りであり、条約本文も偽りである。条約締結の手続き、形式にも重大な欠点と欠陥が見いだされる」と断じている。

従来の「韓国併合」の論議は、主に閔妃《ミンビ》殺害や伊藤博文による高宗の退位強制などの事件に点綴された併合と併合条約の不法性をめぐるものであった。日本政府の公式の立場は、適法論から「併合の過程には無理があったかもしれないが、条約は適法に締結された」という不当合法論に推移していると言われる一方、韓国側は一貫して不当不法論である。つまり、韓国併合は武力脅迫と強制によるもので不当であり、しかも条約文書の瑕疵、皇帝の押印・批准手続の欠如からして、帝国主義時代の国際法に照らしても条約が不法であるという主張である。

しかし併合一〇〇年の論議は、ややもすれば、条約の当不当の論議に矮小化される恐れがある。帝国主義時代の法も形式的に手続的適法性があれば、よしとする論理には落とし穴がある。力の強弱を背景に暴力的手段で条約締結を強要し、民衆を奴隷化し、差別する植民地支配を正当化する帝国主義の法自体の是非が今日問われねばならない。台湾は下関条約によって「適法」に割譲され、日本の領土となったが、封建支配者の取引によって民衆たちが売られたもので、民衆たちは与かり知らなかった。今日、国民主権の存在しない状況において、支配者が恣意的に締結した条約自体の有効性が問われねばならない。カイロ宣言（一九四三年一一月二三日）では、「同盟国ノ目的ハ……満洲、台湾及膨湖島ノ如キ日本国ガ清国人ヨリ盗取シタル一切ノ地域ヲ中華民国ニ返還スルコトニ在リ」と、条約の適法性を否定して、台湾を「盗み取った」と規定していることからも、帝国主義時代の「適法に」締結された条約も否定されるべきものとしていることが分かるのである。

（4）韓国併合一〇〇年の歴史的位相

（4―1）東アジアの中の韓国併合一〇〇年

二〇〇九年、韓国併合一〇〇年に対する論議が始まるころ、ある台湾人は私に「台湾は併合一一五年だよ」と語った。韓国併合一〇〇年の論議のなかで、ややもすれば、明治政府によって侵略された台湾のことが忘れられがちであり、ましてやアイヌや琉球の征服は日本の国内問題であるかのように認識されがちである。台湾の場合は、韓国と異なり日本と清の条約締結によって「適法に」割譲されたという認識が広まっており、また台湾に日本の植民地支配を肯定的に評価する人たちもいるせいか、台湾植民地支配一〇〇年にさいしては、呂秀蓮前副総統などの台湾独立派が下関で行なった、「日本のおかげで野蛮な中国の支配から離脱することができた」との感謝の意を込めた日本植民地一〇〇年祝賀の「告別中国」の会と祝賀パレードの他は、日本と台湾両地域でこれといった論議が盛り上がらなかったようである。

日本は明治国家の成立以来、その植民地支配の版図を絶え間なく拡大してきたが、なかでも韓国併合が特に日本で大きな関心を集めた理由は何だろうか。まず、戦争という観点からは、中国との関係では、日清戦争、満州事変からはじまる一五年戦争、対欧米の戦争では太平洋戦争が注目される。戦争犯罪に対しては一応、第二次世界大戦後のニュルンベルクおよび極東軍事裁判において「平和に対する罪」として断罪され、国連憲章、サンフランシスコ講和条約にも明記され国際的に確立したものとして認識されている。他方、植民地支配が犯罪であるという国際条約はいまだ存在せず、国際法的に確立したものとは言えない。しかし植民地犯罪が清算されるべきであるという認識は拡散してきており、植民地支配という点では、その規模、人口、資源から言っても日本にとって朝鮮が最重要で典型的な事例であり、植民地支配に対する抵抗という点でも朝鮮が日本人に最も深い記憶を刻みつけ、今日に至るまで植民地支配に起因する日韓間の対立が継続しているからだと考えられる。

（4―2）世界史のなかの韓国併合一〇〇年

韓国併合一〇〇年はウェストファリア条約以降、西欧資本主義が帝国主義へと変貌し、世界を支配した約五〇〇年の歴史のなかに位置する。韓国併合は日韓間の民族的葛藤に起因するかのように論じられることがある。豊臣秀吉の朝鮮侵略が近代に至るまで朝鮮の民衆に語り継がれ、朝鮮民族の大きな心のトラウマになったのは事実であるが、日本と朝鮮民族の長い交渉史のなかでは、むしろ例外的な部類に属すると言えるのであって、これを資本主義・帝国主義の世界制覇以降に起きた非西欧世界に対する奴隷化と植民地化という歴史的意味をもつ韓国併合と同日に論じることはできない。韓国併合一〇〇年を世界史的視点で、明治国家の成立とその性格と関連づけて、近現代史の脈絡において論じる必要がある。

（4―3）明治国家の性格を決定

韓国併合は明治国家が西欧型の「文明開化」路線を採択し、帝国主義国家としての生存戦略を立て、日清、日露の戦争の遂行を経てなされたものである。その過程で国際政治の力学が幸いし、日英同盟によって日本は大英帝国のパートナーとして位置づけられ帝国主義列強の末席に席を得て、明治国家の最大の外交懸案であった不平等条約を韓国併合の翌年、一九一一年に解消した。韓国併合は、日本が西欧型の国家・法体系を備え、曲がりなりに近代的戦争を遂行する能力を持って、自己の支配領域を有する独立した帝国主義国家であることを内外に闡明・確認した事件であったと言えよう。また韓国併合という日本にとっての「大成功」は、侵略・戦争・植民地支配の拡大再生産の欲望に火をつけ、それ以後、中国大陸、東南アジア侵略、ついには世界支配という妄想を日本軍国主義に掻き立てさせる線路を敷き、第二次世界大戦の敗戦という大破局に日本を導いていったのである。

（4―4）朝鮮半島分断の根源

日本の朝鮮侵略は江華島事件（一八七五年）から始まっており、日露戦争をもって植民地支配は実質的には始まっている。韓国併合は日本が植民地を有する帝国主義国家として列強の認証を受け、それを公式化した事件だったと言えよう。その時以来、植民地支配は本格化し、朝鮮民衆の植民地支配・奴隷化に対する抗拒は日本の内国「治安問題」と看なされ、国際世論から遮断されることになった。上海、重慶における大韓民国臨時政府や各地の抗日闘争が国際的認証を得られず、日本の敗戦・朝鮮の解放以後にも、朝鮮は独立した主体として認識されずに、日本の一部の占領地として処理され、米ソによって分割占領される重大な遠因を作った。「朝鮮が植民地支配をされていなければ南北分断は無かった」という論議の核心がまさにここに存している。

3　脱植民地の課題

（1）日本の課題

（1―1）侵略・植民地支配と関わる課題

韓国併合一〇〇年にかかわる日本、韓国、東アジアの課題として論じられねばならないことは、まず日本の歴史的責任である。知識人やNGOによって提起された植民地支配と侵略戦争による各種被害の真相の究明と被害救済のための主張を以下のように要約することができる。

知識人宣言では、日本政府の課題として、①日本政府の朝鮮植民地時期の歴史資料の収集、公開、②関東大震災、日本軍「慰安婦」問題、強制動員労働者・軍人軍属問題などの植民地支配の被害に対する解決、③朝鮮民主主義人民共和国と日本との国交正常化をあげている。

次に、日韓市民共同宣言では、韓国併合一〇〇年にあたっての課題を以下のように列挙している。

①韓国併合前後の日本帝国主義の侵略戦争の一環として東アジア各国の民衆に加えたジェノサイドに対する真相と被害事実の究明。

②三・一独立運動参加者の死傷者について、日本政府所蔵の関連資料に基づく調査。

③関東大震災時の朝鮮人虐殺の真相究明、賠償。

④戦前戦後の治安警察法、治安維持法や軍刑法、騒乱罪など治安弾圧法で連行、拘束、拘禁、虐待、拷問、獄中疑問

死、処刑された全ての朝鮮人被害者、その遺族に対する真相究明、謝罪、補償の実施。
⑤戦時下強制連行・強制労働、兵力動員の真相究明、謝罪と賠償。
⑥元日本軍「慰安婦」被害者への謝罪と賠償。
⑦在韓国・朝鮮被爆者の調査、医療費、健康管理手当等の支給。
⑧国籍差別なく全ての空襲被害者に補償をおこなう「空襲犠牲者援護法（仮）」の制定。
⑨サハリン残留の韓国・朝鮮人被害者への真相究明、謝罪と補償。
⑩シベリア抑留韓国・朝鮮人に対する日本人抑留者と同様の謝罪と補償。
⑪韓国・朝鮮人の「特定連合国裁判拘禁者（BC級戦犯）」及びその遺族への特別給付金の支給。
⑫韓国・朝鮮人軍人・軍属の靖国神社への強制合祀の取消し、謝罪・賠償。
⑬侵略戦争に動員された韓国・朝鮮人の遺骨の返還。
⑭略奪文化財の返還。
⑮在日朝鮮人の国籍差別をやめ権利を保障。とりわけ朝鮮学校の高校無償化適用。在日朝鮮人を含む全てのマイノリティに対する一切の差別と排外政策の撤廃。
⑯「日朝ピョンヤン宣言」の実施、日朝国交正常化。
⑰日の丸・君が代の強制を拒否する教師・学生への一切の迫害の取り止め。
⑱竹島・独島について「領土問題」として各教科書に記述させる措置の中止。
⑲日本と韓国・朝鮮の歴史の正確な歴史教科書を編集・発行、正しい歴史教育の実施。
⑳韓国・中国と協力して歴史和解を盛り込んだ「共通の歴史教科書」作成の努力。

知識人宣言と市民宣言は主要な問題において重なり合っている。特徴は、前者が論点を主に朝鮮に対する植民地支配にかかわる問題に絞っているのに対して、後者では、その項目がより細分され、具体的であり、日本の戦争・植民地支配の結果、あるいは日本軍国主義の遺産である戦争被害、また現代における日の丸・君が代、マイノリティ差別、朝鮮学校に対する差別、歴史教科書問題など今日的問題にまで言及している点にある。

（1―2）日本自身の脱植民地の課題

次に日本自身の問題である。脱植民地の課題は、植民地支配をされた地域のみならず、植民地支配をした宗主国の過去清算がなされてこなかったことにもある。

①大日本帝国との断絶の失敗

アメリカの日本に対する軍事占領の最大の目的は、当初、ふたたびアメリカ（連合国）に対して敵対することがないように日本軍国主義を解体して、平和と民主主義の日本を作ることであった。そのために軍隊、財閥、地主制度を解体し、いわゆる「戦後民主改革」が遂行されたが、まず日本の「一億総玉砕」を予想したアメリカが軍事占領の費用（犠牲）を最小化するために、日本の降伏にさいし、ポツダム宣言では無条件降伏であったはずが、「国体の護持（天皇制の維持）」を容認する「条件つき降伏」に変質させてしまい、次に冷戦の始まりとともに、共産主義との対決を最優先させ旧軍国主義勢力を登用する「逆コース」によって軍国主義解体が中絶して、「戦後民主改革」が挫折してしまった。そのような妥協と変質のなかで、大日本帝国憲法を国民主権の民主的憲法へと改正しようとした日本国憲法の第一章に天皇制が置かれ、そのカウンターバランスとして設けられた「非武装・不戦」という第九条すら空洞化してしまったのである。したがって日本は敗戦によって行なわれるべき「過去との断絶」に失敗し、旧帝国憲法との継続性を色濃く残すことになったのであり、その結果、日本は過去清算を全く行なわない世界でも稀な「非正常」の国になってしまった。ここにナチスを他者化することによって、「善良な」ドイツ市民は免罪されるという虚構に基づくものではあっても、過去との断絶・過去清算を行なったドイツとの対比が現われるのである。これは、日本の侵略・被害を受けた東アジアの近隣諸国の不幸であるのみならず、日本自身に、東アジア諸国との根本的な和解をきわめて困難なものにさせ、主権者としての日本の民主的な市民意識の形成を失敗させるという大きな禍根を残したのである。

②日本の国家暴力被害者救済の不在　小林多喜二を不法連行し、拷問殺害した悪名高い治安維持法をはじめ、新聞紙法、保安条例、治安警察法、軍機保護法、国家総動員法、国防保安法などの戦前の治安法（政治刑法）による、数々の人権弾圧に対して日本政府は、いまだにその事実を認めず、真相解明・謝罪・遺族への補償・再発防止の約束をしていない。横浜事件は六〇年後にようやく無罪になったが、日本のかつての国家犯罪は今日まで闇の中にある。また戦後の冷戦時代におけるレッドパージも重大な国家犯罪であり、数万人が犠牲になった。吹田事件（一九五二年）の被告は無罪を勝ち取ったものの、満足な原状回復がなされたとは言えないし、戦後史を飾る多くの疑惑事件も同様である。みずから過去清算をできない「非正常国家」日本に東アジアに対する過去清算を期待することはできない。つまり日本の東アジア諸国に対する過去清算は、日本自身の過去清算と本質的に深く通底しているのである。

（2）韓国の脱植民地の課題

朝鮮は一九四五年、植民地からの解放を迎えて、なによりも至急の課題は独立国家の建設であり、その前提となる植民地遺産の清算であった。しかし、米ソによる朝鮮の分断と、韓国の占領統治において旧日本軍、朝鮮総督府官吏の協力を得ようとしたアメリカは反共を第一義として、植民地遺制の清算に消極的であり、支持基盤の脆弱な李承晩《イスンマン》は米占領軍を後ろ盾に権力を掌握したが、反共を掲げて「親日派」と結託した。そこに冷戦の始まりが加わって、韓国における植民地清算を挫折させるのに決定的な影響を与えた。

一九四八年五月、大韓民国憲法の成立とともに、植民地時代に日本帝国主義に協力した「親日分子」に対する処罰を規定した「反民族行為処罰法」が制定されたが、李承晩と親日派の妨害によって、なんら具体的成果を挙げることなく消滅してしまった。一九五〇年の朝鮮戦争は反共至上の大韓民国をますます強固なものとし、親日派、とりわけ軍部が韓国の政治・経済・社会の主流を占めるにいたった。その結果、一九六一年のクーデタ以来、一九七九年に暗殺されるまで一八年間にわたって権力を掌握した朴正熙《パクチョンヒ》政権の中枢は、満州軍官学校・日本陸軍士官学校出身者によって占められた。このような状況下で社会各分野にわたって親日派およびその子弟が主流を占め、一九七〇年代以降、韓国の経済成長が日本の植民地時代の経済的基盤の上に成立したとして、日帝の植民地支配を肯定する「植民地近代化論」が台頭した。

韓国においては、ようやく一九九〇年代に入って、光州《クゥアンジュ》虐殺事件（一九八〇年）に対する名誉回復・賠償法の制定を突破口に過去清算が本格化した。その後、金大中、盧武鉉《ノムヒョン》政権時期に「済州四・三真相究明名誉回復法」や「民主化運動関連者名誉回復及び補償法」「日帝下強制動員真相究明補償法」など二〇近くの過去清算法とそれに基づく清算委員会が作られた。それは、韓国独裁政権による国家暴力事件の清算と、植民地時代およびそれ以前の被害の清算および親日派清算に大別される。東学農民戦争被害者や日本軍慰安婦、強制動員被害者など、第二次世界大戦以前の日本帝国主義による被害の救済は、本来、日本がなすべきものであるが、過去清算を行なわない日本に期待することができない被害者が、韓国政府に対して日本から補償を勝ち得ることができない責任を問い、請求・実施されたものである。

二〇〇四年三月に「日帝強制占領下反民族行為真相究明に関する特別法」(真相究明法)が制定され、二〇〇五年一二月に「親日反民族行為者財産の還収に関する特別法」が施行され、親日派に対する清算が政府の手によって着手された。

真相究明法は第一条で、「日本帝国主義の国権侵奪が始まった露日戦争開戦時から一九四五年八月一五日まで日本帝国主義のために行なった親日反民族行為の真相を糾明し、歴史の真実と民族の正統性を確認して社会正義の具現に尽くすことを目的とする」としている。第二条でその該当行為を二〇項目にわたり列挙し、独立運動に対する攻撃、弾圧行為、日本の朝鮮侵奪に対する積極的協力、高等文官以上の官吏、憲兵または警察、日本軍の少尉以上の将校として侵略戦争に積極的に協力した行為、判検事などを列挙している。

同法に基づき、二〇〇九年一一月二七日、親日反民族行為真相究明委員会は政府機関として初めて、一期(一九〇四~一九年)と二期(一九一九~三七年)に活動した親日行為者三〇一名、三期(一九三七年~四五年)を合わせて一〇〇五名が記載された二万一千ページ余り、二五冊の最終報告書を発刊した。また、親日反民族行為者財産調査委員会は二〇〇六年の事業開始以来二〇一〇年八月まで、一〇六人から一千一九九筆地、八一二万四三八一m^{2}、時価一千六一七億ウォン相当の親日派の財産を国家に帰属させた。

国家主導の親日派清算事業の根底には、民間機関である民族問題研究所の『親日人名事典』編纂事業があった。二〇〇九年一一月八日、朴正熙元大統領、張勉《チャンミョン》元国務総理、方應謨《パンウンモ》朝鮮日報社長、金性洙《キムソンス》東亜日報社長など著名人を含む植民地時期の親日派四千三八九人の行状を記録した『親日人名辞典』(三巻二八〇〇ページ)が刊行された。同研究所は二〇〇一年一二月から一八〇名の研究者を網羅して、二〇〇七年から執筆を開始し、『親日人名事典』の編纂に取り組んできた。

しかし『親日人名事典』に対し既得権層からの激しい攻撃があった。まず、親日派の選定基準における親日の範囲と親日行為の程度をめぐる論難である。親日人名事典編纂委員会は、選定基準を「乙巳条約（一九〇五年）以降、一九四五年八月一五日の民族解放まで、日本帝国主義の国権侵奪、植民地統治、侵略戦争に積極的に協力して、我が民族または他民族に身体的、物理的、精神的に直接、間接の被害を与えた者」と規定し、一、国権侵奪に協力した者、二、日帝の植民地統治機構に参加した者、三、抗日運動を妨害した者、四、日帝の侵略戦争に協力した者、五、知識人・文化芸術人として日帝の植民地統治と侵略戦争に協力した者、六、その他の親日行為者として、地位と役割の両面から詳細に規定しているが、親日派遺族から名誉毀損訴訟が続出した。次に、三・一独立運動の指導者のなかでのちに親日派に転向した人物のように、親日と抗日の行為が混ざっている場合の判断である。最後に、日本軍将校出身の朴正熙元大統領のように植民地時代には親日行為をしたが、解放後に大韓民国政府の建国と発展に貢献したという主張である。

親日派の子孫や保守メディアからの反発の論理の要旨は、①民間機関が何の権限で親日派を断罪できるのか。②親日行為は、植民地朝鮮の民には不可抗力的だった。③親日行為を通じて習得した近代的知識と技術が韓国の建国の基礎になった。植民地知識エリートは新生大韓民国の発展に寄与した。それを否定するのは「大韓民国」の正統性を否定する陰謀である、というものである。

二〇〇九年、李明博保守政権発足後、過去清算は中断ないし後退し、ニューライトによる歴史の見直しが進められた。韓国では日本の植民地からの解放を記念して、毎年八月一五日の「光復節」を祝ってきたが、李明博政府はその名称を「建国節」に変更しようとして大きな反発を受け、両者を併記する変則的な解決をした。すなわち「建国節」の制定の主張は、大韓民国にとって植民地からの解放・独立よりも、一九四八年八月一五日の大韓民国の建国がより重要であり、独裁者、李承晩と朴正熙両元大統領をそれぞれ建国、発展の父として復権させようとする試みである。その本質をあらわすのが、日本の植民地統治とその協力者を全面的に肯定する「親日は愛国者だ」という主張である。

これは「日本に協力したことは些細な罪にすぎず、功績の方がはるかに大きい。大韓民国政府を樹立して北朝鮮の侵略から韓国を守って、国内のアカと闘って、今日に至らしめたのは、まさしく日本の軍事教育や警察技術、経済を学んだ人々のおかげだ」という主張である。韓国では、このように日帝の植民地支配から利益を得た「親日派」は清算されず、綿々と生命を持続し、支配層として権勢をふるってきた。「親日は愛国」という、「自虐の極み」である言説が公然として表われていることは、韓国の植民地遺産の清算が解放後七〇年を経ても終結しておらず、植民地体制の清算は支配国が行なうべきことであるのみならず、被支配国の問題でもあることを示している。

4 東アジアにおける植民地清算の課題とダーバン宣言

(1) 人道に対する罪としての植民地主義

前節において論じたように、「韓国併合一〇〇年」は、近代西欧の世界制覇、日本のアジア支配という歴史的脈絡のなかにある。したがって、韓国併合一〇〇年を一過性の行事としてではなく、世界史的な脈絡に位置づけ、植民地支配の普遍的な意味を探求し、未決の問題を普遍的あるいは、東アジア地域全体の植民地清算の脈絡のなかで解決する必要があると提起したことがある。(8)

二〇〇一年、南アフリカのダーバンで開催された「反人種主義、差別撤廃世界会議」における「ダーバン宣言および行動計画」(ダーバン宣言、DDPA)の政府宣言では西欧諸国の奴隷制が、NGOの宣言ではそれに加えて植民地主義も人道に反する犯罪であるとした。西欧資本主義が帝国主義へと変貌して、世界を支配した近代四〜五〇〇年の世界史を根本的に見直す画期的な事件であった。

ダーバン宣言は、「人種主義、人種差別、外国人排斥および関連のある不寛容（以下、「人種主義など」）が、人種、皮膚の色、門地（世系）またはナショナルあるいはエスニックな出身に基づいて発生し、被害者は、性、言語、宗教、政治その他の意見、社会的出身、財産、出生、またはその他の地位などの関連のある理由に基づいて、複合的でいっそう悪化する差別を被ることを認める」と述べた。

ダーバン宣言は、とりわけ、「大西洋越え奴隷取引などの奴隷制度と奴隷取引は、その耐え難い野蛮のゆえにだけではなく、その大きさ、組織された性質、とりわけ被害者の本質の否定のゆえに、人類史のすさまじい悲劇であった。奴隷制と奴隷取引は人道に対する罪であり、とりわけ大西洋越え奴隷取引はつねに人道に対する罪であったし、人種主義などの主要な源泉である。アフリカ人とアフリカ系人民、アジア人とアジア系人民、および先住民族は、これらの行為の被害者であったし、いまなおその帰結の被害者であり続けている」（傍点筆者）と宣言した。

さらにダーバン宣言は、「植民地主義が人種主義などをもたらし、アフリカ人とアフリカ系人民、アジア人とアジア系人民、および先住民族は植民地主義の被害者であったし、いまなおその帰結の被害者であり続けていることを認める。植民地主義によって苦痛がもたらされ、植民地主義が起きたところはどこであれ、いつであれ、非難され、その再発は防止されねばならないことを確認する。この制度と慣行の影響と存続が、今日の世界各地における社会的経済的不平等を続けさせる要因であることは遺憾である」と確認した(9)。

植民地主義にかかわるダーバン宣言の最も重要なポイントは、植民地支配が「人道に対する罪」であると表明した点である。奴隷制が個人としての全人格的隷属（自己決定権の剝奪）であり、植民地支配は他集団に対する集団としての隷属（主権の剝奪）である。「人道に対する罪」とは、第二次世界大戦の戦争処理を準備する過程で、ナチス・ドイツのユダヤ人や少数者に対する抹殺（ジェノサイド）をさす用語として、ニュルンベルク裁判で適用され、今日、「重大な人権侵害」にかかわる国際刑事裁判所条約の核心的犯罪として位置づけられている。つまり、植民地支配が、ナチスや日本帝国主義の大量虐殺と同じような、最大の人権侵害であることを表明したものである。

(2) ダーバン宣言における文明と野蛮

ダーバン宣言では、近代を西欧「文明」が非西欧の「野蛮」を支配した歴史として位置づけ、その支配が「人種主義」をもたらし、「世界各地における社会的経済的不平等を続けさせる要因である」として、文明と野蛮の構造が差別と偏見を生み出し、奴隷制と植民地支配という野蛮な行為を結果したことを指摘している。

人類における差別と偏見の歴史は長い。洋の東西を問わず、「中心と辺境」、「文明と野蛮」の構図が作られてきた。パックス・ロマーナや中華秩序がその例である。一国の中をとらえても「都鄙」の区別が作られてきた。しかし、近代西欧世界の世界制覇によって、文明と野蛮が全世界的規模で二重構造の支配の論理として使われた点において、また進化論の出現以降、文明と野蛮の論理が社会進化論や優生学という疑似科学により補強され、民族や人種における「優劣」の神話を捏造し、帝国主義の侵略・植民地支配・奴隷化を正当化する論理として使われた点において、前近代における植民地とは異なる。文明と野蛮の論理とそれによる地球規模での人間に対する支配が、現代の各種差別の根源を作り出しているのである。

一例を挙げれば、朝鮮支配を正当化するために朝鮮総督府は膨大な調査事業を行ない、朝鮮人は「不潔、無知、嘘つき、怠惰、団結力がない」などの言説を作り出し、朝鮮人に「劣等民族」の烙印を押すことによって、植民地支配を合理化した。その差別と偏見は、今日の在日朝鮮人差別や北朝鮮悪魔化の根底をなしている。

西欧「文明」論は、外にはアジア、アフリカ、ラテンアメリカの「野蛮」に対する支配・差別を正当化するものであり、その意味で、そもそも他者を暴力で支配し、犠牲にする構造の上に築き上げられてきた「文明」は本質的に「野蛮」である。明治以来、「文明開化」を掲げて西欧に追従し、「文明」を追い求めてきた日本は、本質的に「野蛮」でしかなかったのである。

（3）東アジアの人権

西欧は世界の支配者としてきわめて特殊な地位を享受しながら、非西欧世界に対しては、西欧的基準に従った「普遍的人権」の基準に満たないものとして批判し、人権を支配の手段としてきた。一九九三年、ウィーンで行なわれた世界人権会議を契機として、中国やシンガポール、インドネシアなどから提起された「アジア的人権論」は、人権の歴史的段階論や文化相対主義を主張するものであり、人権の普遍性を主張する西側国家から激しく批判された。確かに、「アジア的人権論」は社会主義や儒教文化主義・集団主義が個人の自由を制限する「全体主義的性格」をもっており、人権抑圧を非難されていた権威主義的政権を擁護するプロパガンダ的な性格があった。ただし、欧米諸国の「アジア的人権論」批判も、純粋に普遍的人権の実現を目指すものというよりは、西欧帝国主義の意に染まない非西欧国家に対するレジームチェンジ（体制倒壊）を謀るプロパガンダの色彩が濃厚なものであった。

歴史的脈絡において、東アジアにおける人権は明らかに西欧の「普遍的人権」とは異なるものである。西欧の普遍的人権という虚偽意識の外被を剝ぎ、真の普遍的人権を実現するためには、西欧中心の普遍的人権に対する独占的解釈を解除する必要があり、東アジアにおいては、日本中心の「アジア」という虚偽意識が解除されて、被圧迫者である東アジア民衆中心の地域秩序への改編がなされねばならない。西欧・日本帝国主義に対して植民地支配責任を問い、脱植民地の課題を達成することによって、優劣のない人種、民族、人間観を確立して、真の普遍的人権を実現することが要請されている。

(4) 東アジア歴史・人権・平和宣言

ダーバン会議では、アフリカで開催されたこともあって奴隷制が論議の中心となり、植民地支配の問題は数百項目ほどのなかのわずか二項目でしか言及されなかった。そこで韓国併合一〇〇年を契機に西欧の侵略、戦争、植民地支配が一世紀半にわたって東アジアに甚大な被害を与えたことを認め、謝罪、賠償、再発の防止という「過去清算」が誠実に行なわれることが平和な未来に向けて東アジアの協働の不可欠な前提であることを確認するために、市民たちによる「ダーバン宣言」の東アジア版、「東アジア歴史・人権・平和宣言」を作成する必要が提起された。二〇〇九年秋からの準備作業を経て、二〇一〇年三月二〇日に呼びかけ文が発表され、二〇一一年一〇月、ダーバン宣言一〇周年を期して明治大学において「東アジア歴史・人権・平和宣言」大会が開催され、韓国併合一〇〇年を普遍的な問題として世界史と東アジアの近現代史のなかに位置づけ、東アジアの国家間、民族間の対立が発生し、過去清算に関する論議などが起こるたびに必ず参照すべき文書とすべく、二〇〇項目からなる宣言および行動計画が発表された。

五世紀にわたる戦争と暴力が人類を支配した時代に終止符を打ち、人権と平和を具現するために、植民地支配は人道に対する犯罪であるという明確な国際的合意に基づいて、二一世紀最大の懸案とも言える植民地支配責任の清算を行なうことが必要である。東アジアにおける当面の最重要の課題は、日本の植民地支配に根源をもつ朝鮮半島分断と、その結果物である朝鮮戦争以来続いている朝鮮半島での戦争状態を終結させ、朝鮮半島での平和体制構築を実現して、近代以降引き裂かれた朝鮮民族の原状回復を行なうことであり、東アジアにおいて日本の国家公権力による人権侵害の問題の真相究明・権利回復を行なうことであろう。

韓国併合一〇〇年が提起した問題はその歴史的脈絡のなかにあると言える。

（1）この節の記述においては、阿部浩己『国際法の暴力を超えて』（岩波書店、二〇一〇年）から多くの示唆を受けた。
（2）井上勝生「東学農民軍包囲殲滅作戦と日本政府・大本営——日清戦争から『韓国併合』一〇〇年を問う」「思想」一〇二九号、二〇一〇年一月、二六—四四頁。
（3）旧日米安保条約の第一条には、「平和条約及びこの条約の効力発生と同時に、アメリカ合衆国の陸軍、空軍及び海軍を日本国内及びその附近に配備する権利を、日本国は許与し、アメリカ合衆国は、これを受諾する」とあるように、権利を要求する側が、義務を負う側の自発的提供を受け、それを受け入れるという欺瞞的な形をとることが多い。
（4）『「韓国併合」100年を問う——2010年国際シンポジウム』岩波書店、二〇一一年に収録。
（5）『植民地主義と平和実現のための日韓市民共同宣言』「強制併合100年」共同行動日本実行委員会、二〇一〇年一二月。
（6）『文明と野蛮を超えて——わたしたちの東アジア歴史・人権・平和宣言』徐勝・前田朗編、かもがわ出版、二〇一一年一一月所収。
（7）日韓基本条約の第二条では「一九一〇年八月二二日以前に大日本帝国と大韓帝国との間で締結されたすべての条約及び協定は、もはや無効であることが確認される」としている。（Article II It is confirmed that all treaties or agreements concluded between the Empire of Japan and the Empire of Korea on or before August 22, 1910 are already null and void.）
この第二条に対する日韓両国の解釈が異なっている。韓国側は、本条約の締結により「過去の条約や協定は、（当時から）すでに無効であることが確認される」と解釈するのに対し、日本側は本条約の締結により「過去の条約や協定は、（現時点から）無効になると確認される」という解釈をしている。したがって、韓国側の「当初から日韓併合条約は無効であった」という立場に対し、日本側は「併合自体は合法的な手続きによって行なわれ、併合に関する条約は有効であった（よって、一九六五年の本条約をもって無効化された）」という立場である。これは、双方の立場の違いを認識しながらも、アメリカの圧力によって条約締結を急ぐあまり、いわゆる「玉虫色」の解決をしたものである。

（8）東アジア歴史・人権・平和宣言委員会の呼びかけ（二〇一〇・三・二〇）。

（9）「東アジア歴史・人権・平和宣言」前文A・「ダーバンからの道」。

第2部　国家の枠組みを超えて

反テロ戦争と原発事故

板垣雄三

本稿は、成蹊大学アジア太平洋研究センターが二〇一〇年度から二〇一一年度にかけて開催した成蹊学園創立百周年・センター設立三十周年記念連続講演会「人間の安全保障と東北アジア――サステイナブルな地域社会をめざして」の第四回（二〇一一年七月九日）において、板垣雄三が行なった講演「反テロ戦争と原発事故――世界の繋がりのなかの東北アジア」の口述記録を、趣旨はそのまま、説明を敷衍しながら文書体に改め、それに翌一二年晩秋〜歳末時点での補足的メモを「注」および［付記］として添える手順で、作成したものである。このため、注にあたるものが本文中と末尾とに分かれて示されることになった。なお、その後の時間経過を踏まえ、さらに二〇一三年夏段階の［追記］を加えた。

1　アクチュアリティ　二〇一一と取り組む

二〇一一年は、人類史における重大な転換点となるに違いない。年頭から、アラブ諸国で、「人間の尊厳」の回復を要求の基調とするような市民決起による新市民革命の波が巻き起こった。それは、国ごとの政治変革であることを超えて、中東における米欧の覇権秩序ひいては「反テロ戦争」体制を根底から揺るがす性質のものとなる。そこで、たちまち、これに対する反革命が陰に陽に組織されはじめた。この国際干渉は、市民決起に対する公然たる弾圧から、市民決起に乗じ内乱を既存政権の転覆へと誘導しようとする国別「体制転換《レジーム・チェンジ》」の策謀まで、多様な陣型が敏速に形成されはじめたのである。じつにこうした緊迫のとき、日本では、三月一一日の東日本大震災と福島第一原発原子炉群の苛酷事故とが発生する。〝フクシマ〟に対する反応が、中東の市民決起と共振共鳴しつつあった世界各地での市民決起を、一挙に拡大深化させるグローバル現象の引きがねとなった。反原発を主調音として、貧困／格差／失業／差別／人権侵害／人間的辱め／社会的不公正／政治の腐敗や機能不全／圧政／戦乱／環境破壊／伝染病／などの是正や廃絶や防遏《ぼうあつ》、政治的自由／自己決定権／自治独立の確保／など、多岐にわたる問題をめぐり「人間の尊厳と自由・安全・公正」にかかわる要求が、世界中で噴出しはじめた。

このような世界状況のもとで、「人間の安全保障と東北アジア」が主題の講演会シリーズのうちの一回を引き受けるにあたり、「反テロ戦争と原発事故」というタイトルを掲げることにした。「核テロ」切迫の警告やオバマ大統領による「核なき世界」の目標提示のもとで、あらたに起きた重大な核災害が、郷土・コミュニティの喪失と健康への永続的脅威とを招き、地球環境の放射能汚染記録に新しいページを加えただけではない。人間の社会生活の日常性が、「反テロ戦争」という「戦争」概念の変換でもろに攻撃と監視の対象とされるようになったし、そればかりか、核兵器と不可分の関係にある原子力発電の隠された脅威にも曝されている現実がつよく自覚され、核エネルギー利用全般を倫理的に批判してそれから離脱することが人類的課題として意識されるようになったからである。これは、「人間の安全保障」をめぐるこれまでの議論に新しい視角をもたらすものだ。

こうして、分断され相互に隔離されていると見えていた人々が、期せずして結びつきを自覚し、空間的・時系列的にバラバラでそれぞれ別個のものと見えていた事象が、にわかに不思議な繋がり合いを露呈して意味のコンテクストを浮かび上がらせる、ということが起きてくる。このため講演では、「世界の繋がりのなかの東北アジア」というサブタイトルを掲げた。世界の「繋がり」が、私の議論をつらぬくキーワードとなるだろう。

三・一一ことに原発事故に直面した日本で、アラブの革命を想定外と言って騒いでいたメディアが、これまた想定外の原発事故に一〇〇%関心を切り替えたのを見て、私が注目したのは、スリーマイル島事故（一九七九年）／チェルノブイリ事故（一九八六年）／福島第一事故（二〇一一年）／の発生した三時点において中東・米国・日本の絡み合いが特徴的に起きており（共時性《シンクロニシティ》）、三時点をつらねるこれら組み合わせの変遷が一つの世界史的脈絡《コンテクスト》を形づくることであった。

すなわち、**一九七九年** 一九七九年中東でイラン＝イスラーム革命、エジプト・イスラエル平和条約、サウジアラビアで反乱鎮圧（マッカ事件）、イラクでサッダーム・フセイン政権成立、ソ連のアフガニスタン軍事干渉開始などの激動が継起／米国がイスラエル＝エジプト組に戦略拠点を移す／日本はイラン革命政権を承認する関与政策／米国スリーマイル島事故がイランでのイスラーム共和制成立と同時に発生。**一九八六年** 米国がカッダーフィ殺害を策す対リビア渡洋爆撃作戦（殺害は失敗）／日本は東京サミットでリビア爆撃支持や「国際テロリズム」と戦う先進国結束の合意とりまとめ／ソ連ウクライナのチェルノブイリ事故発生はリビア爆撃の十日後、東京サミット開幕一週間前で、サミット期間中も放射性物質拡散。**二〇一一年** アラブ諸国で軒並み市民決起（「反テロ戦争」体制と化した米国の中東管理「一九七九年体制」はエジプト＝ムバーラク政権の倒壊で抜本的再編を迫られる）／米国・イスラエルはNATO軍を利用して対リビア軍事干渉（カッダーフィ殺害）やシリア内戦へとむかい、欧米メディアは「民主化」の論法で「アラブの春」を宣伝／中東の政治変化を傍観する日本では、中東での反革命活発化への動きと並行して福島第一原発事故発生、原発輸出ビジネスでは事故後も活発に動く／世界的な市民《ムワーティン》革命への胎動拡がる。

二〇一一年早々、「中国茉莉花《ジャスミン》革命を」と敏感に反応する書き込みがネット上を飛びかうなかで、中国は南沙諸島をめぐりフィリピンやベトナムとの対立を激化させた。一月ハノイで「日・ベトナム原子力協定」に調印して原発輸出に意気込んでいた日本で、カイロのタハリール広場の実況映像は、一九八六年マルコス政権を追い落としたフィリ

講演「反テロ戦争と原発事故——世界の繋がりのなかの東北アジア」（2011年7月9日）　配付資料

人間の安全保障

中国　ロシア　　　　　　　　イスラエル　北朝鮮　イラン
▼戦争関与　　　　　　　　　▼撹乱

「核テロ」脅威

植民地主義／人種主義／軍国主義／市民殺傷攻撃
イスラエル擁護

「核」管理体制・秩序／原子力政策

反テロ戦争　イラク、アフガン、レバノン

イスラーム　パレスチナ問題の不公正

北朝鮮　終わっていない朝鮮戦争

ビン・ラーディン殺害
シリア、リビア、バハレーン、パキスタン、イラン

大震災・「核」災害

漂流する日本

トモダチ作戦　下地島
イスラエル医療隊　ジブチ

新☀市民革命　都市・商業・政治を生きる市民

自由・自立／人間の尊厳／非暴力直接行動／多即一（タウヒード）ネットワーク・パートナーシップ／個と差異性の尊重／公正・安全・平和・共生／修復的正義／オトコ中心主義反対／融通無碍にケアしあう社会・環境／再生と循環の自然に対する畏敬／世界を変革する⇔自己を変革する／……
×民族・宗教・領域紛争／愛国・和諧／革命偽装　⇒脱原発／核兵器撤去・非核化／基地問題
趨勢　米国の「アメリカ」化／イスラエルの「パレスチナ」化／……　東北アジアの未来は？

ピンの民衆革命を想起させていた。北朝鮮が寧辺《ヨンビョン》で原発建設に着手したのは一九七九年、それが電力供給を開始したのは八六年だった。そこで視野を中国・北朝鮮・韓国・台湾・フィリピン・ベトナムなどにも拡げて、前記の三つの時間を組み合わす構図を見なおせば、さらに興味深いグローバル連関の重層構造が見えてくるのである。

ここでも再び、国家間ないし跨境的《トランスナショナル》に、または社会の内外貫通的に、諸アクター間の覇権作用／支配・被支配／合意をタテマエとする統治／相互依存／相互浸透／リンケージ作用／差別化かつ―または結束化の民族現象《エスニシティ》／統合―対決―分離―拡散など社会運動／その他における因果や理由帰結や作用効果などとして説明できる次元の事象ばかりでなく、共時性《シンクロニシティ》や脈絡相関状況《コンテクスチュアリティ》を暗示する諸事象にも遭遇することになる。そこでは、ユングが考察したシンクロニシティ（偶然の同時発生現象《コインシデンス》）の土台にある「一なる世界《ウヌス・ムンドゥス》」の見方や、量子力学におけるノン・ロカリティ（非局所性、つまり時空を隔てた事象が相互に影響しあうこ

と）の概念など、と重なり合う場面としても、「世界の繋がり合い方」を透視したいのである。「アジア太平洋研究」が問題とすべき「場」とはいったい何か、「東北アジアの未来」はどんな拡がりと深度とをもつ展望として語られるべきなのか、こんな「そもそも論」的課題とも向き合うことになるだろう。

一枚紙の配布資料［一二六ページに採録］には、枠囲みの目立つ形で、上下に「人間の安全保障」と「新☀市民革命」、左右に「反テロ戦争」と「大震災・核災害」が配置され、その周囲にいろいろな言葉が散らばっている。このため、縦軸・横軸で分けられる四象限を固定的にセットしたような印象を与えるかもしれないが、そうではない。タイトル設定の趣旨に沿って、突き刺さる現実《アクチュアリティ》と取り組むうえで重要と思われる視角を、たまたま四つ選んだだけ。思索の途上で別の視角が浮上しても不都合はない。傘形連判《かさがたれんぱん》よろしく新視角書き込みを増やしていって、四角形が円環に変わってもよい。三六〇度あらゆる角度から考えるのは、いいことだ。散りばめられた項目表《アイテム》についても、考え方は同じ。この「問題《イッシュー》一覧」は、覚知《さとり》の世界を表象するある種の曼荼羅《マンダラ》なのだ。あるいは、バラバラに並ぶ項目群を、ライプニッツが言う単子《モナド》になぞらえ、任意のモナド一覧と譬えてもよい。項目一つ一つがおのおの宇宙全体を映しだす鏡、ともいえるからだ。だから、任意に選びだされた項目一覧は、時とともに入れ替わったり変形したりして、いっこうに構わない。粒子の各項目は、波動でもあるのだから。この曼荼羅は、歴史のホンの一瞬を写すものであってよい。瞬間を捉える図像について、永劫《えいごう》の歴史を貫く理法を反映し得ているかどうか、が試されていく。

2　繋がる世界のなかでの地域研究の限界

私はかねがね「n地域」という理論を提起し検証してきた。一人の人間が生きる場所は、決して単一でなく、可変的だ。「n地域」は「アイデンティティ複合」と表裏の関係にある。男性の場合だが、仮につぎのような存在を想像してみよう。しばらく米国駐在で働いていたAは、環太平洋を結ぶ仕事の機縁で東京・上海・シンガポールを往来する仕事に転じ、東南アジア絡み東北アジアの将来といった関係の情報につねづね関心を払っているが、アフリカ研究を志してパリ留学中の娘をいつも気にかけながら、東京での夜はちょくちょく吉祥寺を足場に喉を潤して帰宅後レゲエを楽しむ暮らしだったところ、三・一一で福島の親や親戚の避難救援に駆けつけ、その後も時間をやりくりしては市民の放射能測定を手伝いに通ったので、各地からのボランティア仲間だけでなく現地でも点々と心の友ができ、これからの生き方をいま考慮中、という場合。Aが生きるn地域の背景には、米国・カナダ・ラテンアメリカ・中国・東南アジア・南アジア・西欧・西アフリカ・カリブ海・東日本という地域やそこでの都市や田舎の人が棲息する大小まちまちの一角《コーナー》（放射能ホットスポット群まで）がネットワークをなしていて、彼はそこから広狭さまざまの空間《スペース》またそれらの飛び地的組み合わせをたえず選び分けながら生きているのだ。

　これは、近年流行の「グローバル化」現象の一例などという評言で片づけるべきものではない。「n地域」は、「アイデンティティ複合」とともに、人類の文明展開において私が七世紀以来のスーパーモダニティ（超近代性）と呼ぶ「近代性の原基」にかかわる属性だからだ。商業化＝都市化＝政治化と深く関連していて、巨視的な視野が必要である。「商業を生きる・都市を生きる」面で女性の位置・役割は看過できないのに、女性・母性の場合、男性Aの例示のようなある種のパタン化がむずかしい点［＝現実―意味］には、注意しておくべきだ。虹のごとき市民《ムワーティン》革命の初発で、あるいは福島原発事故に対するグローバル市民の姿勢から、オトコ中心主義批判が超近代性《スーパーモダニティ》復権への中心的課題として浮上している。これが、「アイデンティティ複合」は無論として「n地域」の視界にも、大きな影響を与えるのは確かだろう。三・一一後、私は「n地域」再論の形で、オトコ中心主義の一現実態としての日本の植民地主義をあらためて検討しなおす機会を得た。

四月九日、沖縄県立博物館・美術館を会場として開かれたシンポジウム「恋人のように!!『東アジアへ』――〈併合40―1〉琉球群島から、今、呼びかける」において、私は「新・市民革命と福島原発災害」と題して発言し、自己決定権と「東アジアへ」というキーワードに対する意見をのべた。川満信一《かわみつしんいち》「琉球共和社会憲法C私（試）案」（『新沖縄文学』一九八一年六号）の発表後三十年を記念して、その国家廃止・共和社会のビジョンをあらたに議論の俎上に載せようとする集会に招かれたのだった。琉球弧の民衆がみずからをいかなる地域に位置づけるか、その苦悩に沈潜すればするほど、地域・世界を突き抜けて自分の存在を普遍化しながら、土着化の根を張ろうとする母なる大地《マザーアース》の母性重視に回帰するのを確認した。

また、六月二十六日大阪市中央公会堂で開かれた「吹田事件59年記念集会」では、私は「朝鮮と中東とのつながりを考える――世界史の中から　日本と関連させて」という題で講演した。一九五二年六月の吹田事件は、朝鮮戦争下の反戦運動・抵抗運動《レジスタンス》だった（西村秀樹《にしむらひでき》『大阪で闘った朝鮮戦争――吹田枚方事件の青春群像』、岩波書店、二〇〇四年。金時鐘《キムシジョン》『わが生と詩』〔第二章「『在日』を生きる」〕、岩波書店、二〇〇四年）。それを記念する在日コリアンと日本人の参加者は、こんにちの東北アジアの難局と対峙しているのだ。私は、朝鮮と中東との不思議な並行性・共同空間性を振り返りながら、朝鮮戦争とパレスチナ問題とがともに未解決のまま推移してきた結果、いっそう深刻化した民族の分断・離散・苦難について考察し、朝鮮・パレスチナ二局面の核心に日本社会がいかに関与してきたかを論じた。日本が朝鮮戦争の重要な一局部そのものだったことから目をそらすため、日本人はいまなお後生大事に抱える「戦後」という馬車馬的一国主義の虚偽意識に身を委ねる結果となった。この自己欺瞞が、原発とその立地の無慈悲さをはじめ、日本社会のオトコ中心主義の現在を支えている。

右の二つの経験に言及した以上、ここ成蹊大学にあっておのずと想起することになるのは、李静和《リジョンファ》編『残傷の音――「アジア・政治・アート」の未来へ』（岩波書店、二〇〇九年）という仕事である。それは、二〇〇七年に沖縄宜野湾市は佐喜眞《さきま》美術館で丸木位里《まるきいり》・丸木俊《まるきとし》の作品「沖縄戦の図」を前に催された「アジア・政治・アート」ワークショップの果実だった。そこでは、多様なジャンルの文化表現という政治行為が生者と死者の交感のうえに抵抗点を出現させることにおいて、沖縄と朝鮮とが響きあい、時空の断片が呼応しあう関係をその外側にまで拡げていく。「生きることの移場《いじょう》」や「遭遇と交差」は、まさしくここでの語り手たち・表現者たちが開示して見せてくれる「n地域」的躍動を、的確に要約している言葉だと、私は思う。その躍動＝響き・リズムとは、死と生の交錯をくぐり抜けて持続する女性性が、権力の網目をなすアート＝政治と入れ替わる儀礼の場としての「アジア」のあらたな訪れを暗示しているかもしれないと、『残傷の音』の編者は考えているようだ。

「n地域」的思考においては、「二つの世界」論（東・西／ヨーロッパ対非ヨーロッパ〔アジア〕／など）に依拠するオリエンタリズム的欧米中心主義や、「世界と日本」・「世界史と日本史」が「福は内、鬼は外」式棲《す》み分けの二分法的嵌《は》め込み細工になっていて絆《きずな》が内側にだけある「がんばれ日本」の日本ナショナリズムなどは、いずれも居場所を失う。最小の地域は個人の立ち位置であり、最大の地域はさしあたり地球表層＋宇宙空間の一部なのであって、その中間に、多様な地域・地域複合とその変換・組替え・重層化とが、時間・空間・主体三契機《モメント》の結合によるハイパースペース（超空間）として、無限にあり得るのだ。しかし、小学生が「社会」の勉強を自宅や学校の周辺からはじめ、学年が進むにつれて市町村、都道府県、国、世界へと「レベル」を上げていくドーナツ型地域学習の伝で、「地域コミュニティ→日本→東北アジアないし東アジア→アジア→世界」と拡張される同心円的世界認識が、社会の通念としてまかり通っているのが実情である。加えて、世界を「ユダヤ《ジュデオ》＝キリスト《クリスチャン》教文明」／「イスラーム文明」／「儒教文明」／「ヒンドゥー教文明」／などに色分け区分し、「文明圏」を安直に並立させて、衝突抗争・ハルマゲドン（終末論的最終戦争）・対話＝共存などに導く言説に沿った世界理解も幅をきかしている。自由自在に、時々刻々、自分自身にとっての「地域」を組み替え選び分けながら、たゆみなく世界全体への繋がり方を考えていくという主体的・実存的な生き方が、いま求められているのではないか。三・一一後に、沖縄で、あるいは大阪で、私はそのことを再確認したのだった。

地域研究《エリア・スタディーズ》という学問領域は、第二次世界大戦中、米国でドイツ・日本など敵国を研究する学問として成立し、冷戦期にはソ連・東欧・中東・朝鮮・東南アジア・ラテンアメリカ・アフリカをめぐり「敵」を知る総合的・学際的研究として発展した。だが、一九八〇年代以降、日本では、全科学分野を含む総合性・学際性をもち、比較地域文化的《ジオカルチュラル》・未来志向的な文明戦略とそのための地域研究のネットワーク化とを志向する、世界諸地域研究《グローバルエリア・スタディーズ》としてのCHIIKIKENKYUの組織化が開始された。私は一九七八年、日本首相の最初の中東訪問をフォローアップする中東文化ミッション（団長・梅棹忠夫《うめさおただお》）に参加したのが縁で、この仕事に参画し、日本における世界地域研究の制度設計にしばらく関与することとなった。結果として、一九九四年、国立民族学博物館に地域研究企画交流センターJapan Center for Area Studies [JCAS]（初代センター長・松原正毅《まつばらまさたけ》）が誕生し、世界に学術と高等教育の新目標を発信した（ITAGAKI, Yuzo, "Area Studies Must Be the Foundation of New Scholarly Knowledge," M. Matsubara & J. Campbell [eds.], *Japan-USA Area Studies Conference [1995]*, The Japan Center for Area Studies, National Museum of Ethnology, 1997.）。このセンターは十年間余、活発に活動してあまたの成果を挙げたが、国内の大学・研究機関・学会・研究団体などを広くネットワーク化する地域研究コンソーシアムを遺して、二〇〇五年に幕を閉じる。[1] この間、地域研究は、科学研究費の対象領域となったばかりでなく、日本学術会議の第20期以降（二〇〇六年〜）に向けた改革によって、会員選出および機構上の独立の一専門分野として位置づけられるにいたった。全国諸大学でも、地域研究の研究・教育体制の整備が顕著に進み、大学改革の目玉とされるまでになった。

しかし、地域研究が、学術の世界でこのように見かけ上の「市民権」を得るようになっていく過程で、一九九〇年代後半には、私は考え方を変化させはじめていた。推進係の一人だった私はいささか心を変え、あえて「ダメ地域研究」などと言ってみたりもするようになって、すでに十年余りが経つ。いったん学術専門分野《ディシプリン》として制度的枠組の体裁ができてしまうと、中身は幼児段階のまま、自称特定地域専門家《エキスパート》がやたらとヘンな形で増えてくるようになった。「アジア太平洋」地域専門家も、分類上しっかり存在したりする。どの地域であれ、総合知をめざすはずの地域専門家を名乗る人が、重箱の隅をつつくような仕事をしていて恥じるところがない状況が出現する。これは学問の退廃ではないか。そんな憤懣《ふんまん》から、私は二〇〇三年には「地域研究」に代わる「文明誌」を提案する音頭をとったりもした〈第18期日本学術会議文明誌の構築特別委員会報告「〈文明誌〉という知の新領域開拓の可能性を検証する」http://www.scj.go.jp/ja/info/kohyo/18pdf/1802.pdf〉。私が深いかかわりをもつ中東研究の場合でも、かねて私が問題としてきた人工的「中東諸国体制」、すなわちヨーロッパの帝国主義的支配が設計構築した〈国分け〉システムなど一顧だにしない、シリア・クウェート・イエメン・リビア等々「国」別の専門家が、一国視野の近視眼的「地域」専門家として自分の縄張りに籠《こも》り、大局を見失って趨勢を予見することができない状況を、残念ながら散見するようになっている。「n地域」のドキドキワクワクするような選択肢・可変性とは向き合わず、できあいの与えられた枠組に鎮座するだけの「地域」研究者の「専門性」。それが、二〇一一年に私が沖縄や大阪で出会ったような人々のいわば命がけの「地域」探索の生き方と向きあったとき、眩暈《めまい》するほどの落差を露呈してしまうことになるのは否定できないだろう。

3 イスラームのネットワークとグローバリズム

「世界の繋がりのなかの東北アジア」を考えるとき、「近代世界」への編入つまり「ヨーロッパ〈近代〉」の衝迫《インパクト》下の〈近代化〉からグローバル化の現段階までという、これまで常識とされてきた欧米中心主義的コンテクストに基づくのでなく、イスラーム的ネットワーキングと共振する東北アジア自前の「近代性《モダニティ》」つまり前述のスーパーモダニティの観点から、照射することにしたい。

帝国日本の敗北で「大東亜共栄圏」・「世界新秩序」・「〈近代〉の超克」が空中分解すると、日本人にとってのアジアは劇的に縮んだ。関心は日米安保条約の言う「極東」に極限され、その西はせいぜいインド辺までしか見えなくなった。のちに、レバノン・サウジアラビア・バハレーン・カタルなどもアジアだと気づくのは、サッカーのアジア大会のおかげだった。

そんな日本だから、イスラームという代物が西のかなたに茫漠と霞む蜃気楼みたいな存在であり続けたのは、仕方ない。庶民にとって、一九七三年のオイルショックまでは、無理に視覚化しようとしても、童謡「月の沙漠」や翻案アラビアンナイトのイメージ(2)のほかには、渡欧した人士がアデン港で目の当りにした沙漠の光景しか参考材料がなかった（和辻哲郎《わつじてつろう》『風土』、一九三五年［彼の渡欧は二七年］）。第一次世界大戦後に回教《イスラーム》がアジア最大の主要宗教だと看破した大《おお》川周明《かわしゅうめい》の眼識や一九三〇年代後半の回教研究の活況（大日本回教協会、回教圏研究所、満鉄東亜経済調査局、外務省回教班、太平洋協会など）は、敗戦で兵《つわもの》どもの夢の跡とはかなく消えていた。だから、セイロン島流刑囚のエジプト民族運動指導者アフマド・オラービーを訪問した新島襄《にいじまじょう》／福島安正《ふくしまやすまさ》の中東・中央アジア・シベリア騎馬旅行／タタール人指導者アブデュルレシト・イブラヒムの協力者大原武慶《おおはらたけよし》の亜細亜《アジア》義会や東亜同文会の活動／日本人ムスリムの先駆け阿馬土有《アフマドあり》賀文八郎《がぶんはちろう》の辛亥革命支援［北一輝《きたいっき》とも協力］／済南清真大寺《マスジド》でイスラームに入信し日本人巡礼達成者《ハーッジュ》第二号となるヌールッラー・ムハンマド田中逸平《たなかいっぺい》［第一号はオマル山岡光太郎《やまおかこうたろう》］／のような先駆者たちの物語は、忘却の底にしまわれる（小村不《こむらふ》二男《じお》『日本イスラーム史』、日本イスラーム友好連盟、一九八八年。杉田英明《すぎたひであき》『日本人の中東発見――逆遠近法のなかの比較文化史』、東京大学出版会、一九九五年。クリストファー・スピルマン「河野広中関係文書に見られる上海時代の北一輝の行動――有賀文八郎からの書簡と電報を中心に」、「九州産業大学国際文化学部紀要」31号、二〇〇五年 http://ci.nii.ac.jp/naid/110006178856）。

田中逸平は、「[神が]あらゆる民族《ウンマ》に使徒《ラスール》を遣わした」（『クルアーン』一六章三六節）とある啓示から、「天御中主神《あめのみなかぬしのかみ》はアルラホ［アラビア語の「神《アッラーフ》」を、日本人が発音しても世界に通じるよう、田中は苦心してこのように写音］なり」と確信した（『イスラム巡礼白雲遊記』一九二五年）。日本では、ヨーロッパ流の宗教分類に毒されて一神教と多神教を対立しあうものとして峻別・対置しつつ、偏狭な一神教と寛容な多神教と色分けして、日本は多神教でよかったなどという議論が独り歩きしているが、神道にも一神教の要素がある一方、イスラームでは被造物＝宇宙の物象《ぶっしょう》（山川草木・森羅万象）のうちに神の徴《しるし》（アーヤ）が満ち満ちていることが強調されるのだ。『クルアーン』では「神の徴《アーヤトッラー》」という語が三百回以上も頻出し、その例が繰り返し枚挙される。神の徴の「やおよろず性」である。

イスラーム信仰の核心とされるタウヒード（一つにすること、1と数えること、多即一、多元主義的普遍主義、神の唯一性の確信）の思想が西アジアで確立した七世紀に、アジア東方の唐や新羅では仏教の華厳思想（インドのナーガールジュナ［中国では竜樹］の源流を継いだ杜順・智儼《ちごん》・法藏や義湘・元曉《がんぎょう》らによる）が開花し、期せずして東西で「多即一」のタウヒード思考が並行展開する共時性《シンクロニシティ》が発現した。これは、日本仏教にとっても、意味深いことである。東大寺大仏（遍照の毘盧遮那《びるしゃな》仏、密教では大日如来）はその象徴だ。紀元前一四世紀エジプトのアクエンアテン王と妃ネフェルティティが奉じたアテン神の「光の宗教」[3]以来の人類の一神教探究が、そこにも現われている。空海は、九世紀初頭の長安の都で、景教（ネストリウス派キリスト教）や祆教（ゾロアスター教）とともに、イスラームやユダヤ教とも出会ったはずである。一六世紀、日本布教をはじめたイエズス会は、キリスト教の神を日本人に理解させるために、神《デウス》を最初は「大日《だいにち》」と教えた。

イスラームのタウヒードは、法学（グローバル規範の適用）とスーフィズム（霊性を深める修行道・教団、住民や同業者の集合軸）とを介して、社会統合の力とともにグローバリズムの力を発揮したが、他方、華厳哲学のほうは、やがて空理空論の思弁に迷い込み、活力を失った。だが、唐末から宋・元・明時代を通じて、中国には陸路・海路でアラブやペルシア人が来住し、中国社会をイスラームのネットワーキングに巻き込んで、都市の性格を一変させ、長江以南の開発を促進し、中国の社会・文化の様相を一新した。こんな変化がことに顕著となる宋代以降を、内藤湖南《ないとうこなん》や桑原隲蔵《くわばらじつぞう》ついで宮崎市定《みやざきいちさだ》に代表される京都大学の歴史家たちは先見的に「近世」（近代早期《アーリーモダン》）と呼んだが、のちに「中国独自の近代」ととらえたのは中国思想史家の溝口雄三《みぞぐちゆうぞう》だった。私は、溝口の言う「中国独自の近代」をイスラーム的ネットワーク化が誘導した感応の現象だと見るのである。[4]

中国では、道教が活性化する一方、儒教でも性理学（理学、宋学、朱子学などとも呼ばれる）という形での目ざましい再体系化が起きた。私は一九八〇年代の溝口の仕事（『中国前近代思想の屈折と展開』〔東京大学出版会、八〇年〕、『李卓吾』〔集英社、八五年〕、『方法としての中国』〔東京大学出版会、八九年〕）に呼応して、前記の私の仮説を提唱するようになった。その見方については、川村狂堂《かわむらきょうどう》「儒教は回教より出づ」（一九一八年）、田中逸平「回儒融通考」（一九二八年）、陳子怡《チェンジィ》「宋人理学由回教蛻化而出」（『師大月刊』第6期〔文学院専号〕、一九三三年）など、すでに先行研究もあった。

私の提唱に応えて、中国イスラームの研究者松本光太郎《まつもとこうたろう》は歴史人類学の立場から重要な開拓的研究を行なったが、未完のまま急逝されたのは惜しんで余りある。松本は田坂興道《たさかこうどう》『中国における回教の伝来とその弘通』（東洋文庫、一九六四年〔田坂は五七年没〕）の検討結果を見なおして、北宋時代の宋学の開祖周敦頤《しゅうとんい》が一〇五九年の逸話として三昼夜ぶっ通しで語り合い意気投合したという邂逅相手だった蒲宗孟《ほそうもう》がムスリムであることを裏づけ、のち蒲宗孟の妹を娶《めと》る周敦頤がたてまえ上はイスラームに改宗した可能性や、周敦頤が道教の新動向に触れるさいの媒介者が蒲宗孟であった可能性を、解明しようとした。また、程顥《ていこう》・程頤《ていい》兄弟〔二程〕や南宋の宋学大成者朱熹《しゅき》（朱子）がムスリムの隣人たちに囲まれた居住環境にいた点にも注目しようとした。宋学が陰陽五行説や老・荘の教えや華厳哲学など伝統的な思想資源を糧に成立したとしても、イスラームのインパクトに目をつぶってはならない。

「回儒」（イスラームを漢語の概念で解説する中国人ムスリム学者）をもっぱら中華思想のがわから理解することも、

問題だ。性理学とイスラームとの関係の再認識は、中華文明理解の脱構築をもたらすだろう。巨視的には、これは桑原隲蔵が一九二三年に開始した事業だともいえる（宋→元の時代転換におけるムスリムの役割に光をあてた『蒲寿庚《ほじゅこう》の事蹟』）。

中国研究において、とかくイスラームを外来要素として「辺境・塞外」扱いする傾向は、インド研究者がヒンドゥー教文化をインド固有のものと捉えてイスラームを敬遠したり、東南アジア研究でイスラームに正面から取り組む研究が手薄だったりする状態と等しく、ヨーロッパ・オリエンタリズムの中毒を起こした症状である。イスラーム的ネットワークを無視すると、インド亜大陸や中央アジアで仏教徒がムスリムへと変貌する過程も見えなくなる（保坂俊司『改訂版 インド仏教はなぜ亡んだのか――イスラム史料からの考察』、北樹出版、二〇〇四年）。もっとも、布教活動はあまりしないイスラームのネットワーキングとは、ムスリム－コミュニティの形成・発展といった狭い意味での「イスラーム化」を意味しない。朝鮮では、イスラーム的ネットワークに加わる高麗時代から朝鮮独自の「近代」が動き出す。インド亜大陸でヒンドゥー・ムスリム対立を設定・操縦して、やがてインド・パキスタンの分離へと導く英帝国主義は、インド亜大陸自前の近代性に対する攪乱破壊工作をしていたと言える。

イスラームの信仰告白《シャハーダ》の前半は、「神［的存在］《ラー・イラーハ》は無い、神のほかには《イッラッラー》」という条件つき無神論の表明で、被造宇宙のなかに神を認めず人間のがわからは神は不可知、という立場。この合理主義が、「神の徴《しるし》」的万物万象の個物・個人の個別性／差異性／等位性／多様性／を観察し研究する科学を生むとともに、個人主義を基礎づける。「多」が究極の「一」に帰するタウヒードの確信と論理は徹底した普遍主義・人類主義・グローバリズムを導き出す。こうして、都市を生きる＝商業を生きる＝政治を生きる生き方が倫理化された。七世紀に世界で初めて、女児殺し（間引き）の禁止／両性平等とジェンダー規範／女性の財産相続権と法廷で証人となる権利／を法的に定める社会が出現した。ここに、自由・平等・同胞愛の理念／自然に対する受託《アマーナ》責任観念／公正・安全という価値／ネットワークとパートナーシップの社会形成原理／公共性／法の支配と社会契約に基づく統治の正当性／多宗教の市民の共和国／知識社会／グローバリズム／弱者・少数者の保護尊重／福祉社会と信託財団《ワクフ／トラスト》／の土台が置かれた。以上を、私は、人類史における超近代性《スーパーモダニティ》の原点と考える。七世紀から現在そして未来にかけて、長期にわたる近代性《モダニティ》の多系的諸潮流の「多即一」的展開を、俯瞰し展望したいのである。

しかし、イスラーム世界と隣合わせの西欧における近代化は、イスラーム－ネットワークの浸透的衝迫を直接に受けとめるところで起動した。その西欧で、またそれとは対照的にイスラーム世界との関係は間接的だった日本でも、近代性《モダニティ》の腫瘍的病変とでも呼ぶべき社会・文化の異常が生じる。これが増殖し転移して、世界の超近代性《スーパーモダニティ》の展開を大きく捻じ曲げたり遮断したりする結果を生んできた。そんな逸脱の四〇〇年ほどを経過した世界の現実と、市民《ムワーティン》革命が予告するその変革とに、われわれはいま向きあっている。世界史上、西欧と日本の双方で現象した社会・文化発展パタンの異型とは、つぎのようなものだ。封建制／嫡男相続イデオロギー／軍事化された大量生産型・モノカルチャー型産業資本主義／エスノセントリズム［ヨーロッパ－キリスト教のイスラーム排斥とユダヤ人差別、吉田神道の根本枝葉花実説や国学など、に示される］／農本主義的土地領有観念と結合する国家／植民地主義・人種主義・軍国主義／宗教離れ（世俗主義・「政教分離」など）と宗教的熱狂（神国・聖戦・正戦など）の使い分け／など。西欧的異型として独特の、二項対立的二分法や排中律の思考と還元主義／イスラーム法《シャリーア》から国民国家・国際法を学習しヨーロッパ主権国家の「国際社会」秩序に転用／みずからの例外的社会発展パタンを典型化し一般理論化する社会科学・社会思想／などに対しては、明治維新後の日本社会がすばやく受容し適応した。近代性の病変の延長線上で、二〇世紀末近くからは、米国・英国が推進した二次的「グローバル化」／「新自由主義」／イスラーム敵視を隠して世界の民主化《デモクラタイゼーション》を標榜する「反テロ戦争」／が猛威をふるっている。

以上のことから、「世界の繋がりのなかの東北アジア」そして「東北アジアの未来」は、イスラームないし中東への視角を棚上げしては、大局を語れないことが明らかとなる。

4　原発事故が人間の安全保障に投げかける問題

国の安全ばかりでなく個々人の安全の保護と能力強化《エンパワーメント》とを問題にすべきだとする「人間の安全保障」の理念（Commission on Human Security, *Human Security Now*, New York, 2003;『安全保障の今日的課題――人間の安全保障委員会報告書』、朝日新聞社、二〇〇三年）を、国際政治・国際機関のなかで先導的に提起したのは、日本政府だった（外務省「人間の安全保障」パンフレット http://www.mofa.go.jp/mofaj/gaiko/hs/pdfs/hs_pamph.pdf）。すでに国連の「人間開発」概念にその着想は胚胎していたが、一九九八年、小渕恵三《おぶちけいぞう》首相が国連の「人間安全保障基金」設立のために資金拠出を発表したことから、緒方貞子《おがたさだこ》とアマルティア・センを共同議長とする「人間安全保障委員会」がやがて設置され、「恐怖と欠乏からの自由」と「人々の生存・生活・尊厳」とを二一世紀国際政治の議題《アジェンダ》にしていく道が拓かれた。ノルウェイやカナダを先頭に「人間安全保障ネットワーク」の機構も成立する。人間安全保障を積極的に提起するイニシャティヴが注目された日本外交には、一九九〇年代の湾岸戦争・ソ連崩壊・地域紛争激化という状況下、日本の「国際貢献」の軍事踏み込みを求める米国の圧力に引きずられつつ、バブル破裂やアジア通貨危機のもとで開発協力・紛争解決支援・予防外交を強調することで釣合いをとる打算の側面もあった。だから、二〇〇一年九・一一事件後、「反テロ戦争」への協力の過程で、形成途上のこの理念はいっそう宙に浮く結果となった。

もともと、「人間の安全保障」の国際協力案件として非政府組織（NGO）を巻き込みながら取り組もうとしていた重点項目は、貧困／環境破壊／紛争／地雷／難民／麻薬／エイズ等感染症／などの脅威。だが、核災害は人間の安全の最大の危機だ。福島第一原子炉群の複合事故という地球的・人類的次元の脅威は、「国家の安全から人々の安全へ」のパラダイム変換＝「人間の安全保障」を、内外の閾《しきい》を超えて一義的に問うべき画期的課題であったはずだ。ところが、この事故を「人間の安全保障」問題と受け止める動きは、日本政府のがわになかった。原因を天災に押しつけ免責志向の東京電力は、言わずもがな。そこで目立つのは、住民の生命を軽んじて予防や避難の緊急措置を怠り、情報隠し原発安全神話を地で行くパニック対策の「ただちに危険はない」という公式発表ばかり。広島・長崎での被爆者の非人道的調査データ収集／核エネルギー利用目的の「軍事・平和」二分法操作／といういずれも重大な倫理的負い目を隠しつつ原子力産業を推進する立場の国際原子力機関（IAEA）や国際放射線防護委員会（ICRP）の過去の知見・手持ち基準だけを権威化して押し通そうとする、反科学的傾向。そして、世界全体の知恵と協力を結集して「福島の経験」と長期的に取り組む人類プロジェクト構築を目ざすのでなく、「がんばろう日本」ナショナリズムの国内「復興」言説に執着し、内外での加害者性には反省を欠く鉄面皮の島国根性。

さらに驚くべきことは、第一に東日本大震災に際して諸外国から寄せられた人道的救援活動に対する視点であり、第二に「原子力ルネサンス」から「脱原発」への政策的豹変とその中身である。

第一は、外務省ホームページや日本のマスコミ報道で明らかだが、ひろく緊急支援を惜しまなかった多数の国々に対し、日本国として感謝の意が表明されるなかで、米軍が原子力空母の福島県沖出動を含め広く展開したトモダチ作戦とイスラエル軍医療隊が宮城県南三陸町で行なった医療活動との二つだけが別格の突出して高い評価を与えられたことである。いずれも、放射能汚染周辺地域での軍事演習を兼ねた活動だったと見られる。さらに後者の場合、被災地での活動期間がイスラエル軍のガザ攻撃の期間となぜかピタリと一致した。(5) この攻撃は二年まえ国際世論の厳しい批判を浴びた「鉛の鋳物《キャスト・レッド》」作戦に続くものであり、地震・津波に直撃された日本の被災者たちへの人道援助は、ガザでのパレスチナ人虐殺・迫害に対する国際的批判をかわすのに利用された面がある。

第二は、民主党菅直人《かんなおと》政権の「新成長戦略」の目玉「パッケージ型インフラ海外展開」の柱が原発輸出で、核燃料サイクル実現はお先まっ暗のまま原子力に再度光をあて、新興国での受注競争や協定交渉に熱中していた最中の福島事故だったことだ。国内では脱原発・国外では商売継続というチグハグが生じる。脱原発の社会的気運のがわも、溢れる核廃棄物の最終処理や気も遠くなる廃炉への道筋と、それゆえ研究体制強化の必要など、ほとんど視野には入れていない。他方、人間の安全保障を高らかに謳《うた》っていた日本が、米国の先駆大手を吸収合併して、いつのまにか抜群の原発製造業《プロヴァイダー》大国となっていたのだ[6]（世界の原発メーカー主要企業一〇社のうち、AREVA［仏］、Atom-StroyExport［露］、Candu［カナダ］、KEPCO［韓］以外の六社は、日本企業およびその系列の三菱重工、東芝、GE日立ニュークリア・エナジー、日立GEニュークリア・エナジー、ウェスティングハウス・エレクトリック［東芝子会社］、ATMEA［三菱重工とAREVA合弁］）。人類にとって未曾有の大事故をかかえつつ、このままでは、進退きわまった感じの「漂流する日本」なのである。

　以上に加えて、安全保障上もっとも深刻なのは、日本の脆弱性・不安定性が暴露されたことだ。原発の全電源喪失が起こり得ること、それが国土・資源の喪失や生命への脅威を招くことが証明された以上、国家安全保障の旧来の思考法は崩壊したに等しい。五九基もの原子炉という致命的急所が海に向かってむき出し状態。福島事故の半年まえ、何者かがイラン核施設を標的に制御装置を稼働停止させるスタックスネット（Stuxnet）と呼ばれるマルウェアによってサイバー攻撃を敢行する事例も起きていた。もはや自衛隊の防衛力など、気休めでしかない。日本ばかりか韓国・中国・台湾など、原発林立の東北アジアでは、国の／人間の／安全保障など空文と化しつつある。「平和を愛する諸国民の公正と信義に信頼して、われらの安全と生存を保持しようと決意」（日本国憲法前文）する祈念の立場しか残っていない事態ではないか。

　さらに、世界のなかで日本の核開発（日本ではこれを「原子力利用」とだけ呼ぶ）に対して抱かれている疑惑にも注目すべきだ。核拡散防止条約（ＮＰＴ）や包括的核実験禁止条約（ＣＴＢＴ）、国際原子力機関（ＩＡＥＡ）の保障措置・査察など、現行の国際的核管理体制のもとで、その体制の枠の内外で核拡散の危機として米国主導の動きが問題視されている。米印原子力協力などもその一つだが、最大の二項目は、①周知の核武装を否定も肯定もしないイスラエルの曖昧政策に対する擁護、②ＮＰＴ加盟の非核保有国のなかで唯一日本にだけは核物質供与／使用済み核燃料の再処理／プルトニウム・高濃縮ウランの海上輸送／核兵器に転用できるプルトニウム蓄積／を許容すること、である。[7] 国際的核管理体制の驚くべき不公正。イスラエルの核については、またそれを内部告発したモルデハイ・バヌヌについては、世界中が口を閉ざしている。日本は四六トン（二〇〇九年末）もの回収プルトニウムを保有、それは優に長崎原発四千発分相当だとも見られ、東北アジアの緊張要因なのだ。

　日本人の多数は、一九五三年末アイゼンハワー大統領が打ち出した「原子力平和利用《アトムズ・フォー・ピース》」構想以来、そして二〇一〇年日本政府が日米密約の存在を確認したのちも、核兵器生産と原子力発電との一体性の隠蔽や「日本を守る米国の核の傘」神話に騙されつづけたまま、無邪気に原子力の平和利用を信じこみ、つぎには日米原子力協定のことは忘れて脱原発に飛び移ってその夢想にだけ希望を託すのである。被爆国の「核アレルギー」を対外宣伝して逆用する愚民政策がもたらした、自己暗示的視野閉塞下の「漂流」といえるかもしれない。

「反テロ戦争」は、大量破壊兵器ＷＭＤ（すなわちＣＢＲＮＥ［化学・生物・放射線・核兵器と高性能爆薬］）拡散わけても「核テロ」リスクとの闘いと、説明されている。だが「核テロ」の現実的脅威は、映画や推理小説もどき核爆弾を抱いたテロリストのＮＹ《ニューヨーク》潜入などより、じつは別の方角にある。一九八一年、イスラエル空軍がイラクの原子炉を稼働前に爆撃・破壊した作戦は世界を驚愕させ、イスラエル国家をつよく非難する国連安保理決議四八七号を生んだ。だが二〇〇七年には、イスラエルはシリアの核関連容疑施設を攻撃・破壊する。その施設建設には北朝鮮が関与していると見られていた。この間、ＮＰＴ加盟国イランの平和利用目的を掲げたウラン濃縮計画に対し、イラク戦争開始の〇三年以降、米国やEUが文句をつけはじめ、〇六年からは安保理決議とそれに関連する対イラン経済制裁が強化されるだけでなく、イスラエルと米国によるイラン核施設への攻撃の切迫がくりかえし語られるようになり、イランの対抗姿勢とともにそれを支援する上海協力機構のロシア・中国を巻き込む国際緊張が高まった。これは、リビア・シリア・レバノンなどの情勢とはもちろん、ラテンアメリカ・アフリカ・インド亜大陸・中央アジアの情勢とも密接に繋がりあっているが、明らかに中国・北朝鮮・沖縄をはじめ東北アジアが中東と連結する核戦争を惹起しかねない国際危機を構成しているのである。

二〇一一年五月になって、IAEAが、〇七年イスラエル空軍により爆破されたシリアの施設はやはり核開発拠点だった疑いが濃厚と発表したり、翌六月には、パキスタン核開発の父アブドルカディール・カーンが一九九八年北朝鮮に核技術情報を提供したさい、北朝鮮がわからパキスタン軍首脳部に贈った賄賂《わいろ》は多額の現金と宝石だったという取引の模様を、まるでそれがやっと判明したかのように伝えるニュースが流されたりする。こんなタイミングの情報操作からも、中東と米国でうごめく戦争衝動の背景が読み解けるだろう。

5 「反テロ戦争」、新☀市民《ムワーティン》革命の虹、その空のかなた

冒頭に示した「アクチュアリティ 二〇一一」について今後再吟味するさい、「反テロ戦争」体制の構造・意味の変化が、たえず立ち戻って議論しなおすべきポイントとなるに違いない。

二〇一一年六月ワシントンDCでの日米安全保障協議委員会（SCC、外交防衛閣僚会合、通称2＋2《ツープラスツー》）において、米軍再編に見合う米軍・自衛隊の機能統合などが議された。日本がわは、屋良《やら》覚書［一九七一年］により軍用忌避の沖縄県管

理下で自衛隊の利用希望が遂げられぬままの下地島《しもじしま》滑走路（宮古島隣接の要衝）について、アジア太平洋地域の災害への国際救援活動の拠点とする構想を提起したといわれる。表向きは福島第一原発事故を機としてであるが、じつは前年九月の尖閣諸島中国漁船衝突事件後の緊張激化のもとで、突破口が探られてきていたのだ。

一一年七月七日［本講演の前々日］には、バーブ・アルマンダブ海峡を隔ててアラビア半島西南端イエメンと向き合うアフリカの角《つの》はジブチで、一九四五年以後、日本初の海外軍事基地が正式に開設される式典が行なわれた。ソマリア沖に海賊対策のため派遣された海上自衛隊哨戒機P—3C航空隊の基地である。二年間の米軍基地借用を終え、ジブチ政府提供の土地を借りて日本の基地が出現した。第一次世界大戦時、日本帝国艦隊は、日英同盟で防衛分担を約束していたインド洋をこえて地中海に出動し、マルタ島を拠点に輸送活動や対潜水艦作戦に従事した。九・一一後のアフガン戦争・イラク戦争では、海上自衛隊は二〇〇一～一〇年の期間インド洋で燃料補給・護衛活動にあたったが、独自基地を設けたりはしなかった。ジブチ基地の完成は、日本の「反テロ戦争」参加の新時代を劃すものである。

しかし、日本社会一般の「反テロ戦争」認識は、概して余所事《よそごと》で、「戦中」感覚は乏しい。関心も、以下の項目の断片的印象に留まりはしないか。米国九・一一／愛国者法《パトリオット》／「日米同盟」／アフガン戦争・イラク戦争／自衛隊派遣／空港荷物検査《セキュリティ》／アブグレイブ刑務所囚人虐待／マドリード・ロンドン・バリ島などでのテロ事件／自爆攻撃《ヒューマン・ボム》／「イスラーム－テロリズム」の脅威（ルクソール観光客虐殺、キルギス日本人鉱山技師誘拐、イラクで日本人外交官射殺、アフガニスタンで伊藤和也さん誘拐殺害など）／グアンタナモ収容所／サッダーム・フセイン裁判／石油・ガス海上輸送路《シーレーン》の安全／ブッシュ［息子］・小泉時代／北朝鮮の日本人拉致問題／日朝平壌《ピョンヤン》宣言／北朝鮮ミサイル実験・核実験／イラン核開発問題／イスラエルのガザ封鎖攻撃／オバマの「チェンジ」／パキスタンでの米海軍特殊部隊によるビン・ラーディン殺害作戦と水葬／「保釣《ほちょう》」［釣魚島・釣魚台取り返せ］運動と反日デモ／など。

「反テロ戦争」とは、そもそも何か。その意味と構造またそれらの帰趨を見抜くうえで、重要な目印として、つぎの八項目を挙げておこう。（1）欧米中心主義の政治的・経済的・社会的・文化的・思想的かつ倫理的な危機状況を自覚した「対抗《リアクティヴ》」戦略、（2）既成の国際秩序のがわに立つか否かで踏絵的に「テロ vs. 反テロ」を定式化する対決主義の二分法、（3）破局《カタストロフィ》の演出をテコに覇権的世界秩序の行詰まりを打開しようとする社会工学的・心理操作的危機管理［テロの戦争化・戦争のテロ化］、（4）ヨーロッパ特有のユダヤ人差別とイスラーム敵視とを最大限に動員し消費するグローバル戦略［「ユダヤ人国家」イスラエルを擁護し世界中でムスリムを凌辱《りょうじょく》・挑発する］、（5）狙う相手は国家でなく民間の運動なので市民生活への攻撃や監視を辞さぬ軍事・警察の一体化［戒厳化］と民営化［戦争請負企業の比重増大］、（6）「非常事態《エマージェンシー》」設定による超国際法規的な先制予防戦争［「人道的介入」を含む国家テロの先制が抵抗のテロ化を喚起］と「公安」の名目によるあからさまな人権侵害とを内外で断行、（7）戦争目的として、テロ撲滅に加え、「テロ支援国」［悪の枢軸・ならず者国家など］を「体制変革《レジーム・チェンジ》」［革命を代行・略奪］する「民主化」を掲げる、（8）テロ根絶と勝利の歓喜よりもむしろ「テロとの闘い」の躓き・齟齬・泥沼化を滋養とすることにより、いつまで・どこまで続けるか終局を予定しない、またできない永久戦争。[8]

右に挙げた八項目の（1）で、欧米中心主義の「危機状況を自覚した対抗」というのは、以下のようなことだ。アジアの台頭やBRICS（ブラジル・露・印・中・南ア）の発言権増大などで米・欧の覇権の衰えは歴然であり、激烈な人間移動と情報化［都市化・商業化・政治化の一側面］でグローバル化が加速し、ネットワークとパートナーシップの組織原理すなわちタウヒード的思想原理へのパラダイム転換［現代物理学・現象学・ポスト構造主義・生命科学・環境科学などによる物質観・生命観・宇宙観の変化］が不可逆的に進行する時代状況のもとで、ヨーロッパとその植民国家である「理念の共和国《ミリタント・リパブリック》」＝米国および「西洋の前哨《オリエンタリスト・アウトポスト》」＝イスラエル、それぞれの身についた植民地主義・人種主義・軍国主義が開きなおって牙をむき、超近代性《スーパーモダニティ》にむかってはかない、だがしぶとい、挑戦を試みるのである。

「反テロ戦争」は、パレスチナ抵抗運動に直面したイスラエル国家がまず一九七〇年代に開始するが、八〇年代以降はこれに便乗した米国が主導権を握り、二一世紀開幕とともに新保守派《ネオコン》と福音派《エヴァンジェリカルズ》［キリスト教原理主義《ファンダメンタリズム》］とが、そのグローバル展開を牽引した。軌道修正を掲げ登場したオバマ政権も、もともと「反テロ戦争」言説の呪縛下にある。

パレスチナ問題は、世界全体の不正義・不公正の結節点なのだ。ユダヤ人迫害の歴史の「清算」として一九四八年「ユダヤ人国家」イスラエルの建国を実現した欧米社会は、世界のユダヤ人に対する「償い」が、欧米みずからの痛みによってではなく、パレスチナ人の犠牲《スケープゴート》化（追放・離散・虐殺・迫害）において果たされたことにしたからだ。このユダヤ人差別の構造的重層化に対するもっとも鋭敏な批判者が、パレスチナ人たち自身と世界中のムスリムとである。

根底にパレスチナ問題が絡み、たえずイスラーム敵視が作動する「反テロ戦争」は、こうしてイスラエル国家存立のリスク管理戦争という性格を色濃くもつことになった。そこで「反テロ戦争」は、ムスリムたちを分断し骨肉あい食《は》む状況をつくり出しつつ、世界中を底なし沼の混乱に巻きこむことにより、欧米社会の不正義の道義的負債を免責してそのツケを人類全体に分担させようとする、欧米中心主義の「自己破産」プロジェクトだと見られても仕方がない。イスラエル国家を造ってしまった後始末を人類全体に押しつけるためには、世界が泥沼戦争に沈む必要があるという生き残り《サバイバル》戦略だ。

手はさらに込んでいて、一九四七〜四八年米・ソを先頭に欧米が造りだしたイスラエル国家が、「反テロ戦争」と「中東和平」という両刃遣いでどこまで効力を保てるものか、ギリギリまで試してみようとする企てとなる。二〇一一年五月、オバマ大統領が一九六七年の「六日戦争」前日の境界線を前提にパレスチナ国家をつくる二国家方式の解決をあらためて提唱したのも、論題を四八年からでなく、あくまでも六七年からに限定するもので、断固イスラエル国家の存在は既成事実として守り抜く立場だ。親心子知らずを装って、イスラエルのネタニヤフ首相はこれを拒否するのだが。

欧米メディアに洗脳された観ある日本社会において、イスラエル国家とその将来について考察するうえで意味ある参照事項は、他人《ひと》事ならぬ満州国の経験である。植民地主義の問題の決着とは何かを考えずに、「〈紛争〉は話し合いで〈和解〉をめざせ」を一つ覚えに「中東和平」なら中身は何であれ無条件に支持すると言うのは、「満州国は不動の現実だと認めよ」と中国の人々に説教していた歴史への反省を忘却することである。世界中でムスリムを無差別に「テロ容疑者」として拉致・拘束する米国への国際的批判が高まっているときに、その米国に、拉致問題で北朝鮮に対して毅然たる圧力をかけるよう求める日本は、いかにも異様な存在なのだ。

イスラエル国家の将来が危ういことは、欧米社会でもイスラエル社会でも多くの人がわかっている。欧米の人種主義が、イスラエル入植運動の極度に攻撃的な人種主義を産み出してしまった。世界のユダヤ教徒のあいだでイスラエル国家への批判が強まりつつあり、一九四八年以前、ユダヤ教徒の大多数が、シオニズムは人為的なユダヤ人国家建設に訴える不遜によってユダヤ教に反するだけでなく、ユダヤ人差別・排除・棄民の促進に賭ける植民者リクルートによって反ユダヤ主義だと見ていた歴史が振り返られている。「反テロ戦争」に踏み込んだ欧米にとって、イスラエルはあらゆる意味でつねにお荷物なのだ。皮肉にも、イスラエルは活路をアジアで探索する。

この場合、パレスチナ問題の不正義が放置され混迷が拡大深化するのと、朝鮮半島で朝鮮戦争が終結せず朝鮮〔韓〕民族の分断が持続するのとが、並行《パラレル》現象としてあり、核・ミサイル問題の交錯／中国・イスラエル関係の深化／北京での実らずに終わったイスラエル・北朝鮮間国交樹立の秘密交渉からイスラエル・パレスチナ解放機構（PLO）間オスロ合意へのシフト／などをはじめ、前記の対イラン戦争計画が振りまく危機の世界的インパクトまでが、とりもなおさず東北アジア問題そのものなのでもある。

民主主義《デモクラシー》の価値を体現すると誇る米国とイスラエルを先頭に、欧米がその擁護・普及を旗印に遂行する「反テロ戦争」は、民主主義《デモクラシー》を胡散《うさん》臭い代物に変えてしまった。監視社会化する欧米で民主主義が死滅に瀕するだけでなく、

「反テロ戦争」は世界中いたるところで専制体制《オートクラシー》を強化する。チェチェン人やウイグル人など対象のムスリム対策で「反テロ戦争」に乗せられたロシアや中国も、例外ではない。イスラエルとコンビを組んだエジプトをはじめ、イスラーム世界でもこの現象は瀰漫《びまん》した。「反テロ戦争」を「欧米対イスラーム」という図式で単純化するわけにはいかない。欧米に多種の人がいるように、ムスリムも多様である。欧米中心主義に迎合して「反テロ戦争」の先頭に立つムスリム権力者、欧米中心主義に馴化《じゅんか》された「ジハード」論や「イスラーム国家」論を振り回して「反テロ戦争」に口実を与えるムスリム・テロリストなどもいるからである。

ここで、世界の「反テロ体制」に対して市民《ムワーティン》革命が捲き起こり、グローバルな共振共鳴《レゾナンス》を引き起こした。アラブ市民決起は、中国で「茉莉花《ジャスミン》革命」志向的抗議運動の群発、インドを揺るがす腐敗・原発抗議運動、米国ウィスコンシン州市民の市庁舎占拠「労働運動の新風」、スペイン憤激者《インディグナドス》の広場占拠、イタリアの国民投票をはじめとするヨーロッパ各地での反原発運動、日本各地での市民による脱原発アクション、などと響きあう。この新※市民革命は、非暴力直接行動／世界変革と自己変革の統合／〈公正・平和・いのち〉という倫理的価値の尊重と追求／ネットワーク化の組織原理／オトコ中心主義克服／環境共生の追求／修復的正義の重視／などに特徴づけられる。新※市民革命の空間を「n地域」化の次元において問題にできることから、私はこれが「市民《ムワーティン》革命時代」開幕の世界史的画期を示唆するものだと考える。将来、一七世紀から二〇世紀までの諸革命を「市民《ブルジョア》革命」と概括する認識に導くような意味をもつ画期であることが、徐々に明らかになるのではないかと予見する。[9]

このような転換の前提として、注目すべき二点に触れておきたい。すなわち①二〇一一年のアラブ市民決起は突然生じたのではなく、その起点はイスラエル占領に抗議するパレスチナ人のインティファーダ（一九八七年および二〇〇〇年）にあった。②二〇世紀初め南アフリカついでインドでのマハートマ・ガンディーの運動におけるサティヤーグラハ（非暴力抵抗、サンスクリットの原義は「真理への執着」、つまり愛と勇気）の形成は、インド人ムスリム大衆との協同が重要な契機となった点に着目すべきである。

　市民《ムワーティン》革命は、その初動においてたちまち反革命に直面し、その国際化局面が現われる。バハレーンでは、サウジアラビアはじめ湾岸協力会議（GCC）が革命鎮圧に動く。国際的な反革命の焦点はリビア内戦に置かれ、「反テロ戦争」に内包される革命偽装（「体制変革《レジーム・チェンジ》」策動）をフルに活かして市民《ムワーティン》革命を封殺し、むしろ欧米の一九世紀「植民地戦争」的侵略への露骨な回帰の様相さえ呈するのである。国連はもちろん、アラブ［諸国］連盟やアフリカ連合など地域機構の動員利用さえも画策しつつ、北大西洋条約機構（NATO）の軍事作戦はリビアの「民主化」を装うのだ。リビアの事態は、シリアへ、そしてつぎつぎと拡散し転移していくだろう。エジプト・チュニジアの革命とリビアの反革命とをわざと一括する欧米メディア製「アラブの春」概念は、市民《ムワーティン》革命破壊の反革命的刃《やいば》を隠し持つものなのである。(10)

　「反テロ戦争」がもたらす政治体制劣化のグローバル拡散に加え、囮《おとり》や偽装やスリ替エの反革命的策謀が横行するなかで、それらに対抗してディレンマやトリレンマを乗り越え、時点ごとに敵・味方を識別し、局面の先を読む政治的選択を迫られるとき、個人としても／ネットワーク集団としても／途方に暮れる状況に直面することが繰り返し起こるだろう。だが、カイロのタハリール広場で市民たちが実現した市民《ムワーティン》革命の「虹」効果の画期性は、これからの世界変革の道を照らし続けるに違いない。

　漂流する日本社会は、苦悶する欧米中心主義とその「反テロ戦争」の末期《まつご》に際会しつつ、「市民《ムワーティン》革命」新時代の展開に向かって、いったいどんな位置《ポジション》選択、どんな使命《ミッション》選択をすることになるだろうか。広島・長崎・ビキニ、そして福島の体験、そして地震国のもてあます放射性廃棄物と名うての内弁慶ナショナリズムが腕を撫《ぶ》す核武装能力、というあまりにも特異な人類史的条件。さきに述べたヨーロッパと並ぶ近代性の病変的偏向。国家成立期から蝦夷《えみし》征服と俘囚化／「和」の心と異国発向・征韓／騙し討ちかさねる蝦夷《えぞ》支配の汚辱と武士道の精神性／一九世紀半ばまで持続した「征夷」大将軍を頭《かしら》に戴く武士権力／その後の戦争に明け暮れた時代／さらに「戦後」と称する戦争「特需」便乗・米国追随時代／これらを貫通する植民地主義・人種主義・軍国主義の体質とその根底をなすオトコ中心主義。「抗日」の土台のうえに中華人民共和国という国家を築くこととなった「中華民族」に対して、また大韓民国・朝鮮民主主義人民共和国という民族分断の状況に対して、相応の責任を負わぬわけにはいかない日本なのである。

あえて未来像を透視すれば、[11] 米国の「アメリカ〔大陸 the Americas〕化」〔中東の生得的・運命的グローバリズムに対してアメリカ大陸のグローバリズムは形成的・獲得的〕とイスラエルの「パレスチナ化」〔パレスチナ人にはユダヤ教徒も十字軍士の末裔も含まれる〕とは、必然的であろう。日本の未来像は、前述の諸条件からして、「日本を含む東北アジア」を「n地域」化しつつ、そこで共同性の面で望ましく蓋然性の高い未来ビジョンを見定めるべきではないか。このために、全世界と繋がる東北アジアの内外で多角・多層の対話を積極的に進めることが必要であり、日本国をそこに溶融させる開放されたイメージ力を日本社会が発揮できるかどうかが問われるだろう。私は「グローバルな〈雑種〉化」ゾーンという未来の日本像を提起している。

（1）国立民族学博物館地域研究企画交流センター『地域研究の可能性を求めて——地域研究企画交流センターの12年、そして今後へ』、二〇〇六年三月

（2）杉田英明『アラビアン・ナイトと日本人』、岩波書店、二〇一二年九月

（3）Erik Hornung [transl. by David Lorton], *Akhenaten and the Religion of Light*, Cornell U. P., 1999.

（4）Yuzo Itagaki, Civilizations to be Networked: Feasibility and Effects of Re-vitalizing *Tawhid* [Pluralistic Universalism],『文明의轉換과世界化』、大韓民國學術院、二〇〇七年

（5）板垣雄三「中東の新・市民革命をいま日本から見、そして考える」、「世界」、岩波書店、二〇一一年六月号

（6）板垣雄三「フクシマ原発事故をかかえこんだ世界、そしてそうさせた日本」、『二〇一一年一〇月一二日　市民科学者国際会議会議録――放射線による健康リスク』、CSRP市民科学者国際会議実行委員会、二〇一二年六月

（7）Joseph Trento, United States Circumvented Laws to Help Japan Accumulate Tons of Plutonium, National Security News Service (Apr. 9th, 2012), http://www.dcbureau.org/category/bulldo-blog/

（8）板垣雄三『「反テロ戦争」論の現在』、木村朗編『9・11事件の省察――偽りの反テロ戦争と造られる戦争構造』、凱風社、二〇〇七年九月

（9）板垣雄三「人類が見た夜明けの虹――地域からの世界史・再論」、「歴史評論」、歴史科学協議会、二〇一二年一月号

（10）板垣雄三「『アラブの春』の欺瞞」、「朝日新聞」二〇一二年一月三一日

（11）未来予測の関心の方向もタイムスパンも方法も異なるが、一つの批判対象として、Global Trends 2030: Alternative Worlds, a publication of the National Intelligence Council, December 2012. (http://globaltrends2030.files.wordpress.com/2012/11/global-trends-2030-november2012.pdf)

［付記］

東日本大地震津波災害・原発事故災害から四か月後に講演を行なったときとくらべると、この「付記」を書いている二〇一二年末（三・一一からおよそ二十か月後）には、日本でも世界全体でも、「問題」群は未解決のままで、さらに悪化しつつ持ちこされているのに、政治的・社会的な状況や雰囲気はすこぶる大きく変化してしまったことを痛感する。

北朝鮮、ロシア、中国、韓国、日本で新しい首脳の登場（ロシアと日本は再登場）が起きたり、台湾と米国で首脳の再選による新段階がはじまることになったりして、リビア指導者の末路やエジプト・フランスの変化なども含めて、短期間のうちに地球の「盤面」が一新された趣もある。

その間に、東アジアにおける国家間の領土・領海問題の緊張が急激に高まった。米国の覇権の衰えは目立つものの、その中国包囲網はグローバル規模で著しく強化されている。反面、ウラン資源大国の北朝鮮の核武装は進展し、日本は沖縄が自主性を強めざるを得ないよう仕向けてさえいるように見える。南スーダン、スコットランド、北部マリ（アザワード）、カタルーニャなどでの動きは、世界的に地域の自己決定権の要求が強まる傾向を暗示している。尖閣国有化問題がそうだったように、日本政治の変動が、国際的にも、国内的にも、問題の停滞や膠着を破るようにはたらく可能性がある。総選挙での自民党大勝により、日本では、脱原発問題でも、本稿の講演段階とは雰囲気の異なる転換が一時的には生じるであろう。やはり本稿と関連して、この間に起きた注目すべき変化としては、国連でのパレスチナ国家承認に示されたような、また米国オバマ政権とイスラエルとの不協和音の表面化に示されるような、イスラエルの国際的孤立の深刻化を挙げなければならない。この点も、あらたに議論すべき問題である。イスラエルが予告し続けているイラン核施設攻撃や混迷のシリア・マグリブ・西アフリカ情勢が、東アジアでの変化とどのようにリンクするのかが、本稿に続く次の検討課題となろう。

しかし、この間の状況や雰囲気の変化にかかわらず、基本的に、かつ長期的に見て、本稿の論議で変更を迫られるところはない。むしろ、中国の反日運動が激化した直後、二〇一二年一〇月中旬の十日間、上海ビエンナーレの皮切り行事として開かれた「亞洲思想界上海論壇」（アジア思想フォーラム）に招かれて、中国・韓国・インド・台湾・マレーシア等の知識人や一般市民の参加者と自由率直に談論を交わしたいろいろの場面で、私の考えは一定の検証の機会を得たと感じている。さらに、期間中の一夜、外灘《ワイタン》美術館の講堂で回族の人気作家、張承志《ジャンチェンジ》と行なった公開対談の集会では、溢れて立見の人も出る会場で、ガザやヨルダンのパレスチナ難民キャンプ訪問から帰国したばかりの張承志のパレスチナに寄せる想いが、われわれの話題の発端となったのである。彼は、自分の作品の特製本を売って得た十万ドルを運んで行って、ほうぼうのキャンプの貧しい家族に渡して歩いたのだった。この対談も、十五か月前の成蹊大学での私の講演が裏づけを得る機会となった。

［参考］板垣雄三［佐野智規訳］、「欧米中心主義の末期症状　そして日本人の選ぶべき別の道」、「現代思想」（青土社）、二〇一二年一二月号［上海での講演録の一つ］

［追記］

本書の刊行が先に延びた結果、二〇一三年半ばを過ぎる時点までの間《かん》にも、さらにあまたの新奇な展開が生じた。ちょうど二年前、「アクチュアリティ二〇一一」の移ろう瞬間の覚知として提出した曼荼羅《まんだら》ふう図像が永劫の歴史の理法を映しえているか否か試されると述べた（一一七ページ）が、いよいよその試練が知的・政治的興奮をかきたててやまぬ佳境に入ったと実感する。一つの事象に多様な側面・含意・可能性が宿り、多角的交互作用が時とともに目まぐるしく移り変わり、場面に応じて敵・味方が交替する、彼我入り乱れた高度の政治化状況。そして「民主主義《デモクラシー》」・「民主化」の語法の欺瞞性を衝く市民決起の巨大なうねり。二〇一三年六月〜七月のエジプト政変においてタマッルド（反骨）運動が編み上げたネットワークは、マディーナ憲章（西暦六二二年）に発する社会契約の市民《ムワーティン》的実践から政治社会を問いなおすことを迫るものだ。軍事クーデタと切って捨てたり、春から冬への逆転と納得したり、中東のイスラーム主義利用の辻褄合わせに国民和解への斡旋と称して干渉を企てる、など、欧米中心主義の姑息な対抗言辞にすぎない。この裂け口は、いま日本のアナクロ「右傾化」に揺れる東北アジアにとっても、カチカチ山の入口となろう。

再考・人間の安全保障から見た東北アジアの未来——移民、多様性、地域公共圏

テッサ・モーリス＝スズキ（愛甲雄一訳）（訳註1）

北海道の飢餓

以下のような架空のシナリオを、まずは想像してみてください。

あなたはいま、東京あるいは大阪の自宅で椅子に座りながら、テレビに流れるニュース画面を見つめています。その自宅周囲にある通りでは人びとがせわしく行き交い活気にあふれていますが、しかし北海道の北部や東部では、人びとがひどい食糧不足に悩まされているようです。（北海道というのは、単なる例として使用しているにすぎません。それはもちろん南九州であってもかまわないのです。）これを、北海道の旭川から稚内のあたりで発生している飢餓だと想定してみることにしましょう。この種の災害におけるほとんどの場合がそうであるように、その地の全員が等しく空腹に苛まれているわけではありません。しかし他方で、空腹だけが問題というわけでもなく、燃料の著しい供給不足のせいで、たいへん厳しい冬にもかかわらず多くの家族が暖を取る余裕すらない、といった状態に置かれています。

この地域で暖房のない家がいかに寒いものであるか、想像してみてください。特にその家が安普請の場合、しかもそうした家の多くがそうであるように、窓の取り付け具合が悪かったり壊れていたりする場合です。空腹のときに人

は、寒さというものがいっそう身に染みるものです。そして空腹によって、とりわけ子どもや高齢者、子育て中の母親などが衰弱し、病気に罹るようになります。そうした人びとに十分な食糧を与えるためには、さらに五〇万トンもの穀物が必要です。結核の蔓延にもかかわらず、その治療薬を手にできる人はほとんどいません。ニュースの報道では栄養失調状態にある子どもたちの映像、設備不十分な病院で予防可能な病気のために命を落とす人びとの映像が映し出されています。援助団体や物資はまだ到着しておらず、事態は悪化するばかりです。そこに現われているのは今後さらに何千もの命が失われかねないという危機の、その前兆にほかなりません。

この架空のシナリオにおいて、あなたはそうした状況をどう感じるか、想像してみてください。思うに、あなたの繁華な地元からそれほど遠く離れてはいないというのに、富をめぐる格差があまりにも大きいことに、あなたはひどい衝撃と動揺とを感じることでしょう。あなたはひどく心配をし、おそらく北海道に住む親類や友人のことを思い起こすに違いありません。手を差し伸べたいと考え、親切心あふれる気持ちでもって、こうした危機に反応するはずです。

二〇一一年三月には地震と津波、原子力発電所の事故というたいへんな悲劇が東北地方を襲いました。しかしそのとき世界は、そうした親切心あふれる気持ちがもたらす素晴らしい事例を目にすることができたのです。これまでボランティア活動など行なったことのない何千もの人びとが援助のため被災地へと赴き、あるいは友人らとともに犠牲者支援の義捐金集めに奔走しました。もし先述のような深刻きわまりない食糧不足が現在の北海道で本当に起きているなら、彼らは間違いなく同じような親切心あふれる気持ちでもって、この事態に対処しようとすることでしょう。

しかしここで述べたような事態は、けっして架空の出来事ではありません。ただもちろん場所については、私は変更を加えました。こうした出来事が実際に起こっているのは北海道の北部ではなく、北朝鮮にほかなりません。そして実のところ、北朝鮮の一部は私が言及したその北海道の地域と、ここ東京からほとんど同じぐらいの距離しか離れていないのです。北朝鮮は言うまでもなく、北海道と同じようにひどく寒冷な場所です。しかも現在、北朝鮮で食糧不足や栄養失調、予防可能な病気のために苦しんでいる人びとのなかには、かつて東京や大阪など日本で育ったという何千もの人びとが含まれています。彼らは一九六〇・七〇年代のいわゆる「送還」事業の下、北朝鮮へと移住した人びとでした。ゆえに、現在の日本には北朝鮮に親類をもち、彼らの行く末を深く気にかけている何万もの人びとが存在するわけです。本日の聴衆のなかにも、そうした方々がいらしているかもしれません。しかしもちろん、北朝鮮のこのような危機に対し東京に住むほとんどの方が見せる反応は、たとえば北海道でこうした飢餓が起きた場合の反応とはまったく異なっているのです。

もしこのような事態が日本国内で起き、その犠牲者も日本の同胞である場合、圧倒的多数の方々が見せる反応は寒さ・飢え・病気に苦しむ人びとに対する同情と心配とではないでしょうか。苦しんでいる子どもたちの映像を見て、私たちは次のように考えることでしょう。もしその子どもが私自身の息子や娘であったら――。ところが、この危機の発生した場所が北朝鮮であるがゆえに、すべてが突然(なんらかの理由によって)実に遠い出来事のように思えてしまうのです。日本に(あるいは私の自宅があるオーストラリアに)住む人びとにおいては、この危機は彼らの問題だというふうには受け取られません。彼らは北朝鮮の体制については非難をしますが、しかしその危機について自分はなにもできないと考え、そしてその考えに対し自分自身を納得させてしまうのです。またこうした反応はなぜか逆に、私たちのなかから、同情や人間としての共鳴感情――もしその子どもが私自身の息子や娘であったら――すら奪い去ってしまいます。言うまでもなく、北朝鮮で現在起きている経済的・社会的な危機は、瀕死の独裁体制が行なってきた多くの失策を原因とするものです。しかしそれだけが唯一の原因ではなく、また私たちがそれについてなにもできないというのも正しくありません。実際には、この困難な状況下でも多くの人道援助機関や国際NGOが活動を続けており、食糧不足や医療援助不足に苦しんでいる北朝鮮の人びとに対してそうしたものを提供し続けているのです。こうした団体は現在のような政治環境下においても、財源確保のために奔走しています。ゆえにもし私たちが手を差し伸べようと望むならば、きっとでき得る何かがあります。

とはいえ、私がこのようなことをここで述べたのは、単に北朝鮮への援助を要請したかったからではありません（もちろんそうした要請を行なうことは、きわめて重要な事柄ではあります）。むしろ私は、こうした北朝鮮における現在の危機を、文化・多様性・人間の安全保障といったものを考えるさいの出発点として、また東北アジアの未来を改めて想像していく道筋を考えるときの出発点として利用したいと思うのです。いまここに、人間の安全保障が脅威にさらされているひとりの人間がいるとしましょう。その場合、その人物が栄養失調、結核、その他さまざまな種類の予防可能な病気、治癒可能な病気の合併症によって死の危機に直面している老若さまざまな北朝鮮の方である可能性は、きわめて高いと言えます。だからこそ私は、そうした考察の出発点にこの危機を採り上げたのです。

第三の転換期

この危機をより長期にわたるコンテクストのなかで眺めてみることにしましょう。すると私たちは、これが現在、東アジアで起きている変化の一部、まさに新時代を告げようとしている変化の一部だ、ということを理解するはずです。歴史はすべからく複雑なものですが、ここではそれをシンプルな言葉を使ってごく手短かに説明しておこうと思います。私の考えでは、いま私たちが直面している事態は、この地域の近代史における第三の大転換期に当たるものなのです。

最初の大転換はだいたい一八九〇年から一九一〇年にかけて発生しました。それは、東北アジア（日本・中国・朝鮮・極東ロシア・モンゴルを含む地域）における中華帝国の崩壊と覇権大国としての日本の登場によって特徴づけられるものです。この権力移譲は二つの戦争が戦われるという、たいへんな暴力を伴いました。これらの戦争は一般には日清・日露戦争と呼ばれていますが、しかし私はそれを「第一次朝鮮戦争」と呼ぶことにしています。というのも、朝鮮半島における支配権を確立することがこの地域における権力へのカギだからです。事実、これまでこの地域で支配権を確保するための戦争は、朝鮮半島ならびに隣接する中国東北部において戦われてきました。このときの戦争で行なわれた主要な戦闘もまた、平壌および中朝国境を流れる鴨緑江沿いで行なわれたのです。

日本が支配的な地位にのぼりつめたこの新秩序では、日本・台湾・朝鮮・中国東部を含む領域において、地域的な再編が起こりました。相互の結びつきが高まったこの地域で、大規模な人口移動が生じたのです。一九四〇年代までのあいだに七五万人もの日本人が朝鮮に、一〇〇万人を超える日本人が満州に住むようになりました。一方で朝鮮人も、およそ二〇〇万が日本に、約一五〇万が満州へと移住しています。[1] もちろんこうした移動は大きな政治上の不平等、社会不安、ときに暴力的な強制といった環境下において生じたものでした。とはいえ、それがまた同時に一部の人たちの可能性を広げ、彼らに新たな機会をもたらしたことも事実だったのです。

日本が支配的な地位を占めていたこの地域秩序は、一九四五年、大日本帝国の劇的な崩壊とともに破滅的な終焉を迎えました。ゆえに、一九四五年から五〇年代の半ばにかけては、同地域に第二の大転換期が訪れた、と言えるように思います。そのときの変化でも東北アジアは再度、暴力と苦悩とを伴う分裂を経験しました。一八九〇年から一九一〇年にかけての第一転換期と同じように、一九四五年から五〇年代半ばに至るこの第二の転換期においても、新しい秩序は、朝鮮半島ならびに隣接する中国東北部国境地域において戦われた戦争――一九五〇年から五三年までの「第二次朝鮮戦争」――という暴力から生じたのです。この転換から誕生したものはもちろん、東アジアにおける冷戦体制にほかなりません。この体制は、以下のような勢力間の不安定なバランスによって特徴づけられる秩序でした。

すなわち、ソ連という大国、中華人民共和国という革命勢力、そして外部からその地域に参入してきた大国・アメリカの庇護下において経済的なリーダーとして再浮上してきた日本、という三者間のバランスです。

世界全体がそうであったように、東北アジアでも、冷戦はきわめて大規模な軍事化をもたらしました。日本と韓国の国内ではいたるところに米軍基地ネットワークが展開され、極東ソビエトには核ミサイルが配備されました。核武装した中国もまた、台頭していきます。旧日本帝国によるものとはまったく異なる形での地域的な再編も、冷戦によってもたらされました。東北アジアは厳格な防衛体制のしかれた複雑な国境線によって細分化され、地域国間の移動やコミュニケーションがほとんどできない状態に陥ってしまったのです。

しかしこの冷戦秩序も、中国が徐々に外部世界に対し開放的になっていったことに加え、韓国や台湾における民主化、さらにはソ連の崩壊という出来事によって、一九八〇年代の終わりごろから少しずつ変化が訪れるようになってきました。とはいえ、ヨーロッパでの冷戦が一九八九年のベルリンの壁崩壊の直後に終焉した一方で、東北アジアではいまだにポスト冷戦秩序が確立されていない、というのが私の考えです。実のところ、この地域は冷戦が現在も継続中の地球上唯一の場所であり、冷戦の最終的な終焉を決定するのは実にこの東北アジアにほかならない、と言えるように思います。

一九九〇年代の初頭以降、東北アジアはポスト冷戦秩序に向けた困難かつ痛みを伴う移行期の、そして依然として決着がついていない移行期の道半ば、というところにあります。しかしながら、このポスト冷戦秩序が帯びるだろう特徴については、すでに私たちはその多くを目にしていると言えるでしょう。中国が台頭し再びこの地域の主要大国になることはもはや誰にも押し留められません。一九四〇年代後半から七〇年代にかけて地域を分断していた通過不能な国境線も、徐々に抜け穴が拡大しつつあります。日本・韓国・台湾・中国の経済はその緊密度をますます高めており、東北アジアは今日、再び移動や移民のネットワークによって結びつけられるようになっています。音楽や映画、テレビ番組といったポピュラー文化もまた、それまでとは違う形で地域内の結びつきに一役買うようになってきました。二〇世紀前半の文化移動とは異なり、今日では、いずれの国も他を圧倒するほどの影響力はもっていません。現代の文化移動はさまざまな方向に向かって行なわれているのです。

近年発生した中国から日本への移動によって、滞日中国人コミュニティの人口は八〇万を超える規模にまで拡大してきました。彼らは現在、日本における最大の外国人グループを構成しています。二一世紀初頭から二〇〇九年までのあいだに中国在住の日本人も、ほぼ三倍に増えました。いまや一二万五千人を超える数の日本人が、中国国内に居住しているのです。韓国には今日、多数の未登録外国人労働者、留学生、韓国人との結婚を目的に来韓した外国人居住者に加え、約一〇〇万人の登録外国人が滞在しています。韓国で行なわれた結婚の一三%以上が、二〇〇五年までにいわゆる「国際結婚」によって占められるようになりました。[2] 注目すべきことに、膨大な量の労働力を抱えている中国――かつて世界のいたるところに移民を送り出してきた主要な源――でさえも、今日ではヴェトナム・カンボジア・ミャンマー・北朝鮮、さらには西アフリカからもますます多くの移民労働者を受け入れるようになっています。[3] こうした移動の多くは、人びとが教育や雇用の新しい機会を求めた結果なされたものと言えるでしょう。しかし他方で、過去一五年以上にわたり、否応なく行なわれた越境移動というものも存在してきました。これには言うまでもなく、北朝鮮を発生源とする移住の流れが含まれます。現在そのうちの約二万人が韓国に、未登録移民としておそらく何万もの人びとが中国東北部に、そして約二〇〇人が日本に住んでいます。このように東北アジアは現在、社会的・文化的な相互交流がますます深化するといった状態に置かれているのです。では、いったいどのようにすればそれが摩擦の拡大にではなく、いっそうの相互理解という方向に進んでいくのでしょうか。

これはきわめて難しい問題です。というのも、こうした根底的な変化にもかかわらず東北アジアでは冷戦構造――他地域ではすでに消滅した――がたいへん深く根づいており、依然としてそれは継続したままだからです。中国と北朝鮮の場合、その進むべき道はまったく枝分かれしてしまいましたが、にもかかわらず双方ともに、共産党による一党独裁国家が堅持されています。朝鮮半島はあいかわらず分断されたままで、日本もまた、その対外関係を縛る冷戦時代の安全保障条約に囚われ続けています。日本の国土に駐留しているアメリカ軍の数は一九七〇年代の終わり以降、ほとんど変化をしていません。東北アジアは本当の意味でのポスト冷戦秩序に進むことがいまだにできていないのです。

ゆえに東北アジアは現在、再び重要な転換点を迎えている、と言えるように思います。おそらくそれは、アメリカをベースに活躍している文筆家マルコム・グラッドウェルが「ティッピング・ポイント tipping point」(訳註 ii)と呼んだ地点にあるのでしょう。(4) 二〇世紀初頭、さらにはその半ばごろと同じく、この地域は現在、流動的な状態に置かれているのです。相対的に小さな決定が深刻な結果を引き起こし、この地域が将来的に協調ないしは対立、平和ないしは戦争へと決定的に導かれてしまう――そんな瞬間にあるのだと言えるでしょう。たとえば朝鮮半島で戦争が起きてしまえば、それは想像以上の甚大な被害をもたらすに違いありません。多数の死者、社会・経済の崩壊、難民の大量流出といった事態が起こるはずです。そのすべては、日本のみならず地域内のあらゆる諸国に深刻な影響を及ぼすことでしょう。たとえその戦争が北朝鮮の体制崩壊という結果で終わったとしても、同国における安定した社会の再建といった課題、さらにその体制転換が日中韓関係にもたらす重大な影響への対応といった課題に対し、東北アジア諸国（ここに私はアメリカも含めて考えています）がなんらの準備もできていないことは、明白です。その戦争がもたらす破壊的な結末は、将来何十年にもわたり私たちに影を落とし続けることでしょう。

真に新しい「ポスト冷戦」秩序への移行が平和的になされたとしても、その過程はきわめて困難なものであるに違いありません。その場合ですら、地域各国の積極的な関与が必ず必要になるはずです。ところで、こうした平和的な移行が生じつつある小さな兆しを、私たちはいまいくつか確認することができます。金正日の死去とその息子の金正恩による権力の継承以降、同国が改革へと向かいつつある前兆も、一部では見えてきました。最近平壌を訪れたある人によると、そこでは多少なりとも消費経済が拡大しつつあるようです。かつては路地裏で細々と行なわれていた野菜やスナックを売る私営の屋台が、（数は少ないけれども）幹線道路の脇に現われつつある、とのことでした。もちろんこうした変化が長く続くのかどうか、なんらかの結果をもたらすのかどうかはまだはっきりとは言えません。ただいずれにしても、いわゆる「軟着陸」――より開放的な体制への平和的な移行――が北朝鮮に訪れた場合でも、大規模な社会的混乱が起こることはほとんど必至です。私の予想では、おそらくかなりの数の人びとがそのさい、他国へと移動することになるでしょう。北朝鮮の開放それすなわち、この地域で人びとの大規模な移動を妨げてきた主たる障害物が取り除かれる、ということなのです。その場合、日本を含むこの地域の各国が、外国人を排斥しようとする反動的なナショナリズムに陥ることなくそうした大規模な移動に対処することは、はたして可能でしょうか。この転換期において、好戦的なシステムではなく平和的なシステムを東北アジアに作り出し、戦争なきポスト冷戦秩序を準備する文化的ツールを発展させていくためには、私たちはいったい何をすればよいのでしょうか。

まず我々は「私たち」と「彼ら」という言い方を学んだ

これらの問いに答えるために、まずは文化と人間の安全保障とをめぐる関係について、もう少し詳しく検討してみなければなりません。しばらく前に、ウィキリークスがアメリカや各国政府の極秘文書を公にしたことが世界的に大きな反響を引き起こす、という事件がありました。このとき多くの政府は、ウィキリークスが諜報機関の秘密を暴露したことで諜報部員らの命を危険にさらしたと主張し、ウィキリークスやその創始者ジュリアン・アサンジに対し、激しい怒りを表明したのです。こうした諸政府の主張は、確かに事実なのかもしれません。しかし私には、ウィキリークスに政治指導者たちが激怒した本当の理由は、それが政治の隠れた文化を暴露してしまったからだ、と思えてならないのです。リークされた電報や文書が世にはっきりと知らしめたものは、以下のような事実にほかなりません。すなわち、政治家や外交官が公的な場で（つまり「私たち」に向けて）話すさいに使用する言語と、彼らのあいだで――想像上――私的な会話がなされるときに私用される言語とではそれぞれ違いがある、ということなのです。

おそらく日本ではそれほど広くは伝えられなかったでしょうが、オーストラリアで一面のトップを飾ったウィキリークス関連報道のなかに、アレグザンダー・ダウナーというオーストラリアの元政治家によるリーク発言がありました。ダウナーはジョン・ハワード[訳註iii]が内閣を率いていたときに、外務大臣を務めていた人物です。彼は北朝鮮に対する強硬路線の支持者であり、ある米軍司令官に宛てた次のような発言が、そのとき報道されてしまいました――北朝鮮への援助は最小限にすべきだ、世界は「その国全体が崩壊する go to shit に任せておけばいいのさ、それこそ、起こってもかまわない最高のことなんだ[5]」。

ダウナーの発言は、ブッシュ政権やハワード政権がオフレコで使用していた言語の、その典型的な例なのだと思います。この種の言語は、今日でもおそらくアメリカ政府やオーストラリア政府、その他各国の政府で政治家たちがあいも変わらず用いていることでしょう。何万もの人びとが命を落とす大飢餓を「起こってもかまわない最高のこと」とほのめかし得ることそれ自体が、そうした言語を容認する類いの政治に組み込まれた文化の一部を表わしていると言えます。しかし事は、その種の言語が容認され得るといった話に留まりません。それどころか、そうした言語を発することが――こうした文化のなかでは――賢さを示す象徴として、また素晴らしき厳格さと感傷にとらわれない姿勢を示す象徴として、理解されるのです。このような発言の背後には、オーストラリアの国益や米豪間の同盟、世界秩序の安定といったものを含む「より大きな善 the greater good」という（明確に説明されることはない）仮定が存在していきます。その「より大きな善」のために、現在北朝鮮に生活している二四〇〇万もの人びとがいとも簡単に犠牲にされてしまうのです。ダウナーの発言はまた、彼にとっては米軍高官との社会的な結びつきを確かめ合う、そのプロセスの一部でもありました。それは、まるで同期の学生同士が友情を確認するさいの社会的儀式として用いる粗野な冗談かなにかのようにして発せられています。つまりあの言語には、自分もまたタフな男であり「仲間のひとりone of the boys」なのだ、ということを示すところにその目的があったのです。

アレグザンダー・ダウナーもまた子どものいる、家庭の人でありましょう。さらに——あえてつけ加えておきますが——彼は自分の友人や家族にはたいへん親切で、かつ思いやりのある人なのだと思います。ところが、そのとき権力的地位にあった彼が、二四〇〇万もの人びとが生きる一国の「崩壊」を容認するかのような言葉を発し得た——ここには、考察すべききわめて重大な理論的問題がある、と言わねばなりません。彼のような人物が実に冷えびえとするあのような冷淡きわまりない発言をあっさり行ない得た背景には、いったい何があるのでしょうか。ダウナー（や彼のような人たち）はいったいどのようにして、自身が考える「より大きな善」のためには人間の命に対する傲慢さに満ちたあのような軽視も正当化され得る、と信じるようになったのでしょうか。

私には、これらの問いはたいへん重要なもののように思えます。なぜなら、そうした問いは戦争と平和に関する文化的側面の核心、人間が行なう暴力と安全保障をめぐる文化的側面の核心を突くものだからです。戦争とは、多分に文化的な事象です。その点を私たちにはっきりと思い起こさせてくれたのが、アメリカの歴史家ジョン・ダワーが一九九八年に著した作品『容赦なき戦争』であり、彼がより最近に出版した研究書『戦争の文化』でした。[6] 現代の総力戦は、単に銃や爆弾、ミサイルだけで戦われるものではありません。そこでは文化という武器も用いられ、それは抗争する敵同士の物理的兵器と同じくらいに重要なものとなるのです。あるいは言語も、エレーヌ・スキャリーが『痛む身体』という著作で論じたように、戦争における枢要な武器だと言えます。[7] 戦争では常に言語の再構築が起こり、その結果、以下の二つのことが人びとの視野から抜け落ちてしまうのです。第一に、武器としての言語では、たとえば「人びとの頭上に爆弾を落とす」といった表現の代わりに「局部攻撃」といった表現を使用することによって、暴力のもたらす現実を不可視なものにすることが行なわれます。第二に、武器としての言語では、敵を「グックgook（一部のアメリカ人兵士がアジア人たち――とくに朝鮮戦争・ヴェトナム戦争時の敵――を表わすのに使用した人種差別的な侮蔑表現）」とか「鬼畜米英」とか、あるいは「帝国主義の走狗」へと変えてしまうことで、相手もまた人間だという事実を見えなくさせることが可能です。では、こうした効果をもたらす言語の再構築がなぜ戦争では発生するのでしょうか。それは、スキャリーが論じているように、相手に対する認識を変化させることが、暴力行為の重要な前提だからです。つまり「苦痛に苛まれている人間の傍にいながら、しかしそれに気づかず、自身がその苦痛を加えるような事態になるまで、それに気づかない」という状況の創出には、相手についての認識にある種の変化を起こすことが不可欠なのです。[8]

ダワーの『容赦なき戦争』が注目しているのは、特に人種差別主義と武力紛争との関係、太平洋戦争中の日米両政府において、敵を動物ないし疑似人間 subhuman と見なす人種差別的イメージが活用されたときの様子です。しかしここで重要なことは、非人間的な敵というイメージを作り出すには物理的な「人種上の差異」をベースにする必要がない、という点にあります。宗教やイデオロギーをめぐる紛争では、人種・民族・言語上の違いがなくとも敵を疑似人間と見なすステレオタイプは簡単に作り出すことができます。人種というものがベースになってステレオタイプ化や非人間化 dehumanization が生じるのではなく、むしろ事実は、その逆にほかなりません。現代の戦争で敵を非人間化させるさいにもっとも重要なことは、「彼ら」というイメージを創出することです。しかも、その「彼ら」を単に文化的な「他者」と見なすだけではなく、「普通」の人類からも区別することが重要なのです。

私がかつて読んだ本のなかに、印象深い会話の断片が掲載されていました。それは、ある男性と娘とのあいだに交わされたたいへん短い会話です。その男性がどんな人物なのかははっきりしないのですが、おそらく彼は、ナチズムとホロコーストの時代を生き延びたひとりのドイツ人なのでしょう。娘が尋ねます。「お父さん、私たちはどうしてそんなひどいことをあの人たちにすることができたの。」父は答えます。「娘よ、我々が最初にやったことは、『私たち』と『彼ら』という言い方を学ぶことだったんだよ。そうすれば、もうあとは簡単だったのさ。」

深い多元主義と人びとの安全保障

もちろん、アレグザンダー・ダウナーの北朝鮮に関する発言では、文字通りの戦争が語られているわけではありません。しかし、オーストラリアや日本などのメディア・政治言説のなかで行なわれている北朝鮮の人びとの非人間化は、北朝鮮の政治言説が作り出しているアメリカ人や日本人の非人間化とともに、戦争が勃発しかねない危険な事態の創出に一役買っています。私にはまた、こうした北朝鮮の人びとに対する非人間化というものが、以下のような状況を作り出しているように思えるのです。すなわち、極限的な飢餓と病気に苦しむ彼らの「傍にいながら（象徴的には）」それに「気づかず」、私たちの心や気持ちは完全に閉ざされ、その危機を「起こってもかまわない最高のこと」と考える事態になるまでそれに気づかない、といった状況です。

しかしながら、もし文化と言語とが戦争のさいに使われる重要な武器であるなら、同時にその両者は、言葉の完全な意味における平和と安全の実現にとっても重要かつ決定的な武器となるはずです。東アジアを現在脅威に晒している実に深刻な安全保障上の危機に対し、戦争をするための武器ではなく、平和に寄与する文化的な武器を発展させていく——そんな目的に資する方法のいくつかを、本講演の残り時間では考察していきたいと思います。ところで、そうした意味での文化を考察するさい、私がたいへん重要だと見なしている根本理念のひとつに「深い多元主義 deep pluralism」というものがあります。

一九七〇・八〇年代にはグローバリゼーションが加速化して労働移動も拡大し、多くの諸国で民族的・文化的な多様性が増大していきました。こうしたことを背景に、文化対立を克服するための枠組みとして、また文化的に多様な社会という価値を促進するための枠組みとして、世界のいたるところで「マルチカルチュラリズム」という概念が発展してきたのです。この概念は多くの点でたいへん貴重かつ重要であり、また政治・社会の発展に対し実にポジティヴな効果をもたらした、と私は考えています。しかし同時に私は、このマルチカルチュラリズムという理念がオーストラリア・カナダ・イギリスといった諸国で一般に用いられるさいに、またますます頻繁に日本や韓国といった諸国で用いられるさいに、二つの無視し得ない限界がある、と考えているのです。第一に、マルチカルチュラリズムでは国民社会 national communities を強調する傾向が強く見られます。その根底には、今日の国家 nations には民族的な単一性ないし同化を選ぶか、あるいはマルチカルチュラリズムを選ぶしかない、との発想があるようです。しかし、コミュニケーションと移動がグローバルに行なわれる現代において、この発想は、私にはたいへん問題があるもののように思えます。もちろん、近年の移民たちをめぐる教育や福祉の問題に対処するさい、各国では実に多様な政策を推進することが可能でしょう。しかし今日、文化的な単一性を選び得る国民社会などはたして存在し得るでしょうか。

移民の流出・流入をさほど多くは経験していない国を含め、現在では、ほぼすべての国が人口移動（移民だけではなくビジネス上の移動や観光旅行も含みます）のネットワークのなかに組み込まれています。北朝鮮はきわめて厳格な自給自足システムと文化的な単一性を維持しようとしている数少ない国のひとつですが、しかしそのような選択がいかに高い代償を伴うものかは、その北朝鮮の経験にはっきりと現われています。ただそんな北朝鮮でさえも、いまや外国からの文化的影響を完全に閉め出すことはできません。中国・韓国などから流入する海賊版ビデオを扱う商取引は実に盛んであり、今日の平壌における通りでは、ハンバーガーを売る屋台すら目にすることができます。二〇一二年には世界初の西洋と北朝鮮の合作映画『金同志が飛ぶ Comrade Kim Goes Flying』というロマンチック・コメディもまた、公開されました。サーカスのアクロバット役になる夢を抱く北朝鮮の炭鉱労働者を主役にした物語が、この映画では描かれています。文化というものはもはや、国境線の内側に閉じこもっていることはできません。音楽・テレビ番組・映画・ニュースは国境を越えて伝わっていき、人びとはますますインターネットやブログ、ツイッターの世界を通じて、国境線にとらわれない対話に参加するようになっています。

要するに、この二一世紀の世界で起きている出来事は、国民社会における文化的な多様性が人口移動によって促進されるといったことだけではなく、社会自体が国境の内側におとなしく閉じこもっていることができなくなった、ということを意味しているのです。ゆえに重要な問題は、東北アジアで起きているそうした文化交流やこの地域を越えて行なわれている文化交流が相手への恐怖や敵意・対立の原因となるのではなく、むしろ平和と安全の源となるにはどうしたらいいのか、東北アジアの人びとにおける生活の質の改善につなげるためにはどうしたらいいのか、ということになるでしょう。私たちは今日、国境の内側だけではなくそれを越えたマルチカルチュラリズムについて考察していく必要があるのです。

第二に、マルチカルチュラリズムとして受け入れられている一般的な考え方のなかには、以下のような問題も潜んでいます。すなわち、異なる「エスニック・グループ」のおのおのには相対的に変化をしない「エスニック文化」なるものがある、との前提がそのなかに含まれているということです。ゆえにマルチカルチュラリズムという理念は（先に言及した戦争のレトリックとは異なり）「彼ら」をよりポジティヴな側面から捉えはしますが、しかし結局のところ、「私たち」と「彼ら」という区分を基礎にしてしまう傾向があるのです。

私がここで使用している「多元主義」という理念には、「マルチカルチュラリズム」の理念と一部類似したところもあります。が、しかし同時にそれは重要な点で異なってもいるのです。この理念は、アメリカの哲学者で政治理論家でもあるウィリアム・コノリーの「深い多元主義」という考え方に、主として触発されています。コノリーの「深い多元主義」に対するアプローチにはたいへん複雑なものがありますが、しかしここでは、その主な特徴と思われるものをごく簡単に説明する程度に留めておきましょう。(9) その理念のなかには、次のような基本的とも言える発想が組み込まれています。すなわち、それぞれ特定の信念や生活様式をもつ個人は他者の信念や生活様式には敬意をもって接し、自身の振舞いや考え方を押しつけることなくそうした他者とコミュニケーションをとろうとする意志をもつべきだ、という発想です。

コノリーの多元主義という理念がもつきわめて重要な側面は、そこに時間というもの、すなわち、時とともに人びとも理念も社会集団も変化していく、との感覚が深く刻み込まれている点にあります。私たちは常に何ものかになろうとする過渡的存在にほかなりません。つまり多元主義という発想には、(一部のマルチカルチュラリズム理論のように)相対的に変化をしない文化をもつ静態的なエスニック・グループというイメージを基盤とした認識ではなく、人は歴史的な諸条件から影響を受ける存在でありかつ「文化」は常に動的で変化をしていくものだ、との認識が含まれているのです。「私たち」と「彼ら」を明確に区分する境界線など、実際には存在しません。なぜなら、私たちは自らの価値観やアイデンティティを他者との相互交流を通じてのみ発展させていけるからであり、またある文脈では「彼ら」である人びと(たとえば異なる言語や宗教信仰をもつ人びと)も、他の文脈では「私たち」になる(たとえば自分たちと同じ政治的信条や音楽・映画に対する趣味をもっている場合)可能性があるからです。

第二に、コノリーの多元主義に対するアプローチでは、我々の意識下にあるものだけが文化だ、特定の服装や食事などに関する意識的選択だけが文化だ、との認識が退けられています。人間とはきわめて複雑な存在だということ、また私たちの生活行動様式にはさまざまな要素が影響しており、それらは意識下で簡単に統御できるものでは必ずしもないということが、「深い多元主義」では理解されているのです。しばしば文化摩擦は、私たちが部分的にしか意識していない相違によって、にもかかわらず怒りや恐怖、敵対心といった激しい感情を呼び覚ましてしまう相違によって、引き起こされています。コノリーは映画について一家言のあるたいへん熱心な映画ファンであり、ゆえに映画分析を用いてこの種の感情が生まれてくるさまを示そうとしていますが、しかしもちろん現代世界においては、映画だけでなくテレビやインターネットといったメディアが、私たちの心に強烈なイメージを植えつける働きをしています。そうしたメディアは、ある人間集団に対する私たちの認識に対し、プラスとマイナス双方のきわめて重大な影響を及ぼしているのです。この点において、特に視覚メディアの影響力はたいへんに大きいと言わねばなりません。

一例として、二〇一〇年に尖閣諸島（魚釣島）付近で発生した事件、すなわち、中国漁船と日本の海上保安庁巡視船とが衝突した事件を挙げることができます。そのとき、その衝突シーンを映し出したビデオが公的な検閲を経ることなくリークされる、という問題が起こりました。その結果、当該ビデオのほんの一部だけが日本のメディアで繰り返し放映される、といった事態が発生したのです。しかしそのときに放映された部分は、中国漁船が衝突前に巡視船によって追跡されている状況など、事件の一部始終が映し出されているものではありませんでした。それは単に、中国漁船が一見したところ故意に日本の巡視船に激突したかのように見える、その瞬間を数秒間映し出したものにすぎなかったのです。要するにこの映像は、好戦的な中国が平和的かつ防衛一辺倒の日本に攻撃を仕掛けている、といったサブリミナル効果による強力なメッセージを含むものでありました。私はそのとき日本に滞在していたわけではないのですが、しかしそのビデオ・クリップを少なくとも一〇回は見たように記憶しています。おそらく多くの日本の方々は二〇回か三〇回、場合によってはそれ以上の回数、同じシーンを繰り返しご覧になったのではないでしょうか。対中関係やその島々をめぐる領土紛争についていかなる考えを意識下において抱いていようとも、その潜在意識下においてすでに、この衝突の瞬間を捉えた忘れがたい映像によって確実に影響されてしまっているのです。

人間という存在も、またそのお互いのあいだに起こるさまざまな作用も、たいへんに複雑なものです。ゆえに「深い多元主義」では、多元主義的な態度というものはいずれ自然に生じてくる、といった見方をするようなことはありません。そうした態度は、個人ならびに社会の双方において、意識的な取り組みや発展の努力を必要とするものなのです。私はここにも、「深い多元主義」と伝統的なマルチカルチュラリズムとのあいだに潜むちょっとした違いがある、と考えています。マルチカルチュラリズムでは、しばしば国家の政策に焦点が当てられ、もし国家が文化的な多様性を広く認めるシステムを作り出せたならばもうそれですべては十分、と考えている節があります。しかしながら、私がここで論じてきた「深い多元主義」という理念によれば、多元主義は、国家のみならず個人や市民社会――社会集団やメディアを含む――がおのおの努力していくことを通じて恒常的に創り出されていくものなのです。そうした努力のなかには、異なる意見や生活様式をもつ人びととの対話を意識的に希求し、その対話そのものやそれが自分自身に与えた影響について深く反省を行ない、さらに自分自身を他者との交流のなかで常に変化させていく――こうしたことが含まれねばなりません。またそこには、私たちが消費するメディアからの映像や情報に対し、また日常的に使っている言語に対し、批判的に反省していくという姿勢も含まれる必要があります。

多元主義、市民社会、東北アジアの未来

結局のところ、多元主義とは創造という作業を含む努力のことにほかなりません。自身を創造していくと同時に他者とのコミュニケーションを創造していく――そのような私たちの努力のことを、多元主義と呼んでいるのです。この多元主義は、あらゆる種類のアート表現、日常的な行為、言語の使用、想像力といったものを通じて成し遂げ得る

ものです。東北アジアには今日、そうした創造的行為に携わっている多くのNGO、文化団体、草の根団体が存在しています。そこで私は過去数年間にわたり、日本や東北アジアの各地で、この種の越境的コミュニケーションに関与している一部団体の活動に注目した研究を行なってきました。そのたびに私は、こうした団体と彼らの携わっている試みが実に多様であることに心打たれ、また励まされてもきたのです。地域秩序を恐怖・敵意・対立から多元主義・対話・協力へと仕向けるものがもしほんのちょっとしたことであるなら、庶民にすぎない私たちも、そうした団体への参加を通じて、いまの歴史的大転換が迎えようとしている結末に対し（たとえどんなに小さな形ではあれ）影響を及ぼすことが可能なのではないでしょうか。

こうした越境的な草の根団体のことを研究して、ひとつ気づいたことがあります。それは、単なる対話という目的――「他者」についてより多くを知ろう――だけに留まらず、ある共通の目標を実現する（なんらかの共通する社会問題の解決など）ために各国から人びとが集められ団体が設立されたとき、おそらくその効果はもっとも大きくなる、ということなのです。こうしたアプローチをとる団体の一例として、北海道をベースに活動している東アジア共同ワークショップ East Asia Collaborative Workshop を挙げることができます。この団体では、日本や韓国などから若者たちが集い肩を並べて、戦時中の強制労働がもたらした負の遺産に対する取り組みが行なわれています。[10] さらに別の事例として、ソウルに居を構える平和博物館 Center for Peace Museum を指摘することができます。これは伝統的な意味での「博物館」というより、むしろさまざまな文化活動のためのセンターであると言うべきでしょう。そこには東アジアの各地から人びとが集まり、紛争解決や平和構築に関わる問題についての問題提起や取り組みが行なわれています。[11] 先にふれた移民問題に関して言えば、日本や韓国における一部のNGOが、すでに移民たちの権利をめぐる問題についてたいへん有意義な意見交換を行ない始めています（たとえば、日本の移住連〔移住労働者と連帯する全国ネットワーク Solidarity Network With Migrants Japan〕と韓国の移民労働者共同委員会 JCMK: Joint Committee for Migrants in

Koreaが行なっている共同作業では、かなりの経験が積み重ねられています)。

共通の社会問題に対する地域協力については、さらに興味深い事例を挙げることができます。それは、人権活動家で二〇一一年にソウル市長にもなった朴元淳がイニシアティヴをとり、二〇〇六年に韓国で設立された希望製作所Hope Instituteという団体のことです。この団体は、社会的イノヴェーションを促進するためのデザイン技術や創作技術を活用しながら、雇用の創出や高齢者のニーズ、自治体におけるコミュニティ参加の拡大などについて、さまざまな取り組みを行なっています。越境的ネットワークの形成にもたいへん積極的で、二〇一〇年には同様のプログラムでの協力作業を行なうための事務所が、ここ東京に設立されました。希望製作所の目的は、「伝統にとらわれない」アイディアや「革新的実験、大胆なイニシアティヴ」を寄り合わせること、および創造的なアイディアを実現していく方法を発展させることにあります。製作所の関心は地方に向いていますが、しかし思うに、それが発展させてきた基礎理念の一部を東北アジア全体に拡大させていくことが、いまこそ必要でしょう。また同時に、この地域の未来において希望に満ちた多元主義的なポスト冷戦秩序を創り出していくためにも、さまざまな個人や草の根団体が協力し得る、新しくかつクリエイティヴな方法を構想していくことが必要だと思います。

東北アジアにおけるダイナミックな人びとの安全保障

一九八〇年代に日本研究で学者としてのキャリアを開始したとき、日本の学者や評論家、政府の役人たちが実に多くの「未来ヴィジョン」を提出していたことに、私はひどく興味をそそられました。当時通産省と呼ばれていた機関やその他の団体がたいへん熱心に、二一世紀の初頭あるいは半ばに日本ではいかなる生活が営まれているのかについて、その未来予想図を描き出していたのです。こうした未来ヴィジョンの大多数が焦点を当てていたのは、新技術の影響についてでした。しかしその一部は、社会的・政治的な趨勢がどう進んでいくのかについても着目していたのです。これらの未来予測をいま読み返してみて、どれが実現しどれがまったくの的外れであったかを確認する作業は、きっとおもしろいものとなるでしょう。

しかし私にとって興味深く、また心配の種でもあるのは、現在の日本ではどうもこの種の「未来学」がほとんど見当たらない、ということなのです。政府でも学界でも今日、二〇年後・三〇年後の生活がどうなっているのかについて、そのヴィジョンを示してくれる人はほとんどいません。ところが、いまこそその種のビジョンがかつてないほどに必要とされている、と私には感じられます。なぜなら、先にも述べたとおり、現在の東北アジアは歴史的とも言える転換期のただなかにあり、それについてひとつ確実なことがあるとすれば、それは二〇年後の日本や同地域は良くも悪くも現状とはまったく違ったものになっているはずだ、ということだからです。

二〇一〇年一二月に日本政府は、近年の東北アジアにおける危機への対応策として、政策の重点を基盤的防衛力から動的防衛力へと転換させる新防衛大綱を発表しました。この大綱の目的は周辺地域、とりわけ北朝鮮と中国からの軍事的な脅威に対し日本の備えを固めていくことにあります。もちろん、戦争用の武器をすべて放棄することが可能だと考えるほど、私はナイーヴではありません。軍事的な脅威は存在するのであり、ゆえに、それに対する備えはやはり必要です。とはいえ、長期的に見れば、軍隊を強化することによって安全が保障されることなどけっしてありません。巨大な軍事費は私たちを安心させるものではなく、むしろそれは不安定な状態の兆しとして受け取るべきものなのです。

「動的防衛」「備え」「〔偶発時に備えての〕計画検討作業[訳註iv] contingency planning」といった言葉が飛び交っています。しかし私の考えでは、東北アジアにおけるいずれの諸国（ここに私は、中国、日本、朝鮮半島上の二国に加え、オーストラリアとアメリカというこの地域の主要プレーヤーも含めています）も、真剣に「計画検討作業」など行なってはいません。今後二〇年のあいだに確実に東アジアで起こる人間の安全保障へのきわめて現実的な脅威に対し、各国はいかなる予測も準備もできていないのです。

この先数十年のあいだに北朝鮮でいかなる事態が起こるにせよ、食糧不足、栄養失調、難民流出といった大問題が近い将来も引き続き影を落としていくことに、疑いの余地はありません。人道援助団体の一部は間違いなく偶発時に備えて、こうした問題に対処するための計画を密かに準備しているはずです。しかし本当に必要なのは、（たとえば）国境管理を厳しくして難民の流入を防ぐといった対処法ではなく、人びとのニーズや福祉に重点を置く対処法を発展させるために地域諸国が手を携え協力を行なっていく、というアプローチなのです。ところが現在、そのような協力が行なわれる兆しはまったくと言っていいほど見られません。むしろ昨今の軍事力に偏重した状態によって、そうした協力の実現がいっそう困難になっている、というのが現状です。北朝鮮からの大規模な移民——何千人、おそらくは何万人——が流入してきた場合、日本社会はそれに対してどう対処するつもりなのでしょうか。逆に、もし経済自由化が北朝鮮で生じた場合、日本の個人や企業、市民社会団体においては、いったいどの程度この国の経済再建に携わる準備ができているのでしょうか。二〇一一年六月、私は何人かのオーストラリアの仲間とともに、「北朝鮮——その未来を展望する」と題したワークショップをシドニーで開催しました。そのなかで私たちは、その種の起こり得るシナリオについて考えてみることにしたのです。ところが、いまや必要とされていることはそうしたワークショップを開催する以上のことだ、という事実に私たちはすぐに気づかされました。つまり、現在の趨勢について考えを共有でき、不確実な未来に向けて準備をし得るような市民社会団体のネットワーク、東北アジアのいたるところに散らばっている市民社会団体の真のネットワークこそが、現在は必要とされているのです。

この地域に対しより広範な視点から向き合ったうえで、そこにいかなる未来が待っているのかを考えてみましょう。

たとえば、日本と中国という東北アジアにおける二つの地域大国の関係は、一〇年後・二〇年後にはいったいどうなっているのでしょうか。高まる緊張状態と軍事費の増大、さらには暴力に対する恐怖心によって、その関係は再度、冷戦時代のそれに逆戻りしてしまうのでしょうか。それとも、日本・中国・朝鮮――韓国と北朝鮮――は今後、新しい形態での政治協力・経済協力への道筋を辿り始めるのでしょうか。

今回の講演を私は、北海道で発生した飢餓を聴衆の皆さんに想像していただくことから始めました。したがって私は、もっと元気づけられる出来事を想像してみることを皆さんにお願いして、本講演を終わりにしたいと思います。私自身が思い描いてみたいと考えているのは、二〇二五年にひとりの年老いた女性として東京を、そして成蹊大学を再訪するときの様子です。成蹊大学では学生たちが当然のように、ビデオ・リンクを通してコンスタントに中国・朝鮮（韓国・北朝鮮）・ロシア・モンゴルの教授たちが行なう講義に耳を傾けています。成蹊の教授陣が行なう講義も定期的に、東北アジアやそれ以外の地域にいる学生に向けて配信されています。さらに二〇二五年、日本のあらゆる子どもたちが中国語の基礎文法と簡体字の読み方について教えられている様子を、私は想像します。漢字を土台にした筆記法が用いられている日本では、したがって、中国が主要プレーヤーである世界経済において実に有利な地位をその人口すべてに与えている、ということになるわけです。またそのときまでに、日本と北朝鮮の関係がずいぶんと様変わりしていればいいな、と私は思います。北朝鮮からの観光客が新宿や銀座で買い物をする風景が当たり前となり、日本の学生が朝鮮語の学習や北朝鮮学生との交流のために、平壌や元山に旅行することも当たり前となる――そんな状態にまで両国間関係が様変わりすることを、私は望んでいるのです。

起こり得る未来の姿をこのまま示し続けていくことは、もちろん可能です。ですがこのあたりで打ち切りにして、あとは皆さんの想像に委ねることにしましょう。東北アジアの未来に関する皆さんの前向きなイメージとは、いったいどのようなものでしょうか。ただ、未来に対する想像力の羽をともにはばたかせ、待ち構えている困難に立ち向かう術を整えるために、まずは以下のような問題について考えていただければ、と思います。社会のあらゆるセクターにおける草の根団体（大学からメディア、アートギャラリー、難民・移民・高齢者の支援団体などに至るまで）はいったいどのようにすれば、他の東北アジア諸国に存在している同じような団体とともに手を取り合っていけるでしょうか——。東北アジアや世界の行く末をともに形作っていくのは、皆さん自身が未来について思い描く夢以外の何物でもありません。要するにそれは、この地域に生きる一般の庶民たちが思い描く夢、ということにほかならないのです。

原註

（1）この点については、以下の文献を参照のこと。Lori Watt, *When Empire Comes Home: Repatriation and Reintegration in Postwar Japan* (Harvard: Harvard University Press, 2010), pp. 2 and 51; Kweon Sugin, "Sikminji Joseon ui Ilbonin Yeoseong: Myeoch gaji Gichojeok Bunseok（原語は朝鮮語：「植民地朝鮮の日本人女性——いくつかの基礎的分析」）", paper presented at the International Symposium "Border and Diasporas Inside/Outside of Japan", Institute for Japanese Studies, Seoul National University, 25 November 2010.

（2）Timothy Lim, "Who is Korean? Migration, Immigration and the Challenge of Multiculturalism in Homogeneous Societies", *The Asian-Pacific Journal: Japan Focus*, 27 July 2009, http://www.japanfocus.org/-Timothy-Lim/3192.

（3）この点については、以下を参照のこと。Gady Epstein, "China's Immigration Problem", *Forbes Magazine*, 19 July 2010; and, Tania Branigan, "China Cracks Down on African Immigrants and Traders", *The Guardian*, 6 October 2010.

（4）Malcolm Gladwell, *The Tipping Point: How Little Things Can Make a Big Difference* (New York: Little, Brown and Co., 2000).

（5）Philip Dorling, "Downer's Advice to Bush on North Korea: Starve Them", *Sydney Morning Herald*, 22 December 2010.

（6）John Dower, *War Without Mercy: Race and Power in the Pacific War* (New York: Pantheon, 1987); *Cultures of War: Pearl Harbor / Hiroshima / 9-11 / Iraq* (New York: W. W. Norton, 2010).

（7）Elaine Scarry, *The Body in Pain: The Making and Unmaking of the World* (Oxford: Oxford University Press, 1985).

（8）Ibid., p. 62.

（9）William Connolly, *Pluralism* (Durham, NC: Duke University Press, 2005) を見よ。

（10）Tessa Morris-Suzuki, "Letters to the Dead: Grassroots Historical Dialogue in East Asia's Borderlands", in Tessa Morris-Suzuki, Morris Low, Leonid Petrov and Timothy Y. Tsu (eds.), *East Asia Beyond the History Wars: Confronting the Ghosts of Violence* (London: Routledge, 2013), pp. 88-104 を見よ。

（11）Peter van den Dungen, "Towards a Global Peace Museum Movement: A Progress Report (1986-2010)", *Peace Forum*, Vol. 24, No. 34 (2009), pp. 63-74 を見よ。

訳註

（i）原文で参照されている文献のうち、邦訳のある場合は今回の翻訳のさいに適宜その訳を参考にさせていただいた。なお本稿は、著者であるテッサ・モーリス＝スズキ氏が二〇一一年一月二二日に成蹊大学で行なった同タイトルの講演原稿に、その後発生した出来事などを加味・修正されたうえで、本書の編集担当者に提出されたものである（提出は二〇一二年一一月）。

（ii）「ティッピング・ポイント tipping point」とは、変化の途中で後戻りができなくなったそのぎりぎりの時点を指す言葉で、「臨界点」や「転回点」、あるいは「転換点」などとも訳され得る言葉である。著者が本文中で述べているように、この用語はマルコム・グラッドウェルによる二〇〇〇年の著作 *The Tipping Point*（邦訳：マルコム・グラッドウェル『なぜあの商品は急に売れ出したのか――口コミ感染の法則』高橋啓訳、飛鳥新社、二〇〇一年）から採られているが、この言葉が広く人口に膾炙するようになったのはこのグラッドウェルの作品をきっかけにしてのことだ、と言われている。ちなみにグラッドウェルは、この「ティッピング・ポイント」をマーケティング用語として、すなわち、ある商品などが爆発的に売れ始める時点を指すものとして使用している。

（iii）ジョン・ハワードは、すでに引退したオーストラリアの政治家。自由党出身の首相として一九九六年から二〇〇七年までの長期政権を率いた。自由党は労働党と並ぶオーストラリアの代表的な政党であり、保守的な右派政党。

(iv) 新防衛大綱（正式名「平成二三年度以降に係る防衛計画の大綱について」）の英語翻訳版（National Defense Program Guidelines for FY 2011 and Beyond, provisional translation）において、contingency planning（p. 8）とある単語に対応する日本語をオリジナル版で探すと、そこには「計画検討作業」（p. 7）とある。つまりcontingency（普通、「偶然のこと」「不慮の出来事」「予期される緊急事態」などといった訳語が当てられる）に相当する日本語が存在しないわけだが、英語版ではなぜこのcontingencyという単語が挿入されたのだろうか（あるいは、なぜオリジナルの日本語版では「計画検討作業」という表現で済まされているのだろうか）。読者諸氏には、以下の防衛省の公式サイトからダウンロードできる日英双方の新防衛大綱のＰＤＦファイルから、この点を確認されたい（http://www.mod.go.jp/j/approach/agenda/guideline/2011/index.html 二〇一二年一二月現在）。

国境の越えさせられ方——メディア文化と越境対話

岩渕功一

いつからのことだろうか、境界を越えるということに強く惹かれてきた。社会であたりまえとされていることを疑い、異なる視野から眺めたりそれに背くことをあえてしたりすることに魅力を感じてきた。「いまここ」の状況を越えてあらたな地平を模索し辿り着くことを目指してきた。グローバル化という現象に関心をもったのも国境をはじめとしたさまざまな境界を越える資本、文化、人の流動と連繫について知見を深めたいと思ったからだ。グローバル化の進展がどのように越境移動を飛躍的に促進させるのかを知ることで、さらに既存の境界を越えることが可能となると思ったからだ。

越境には物理的移動と心的移動が含まれる。物理的移動については、移動手段の発達やツーリズムの進展、留学や転勤などの増加が人々の越境移動をより活発にしているが、それでも移動しない人、できない人の方がいまだに圧倒的に多い。なかでも生活拠点を移すという意味で国境を物理的に越えている人はいまだにひと握りである。また、仕事を求めて移動を強制される人たち、難民の人たちの経験は同じ越境移動でも大きく異なる。こうした移動の格差についても目を配らないと、境界を越えることが不均衡な経験と結びついていることを蔑《ないがし》ろにするエリート的なコスモポリタンの議論となってしまう。他方、物理的移動を必ずしも伴わなくとも、文化やメディアの越境流動をとおした心的移動はますます日常的な経験となっている。メディアは時空間的に離れており関係がない（と思われていた）

人々や事象を結びつけ、関連づける。なかでもデジタル・コミュニケーションの発展やソーシャルメディア・ネットワークの多様化と肥大化はこの傾向を強めている。まさに「いまここ」から時空を翔けてこの世界におけるさまざまな人、集団、場所、イベント、知、イメージ、物語とつながることが私たちの生活の一部となったのだ。

こうしたメディア文化をとおした越境的なつながりははたしてどのような社会的関係性をあらたにもたらしているのか。メディアは境界の構築に関して相反する作用を及ぼす。一方で、メディア文化をとおしたつながりはコミュニティの形成をもたらす。メディアが社会の構成員のあいだに情緒的なつながりを喚起して「想像の共同体」を構築していることはよく知られている。なかでもナショナルな境界の形成にメディアは大きな役割を演じてきた。新聞・ラジオ・テレビ・映画といったメディアが繰り返し描き出す国民文化の親密性・均質性、伝統性・連続性をとおして、「われわれ」を包摂するナショナルな境界が構築され人々のあいだで心的に共有されることで、実際にはほとんど顔を会わすことのない幾多の構成員のあいだに同じ共同体に属しているという意識をもたらしている。しかし、メディアをとおして紡ぎ出される想像の共同体は他者との境界を構築してもいる。「外部」の文化・集団との境界だけでなく、「内部」の構成員に序列をつけ、「われわれ」の領域との境界がひかれる。国民国家の箍《たが》に組み込まれた植民地化された地域のみならず、階層、ジェンダー・セクシャリティ、人種・エスニシティなどにおけるマイノリティ・グループも実質的には国民という語りから排除されたり、周縁化されたりしてきた。「われわれ」という括りは包摂と排除の問題を常にはらんでいる。

他方、メディアは排他的に構築された境界を越えることにも重要な役割を果たす。なかでもインターネットをはじめとするデジタル技術の進展は、社会で周縁的な立場に置かれた人々がマスメディアでは拾い上げられない自らのアイデンティティをめぐる問題、声、関心を発信することを容易にして、同じ関心をもつ人々のあいだに新たな連帯や社会の関係性を構築している。また、衛星放送やインターネットが移民の人たちの国境を越えた想像の共同体の

（再）構築や維持を促すなど、メディア文化は移民などの人間の越境移動とも連関している。ホスト社会における「いまここ」での日々の営みや帰属意識と交錯しながら、彼／彼女たちを心情的に遠く離れた「故郷」へとつなぐことで一元的な国家帰属の認識枠組みを越えて複数の社会に物理的・心情的に帰属する人が増えている。さらには、こうした経験をすることのない大多数の人たちもメディア文化をとおしてナショナルな境界を超越する新たなつながりや想像力を形成している。ラジオ、テレビ、インターネット、携帯電話はどこにいても世界とつながる私的コミュニケーションの場を作り出すとともに、遠く離れた見知らぬ場所の人々の暮らしやそこで起きていることを（同時的に）体験し、共有することを可能として、世界各地で起きていることの連関への理解や「世界に生きる」という意識や越境的な想像力を新たに生み出している。また、世界各地の映画、テレビ、音楽が国境を越えて流通するようになり、それらを通して私たちの日常生活は「いまここ」に存在しない人、場所、社会とさまざまな形で交錯するようになった。それは「いまここ」にはない社会の関係性や生き方が精神の昂揚をもたらすだけでなく、他者の鏡をとおして自分たちの生や社会への批判的な距離を生みだしてもいる。

その好例がこの一五年ほどのあいだに飛躍的に発展した東アジアにおけるメディア文化の交流であろう。マンガ、アニメ、テレビドラマ、ポピュラー音楽、映画など、日本のメディア文化は東・東南アジア地域で魅力あるものとして受容されている一方、「韓流」と呼ばれる韓国発の映画、テレビドラマ、ポピュラー音楽の人気に見られるように、日本以外で制作されたメディア文化も国境を越えて流通・受容されており、東アジア地域におけるメディア文化のつながりは多元的で多方向的なものになっている。こうしたメディア文化による新たなつながりは、国境を越えた相互の理解を深めており、これまでとは異なる多様な日本の社会や文化への理解が促され、日本における他のアジア地域の文化・社会のイメージも大きく変化している。まさにメディア文化は国境を越えて人々を結びつけ、新たな関係性を創りあげる力があるといえるだろう。

このようにメディア文化は社会における排他的な境界の構築に深く関与する一方で、既存の境界によって周縁化されたり分断されたりしていた多様な主体の声や関心をつないで新たな社会関係性や対話を促進する。しかし、グローバル化の進展がもたらすメディア文化をとおした越境的邂逅の緊密化と日常化は「外部」への無関心、隔絶意識、さらには嫌悪を同時に助長していることも忘れてはならない。以下で検証するように、東アジアで進展してきた国境を越えるメディア文化のつながりに関しても、すでに創発しているメディア文化をとおした対話的なつながりの芽を摘んでしまうような越境文化邂逅の力学が作動している。メディア文化のつながりはより個人化され私的空間での社会化が進展する一方で、越境するメディア文化の流動と連繋は既存の国境を越えるのではなく、それを強化するかたちでますます助長されている。国境を越えるメディア文化をとおした邂逅やつながりを「国民文化」の枠組みや国益の観点から理解しようとする力学が強く働いており、メディア文化の越境が国境内部で周縁化されている文化的多様性の問題と切り離されてしまう。あるいは、越境的なつながりはしばしば社会における不安、不満、窮状がわかりやすい他者への攻撃へと転嫁されるきっかけともなる。昨今の韓国や中国との領土所有権をめぐる問題にあらわれているように、マスメディアとソーシャルメディアをとおして相互の文化ナショナリズムの負の連鎖が巻き起こり、そのはけ口として他国のメディア文化の受容を規制する声が高まってもいる。

シルバーストーンが喝破したようにデジタルメディアの発展は遠くはなれた人、場所、事象がつながり、共有されることをよりいっそう可能としている（sharable）が、それがすなわち実際に共有されている（shared）ということには必ずしもつながらない(1)。メディア文化の流動とその消費にあり方が物理的に国境を越えるかたちで奨励されていることが、私たちの意識と想像力が既存の国境の囲いを疑い、越えていくという営為に結びつくとは限らない。ある特定の越境の仕方を促し、それ以外の越境を阻む力学がどのように作動しているのか。抑制されたかたちの越境を進展させるためには何が必要なのか。そもそも越境するとはどういうことなのか。メディア文化をとおした越境のあり方についていまいちど真剣に問い直すことが求められている。

メディア文化をとおした越境対話の進展

グローバル化が進展するなか、メディア・資本・人の流動がますます活発となり、国や文化の境界を越えて錯綜している。この過程において顕著になったのは、非西洋メディア文化の台頭と、それをとおした地域内での文化交流の進展である。東アジア地域でも各地で日本、香港、韓国などのポピュラー文化がこれまで以上に相互に受容され、メディア産業の連携が深まっている。東アジアのさまざまな市場が同時的に連結し、メディア産業が相互のメディア文化をプロモーションすることがより組織的になるとともに、複数のアジア市場をにらんだマーケティング戦略や映画・テレビ・音楽・マンガなどの共同製作プロジェクトが積極的に展開されるなど、東アジア各国のメディア産業間の連携はますます深まっている。

東アジアにおけるメディア文化の相互流通がこれまで以上に日常的かつ緊密なものになるなか、国境を越えたさまざまなレベルで、新たなつながりや東アジアの隣人への共鳴と理解が相互に深まっている。メディア文化が相互に好意的に受容されているのは、日本や他のアジア諸国が文化的に似ているため、近いために、視聴者はより強い親近感やリアルさを感じるからだとしばしば説明される。そうした近さの認識は所与の文化的相似性によってではなく、むしろグローバル化、近代化、都市化、メディア文化の同時的共有といった動的な社会過程のなかで高められている。(2) 西洋に支配された近代資本主義のグローバルな広がりは、多くの非西洋地域の近代経験を帝国主義・植民地主義的暴力と文化流通の圧倒的な構造的不均衡として印しづけてきた。しかし、一方でこの非西洋における強制された近代経験こそがローカルの場において複数の土着化された近代を産み、文化の多様化・あらたな「伝統」を生成しているのである。イギリスの人類学者のダニエル・ミラーが、トリニダード・トバゴにおけるアメリカのソープオペラの受容をとおした「伝統」文化や価値観の再生産過程を分析したように、グローバルとの交渉、その土着化から独自の差異をあらためて編制し主張していくことが日常的に行なわれている。つまり、ローカル文化の真正さや特異さというものがあるならば、それは決して所与の本質的な属性ではなく、あくまで後天的に、起源ではなくローカルにおける交渉結果によって獲得される動的過程のなかで理解することが求められる。[3] 文化の混成は何かを失うだけでなく、何か新しいものを生み出したり、あるいは「旧い」ものに新たな息吹を与えてもいるのである。

「近さ」は「同一」であることとは異なる。日本のメディア文化を等身大で親近感があると受け止め、そこに自らの夢や願望を重ね合わせる若い視聴者が体感する感情は、裏返せば彼／彼女たちが「日本」に対して感じ取っている心地よい差異によって高められてもいる。似ているけれど異なる、違うのに同じであることへの共感。遠さと近さ、夢と現実、非日常と日常が微妙に交錯するリアル感覚。均質化と多様化の力学が密接に関連しあいながら作用するグローバル化のなかで、東アジアにおけるメディア文化の編制は「見たことのある差異」と「微妙に異なる同一性」が幾重にも相互に連結されるようになり、アメリカやヨーロッパの文化に感じるものとは異なる類いの心地よい文化的距離感を視聴者にもたらし、共感を呼び起こしている。

メディア文化の越境流動が進展するなか、自分が経験しているものとは違う生活、文化のイメージ、情報が国境を越えて溢れ出るようになり、我々がそれまであたりまえと思っていた、自らが置かれている生活の時空間的文脈に対して心的距離を感じる日常的な機会は増えている。[4] そのなかでも、東アジア域内でのメディア文化の消費は自己と自らの社会を省みる、より直接的で緊密な参照点を多くの人々に与えている。非西洋国は長いあいだ、理想化された「西洋」に照射されたタイムラグをとおして、自らの「近代」の位置、程度、距離を判断することを強いられてきた。

西洋の支配的眼差しのもとでの異文化遭遇においては、非西洋の文化的差異は発展軸における時間的距離の視座から本質的かつ劣等なものとして認識されてきた。しかし、日本を含めた東アジアに生きる人々は、しだいに西洋あるいはアメリカを通り越して、他の東アジア地域の文脈において生成されているグローバルとローカルの諸相が入り組んだ文化編制に自らの「いまここ」を参照するイメージを見出すようになっているのである。

日本における香港や韓国のメディア文化受容ではノスタルジアがひとつのキーワードとなっている。ノスタルジアはいわば時空間の越境感情である。「いまここ」で失われた過去を振り返るという行為は自己と他者の関係性の認識にとって両義的である。過去を思い起こす、見直すという行為は、過去にあったことをそのまま復元することではない。それは現在の状況が生み出した過去の記憶への欲望であり、それは決して政治的に無垢な行為ではない。過去はロマン化された閉じた共同体のそれとして記憶され、ありもしない状況への後ろ向きの夢想へとつながってしまう危険をはらむ。こうしたかたちのノスタルジアをとおした「いまここ」にないものへの希求は、社会の記憶だけでなく、他の社会や文化のあり方によっても触発される。たとえば西洋近代の陰影として目撃され解釈される非西洋の前近代のあり方は、西洋が失ったものへの憧憬が見え隠れするが、そこに横たわっているのは永遠に凍結された発展時間の落差の認識であり、西洋の近代のあり方へとすべての社会がいずれは向かうという絶対的な発展方向性の自負である。このようなオリエンタリズム的なノスタルジアは日本近代の歴史のなかで構築されてきた東アジアへの認識にも見られる。わたしたちが他の社会に対して、「まるで昔の日本みたいだ」という郷愁の言葉を発するとき、空間的差異は往々にして時間的差異に吸収され、日本の近代史のなかで構築されてきた「遅れたアジア」という他者認識が見え隠れする場合が少なくない。同様に、メディア文化をとおして韓国や香港の「いま」が日本の十年前と重ねられてしまうことで、その活力が発展的時間軸の落差として理解されてしまうとき、「アジアのいま」を「日本の（元気だった）過去」と重ね合わせて理解しようとするオリエンタリスト的思考が執拗に頭をもたげてもいることに気づかされる。(5)

他方、ノスタルジアはより自省的な力をもってもいる。失ったものを思い起こし記憶を辿ることは、ときに自己再帰的な作用をもたらす。昔の自分や社会のあり方を思い起こして、元気を取り戻したり、新たな希望をもつことを可能にするような力がある。グローバル化の進展は、多くの人に喪失感をもたらしている。都市化、標準化、合理化、市場化、商品化をとおして近代は社会的関係性を根本から変容させてきた。しかし、その速度と規模はグローバル化のなかでますます加速化している。あまりに速い社会や技術の変化の速度、さまざまな境界を越える人・金・モノ・メディアイメージの流動性、そして市場原理主義の貫徹による格差拡大と雇用と将来の不安定性は、わたしたちの個々の能力ではもちろん、国家によっても十全に対応することができないものである。その結果、多くの人が不安を感じ、焦燥し、そして将来への希望を見失っている。現在と将来に希望がもてないとき、人は過去を振り返る。過去をロマン化するのではなく、過去を振り返ることで、いまの自分、社会、世界を批判的に捉え直して変革する契機にしようとする。スローライフ、元気な社会、より暖かい人間関係など、さほど高度に産業化・IT化されていなかった時代の記憶をたぐり寄せ、あるいは構築して、何か重要な忘れ物を見つけようとする。失われたかけがえのないものが何であったかを確かめるために。失ったものを取り戻せるかを確認するために。そして、失っていないもの、果たし得なかったものを記憶するために。

東アジアにおけるメディア文化相互受容の日常的経験はこのような自省的な自己・他者との邂逅のきっかけとなっている。東アジア地域では、アメリカなどの影響を受けながら、それぞれの社会・文化的状況のなかで独自の魅力あるアジアの「いまここ」を体現したメディア文化が多く創り出されている。東アジアを席捲している韓国の映画やドラマをはじめとして[6]、他の東アジアのメディア文化を視聴することで、多くの人々が近さと遠さの混在した親密感やなつかしさ、見覚えのある違いと見慣れぬ同質性を体感し、自らの過去と現在の生の営みを自省的に見つめ直すよう促されている。「ひとつの国で失われつつあった感情と夢を、ほかの国の文化が引き出して、また触る。そしてその気持ちを蘇らせる。これこそ、文化の多様性がもつ美しい力だ」という、朝鮮日報記者のチェ氏の言葉は的を射ている。[7] 私が一九九七年に東京で行なった香港メディア文化の視聴者のインタビューと二〇〇五年に東京と大阪で行なった韓国ドラマの視聴者のインタビューでも、メディア文化に映るアジアの隣人の姿をとおして、自らのなかであるいは日本社会で失われつつある活力や大切な感情や夢にあらためてふれて元気づけられたり、さらにはその蘇らせられた気持ちが現在とは異なる自分のありようの模索へと結びついたりしている人が多かった。また、メディア消費のレベルにとどまらず、多くの人はそれをきっかけに言語を習うとか、現地にいって実際に社会や人々と交わるといった日常の実践にもつなげている。いずれの場合も、東アジアのメディア文化にふれることが、自らを鼓舞し、そして変革していく契機となっている。[8] さらにそれは、自らが住まう社会への批判的距離感を生むことにもつながる。たとえば、日本の近代化や現在の社会のありかたが自省的に捉え返され、ほかのアジア社会を遅れたものとみなす言説に疑念をもつようになったり、これをきっかけに日本のアジア地域における帝国主義と植民地主義の歴史について学ぼうとする視聴者も多く存在する。日本では歴史的に地理的・文化的にアジアに属することを認めながらも、日本が「アジア」とは一線を画する優越な地位にあるという認識が構築されてきた。こうしたアジア認識は「つながるアジア」によって揺るがされている。日本が他のアジア地域の人々と同じ発展的時間帯を生きているということ、つまり、同時代を生きる隣人として近代化と都市化、そしてグローバル化のしぶきを浴びながらそれぞれの文脈で似ているが異なる体験をしていることを、人々に「実感」させて自らの社会の近代のありかたやアジア観を批判的に見直す契機にもなっているのである。

多国籍企業と市場によるマスカルチャー・ネットワーク

これらが示すのは、メディア文化が越境対話の契機をもたらしていることである。ここでいう対話とは、直接会って話をすることではない。しかし、他の国や地域で制作されたメディア文化に接することで、自分が抱いていた他の東アジアの社会と文化への偏見に気づいたり、日本の植民地主義の歴史について学び直したりするなど、私たちがそれまであたりまえと思っていた自己の生や自らが住まう社会のありかた、そして、自己と他者の関係性について省察する機会を日常的にもたらしている。このような越境対話の実践は、グローバル化の時代において国境を越えて取り組むべき問題を東アジアで共有し、それについての議論を相互に深めることを可能にするような対話的な公共空間の形成に結びつくものである。しかし、同時に気づかされるのは、越境対話の契機は常に退行的な他者排除の情動とも隣り合わせにあるということだ。そして、そのような情動はグローバル化のなかで構造化されるようになっている。越境対話のさらなる進展を真剣に考えるのならば、おもに市場原理によって推進されているメディア文化の交流がはたしてどのように、国境を越えた対話の促進に寄与するのかを批判的に吟味する必要がある。東アジア域内で活発になっているメディア文化の交通は、歴史的な権力関係が深く刻み込まれた既存の社会的・地政学的文脈と無縁ではありえないし、世界各地で不平等に経験されているグローバル化の過程と密接に関連しているからである。

世界のメディア文化の生産・流通構造はアメリカ一国に集中したものから脱中心化される一方で、非西洋を含めた世界の大都市に拠点を置く（多国籍）メディア企業の連繫を主体としたものへと再編されている。産業と資本の国境を越えた提携と協力が押し進められることで、グローバル、リージョナル、ナショナル、ローカルとさまざまなレベルの市場を同時におさめる柔軟で広汎なネットワークが誕生し、そのなかで東アジアのメディア産業もグローバル・プレーヤーの仲間入りをしているのである。ポケモン（ワーナー）や宮崎アニメ（ディズニー）もアメリカを筆頭とする欧米の配給力なくしては世界各地で公開されえなかっただろう。[9] 他方、ハリウッドもより国際市場を意識して、東アジアの伝統文化、ストーリー、監督、俳優を積極的に発掘・採用した制作やリメイクをしている。さらには、非西洋地域の国産映画のシェアが高まるなかで、ハリウッドは世界各地のローカル映画の制作自体にも深くかかわるようにもなっている。メディア文化の生産・流通・マーケティング過程が国境を越えたものとなるなかで、グローバル・メディア複合企業は著作権と流通網を寡占化するとともに、より廉価な労働力や制作コストを求めて国際文化労働分業を推進している。[10] そのなかで、日本、韓国、香港、台湾といった国や地域の大都市に本拠を置くメディア文化産業はいわばサブセンターとして機能するとともに、地域内での協働と連携を深めることで、東アジア域内での序列化と国境を越えた労働分業を推進している。日本のアニメ産業はその下請けを東アジアの廉価な労働力に委ねてきたが、その労働環境はさらに厳しいものとなっている。[11] メディア文化生産におけるピラミッド構造が東アジア地域内で国境を越えて強化されているのである。

　また、東アジアがメディア文化の共有を土台にした、いわば文化公共圏[12]として立ち上がっているとしても、そこでは市場化の力学によって新たな包摂と排除が行なわれている。すでに述べたように、メディア文化の消費をとおした「馴染みのある」差異の認識は必ずしも同時間性の共有感をもたらすとは限らない。むしろ、対照的な時間差感覚を喚起して、「（少し）遅れた＝劣ったアジア」があらたに想像される契機ともなりうる。さらには、東アジアにおける国境を蔑《ないがし》ろにするメディア文化の相互受容を促進している主体も、一握りの先進国に本拠を置く多国籍企業やメディア企業であることは、あらためて強調されるべきである。東アジアをはじめとした非西洋地域におけるメディア文化の制作能力の向上や地域内のメディア文化交通の活性化は、アメリカや西洋先進国のメディア・消費文化が世界を支配し画一化させるという見方に疑問を投げかけているが、これは世界のメディア文化交通において不均衡な関係性がなくなったことを意味しない。むしろ、東アジアのメディア文化の台頭が示しているのは、グローバル化の進展は厳然と区切られた国や文化の枠組みや境界線を越えたメディア文化の混成や流通をより活性化させて、文化の起源や絶対的な文化的覇権を特定の国（アメリカ）に見出すことを困難にしている一方、まさにそのなかで世界各地のメディア文化産業の連繫が活発となり、多様な文化の生産と消費が市場の論理に則って推進されていることである。メディア文化のつなぐ力という構築的な側面は、支配、排除、否認、無関心と常に隣りあわせにある。メディア文化がもたらしているつながりは香港、台北、ソウル、東京、シンガポール、バンコク、上海といった東アジア先進国の大都市に拠点を置くメディア産業間、そして、そこに住まう比較的裕福な若者（テレビドラマ消費に関しては特に女性）のあいだのものである。そこからは、あまりに多くの国・地域・人々・文化が——同じ国のなかにおいても——排除されている。東アジアのメディア文化産業の連繫によって、いわば「マスカルチャー・ネットワーク」が緩やかながらも確立するなか、地域内での流通・消費が促されているものの多くは一部の東アジアの国や地域のマスメディアが制作する主流のメディア文化となっている。それらは商業的・イデオロギー的にそれぞれの国において支配的な価値観やものの見方を表象しており、ジェンダー、セクシュアリティ、エスニシティ、階級、移民といった観点から社会の周縁的な位置に置かれる人々の声、社会の支配的な価値観に対抗的な表現はマスカルチャー・ネットワークにはいまだ、あまり含まれていない[13]。

自省をこめていえば、東アジアの越境メディア文化がどのように人々によって建設的に受容されているのかという視点に焦点をあてすぎてしまうことで、これまでの研究ではメディア文化の表象の政治への視点にあまり目が向けられていなかった。東アジアのメディア文化のつながりを分析するときに、相互に奨励され消費されているメディア文化がジェンダーや階級といった社会関係をどのように表象しているのかという視点が欠落しがちなのである。しかし、東アジアにおける対話の促進を考えるならば、市場の論理に則って、先進国の主流文化のあいだの越境流動が徐々に制度化されるなかで、はたしてそれぞれの社会で周縁化される差異や多様な市民の声がどのように含まれているのか、あるいはいないのかについてのより精緻な検証が求められる。

ブランド・ナショナリズムとグローバル文化邂逅

市場化の論理が推進する東アジアの包摂と排除は、ブランド・ナショナリズムと〈国・際〉文化主義と協働することであらたなかたちでネーションの排他的な境界を強化している。グローバル化はネーションというシンボリックな境界線や帰属意識を根本的に揺るがすのではなく、グローバル化の文脈のなかにネーションを再配置し、新たな意義を付与して、いっそうその規定力を強化させるように作用するのである[14]。

ここ数年、海外で好意的に受容されている日本のメディア文化の発信をさらに強化することを目指した、ソフトパワーや文化外交といった議論が盛んになった。ソフトパワーのある国が文化的な魅力によって他国を惹きつけて、自らの望む結果を国際政治において得る国家戦略であり、もともとは冷戦終結後の世界におけるアメリカが唯一の世界的な文化輸出能力を有することを反映した国際戦略論であった[15]。しかし、二一世紀にはいると、非西洋地域を含めた多くの国々でメディア文化市場の拡大と制作能力の向上し、文化がますます商品化されるなかで、文化を資源として国のイメージを向上させ、政治的、経済的な国益を上げることの重要性が政府によって認識され、推進されるようになった。経済構造がより情報・コンテンツ産業に重点を置くものへと移行し、国際政治の場においてメディア発信をとおしたイメージ戦略の重要性が広く認識されるようになるなかで、政治経済的な国益の増進のために実利的かつ便宜的にメディア文化を利用して、国際的に魅力ある国家ブランド・イメージの構築に専心する「ブランド・ナショナリズム」が世界各地で台頭しているのである。

日本においても、魅力ある「クール・ジャパン」の文化を発信することで、「日本」ブランドの好感度を世界各地で高め、それによりツーリズムやコンテンツ産業などにおける経済利益のみならず、国際関係や外交を円滑化することが期待されている。国家のこうした文化政策が効果的に国のイメージを上げることに結びつくかどうかについては疑問が大きく、より精緻な検証をしなければならない。しかし、ブランド・ナショナリズムに関するより根源的な問題は、国際競争のなかで政治経済的な国益を増進するためにきわめて実利的なかたちでメディア文化を管理、利用しようという議論が高まることで、グローバル化のなかでより緊要となっているメディアや文化をめぐる国対国の議論に蓋がされてしまうことである。メディア文化を国益のために利用するという議論では、不均衡をたえず（再）生産しながら地球上を連結するグローバル化の問題や、そうした議論が社会で周縁化された人々への視点をいっそう後退させてしまっていることには目が向けられていない。クリエイティヴ産業やコンテンツ産業のような国内の文化産業奨励に向けた政策論議は、資本と企業の経済活動のグローバル化のなかで新たに国境を越えて構造化されている（多国籍）企業による公共空間の市場化、著作権寡占、労働搾取の問題に取り組もうとはしていない。むしろ、グローバル資本を国内に取り込むための政策や規制緩和を行なうことで、企業による文化の所有と管理を結果的に助長してしまっている。

ブランド・ナショナリズムは、文化を所有する主体たる国民をあらためて立ち上げることで、排他的な国民＝文化の想像力を社会においてあらためて浸透させてもいる。それは「ナショナル」な枠組みと想像力を強化させるかたちで国境を越えたメディア文化の流通と消費を促す力学と密接に相互作用している。メディア文化の越境流動がますます活発となる過程においても、ネーションをグローバルな文化邂逅の単位として認識させる〈国・際〉主義が高まっているのである。グローバル化は世界各地の文化差異を消しさるのではなく、むしろ尊重しながら「奇妙な形」で均質化を促している。[16] グローバル化が促すメディア文化の多様性は、消費者の多様な嗜好に適合するためにローカル市場の細やかなマーケティング戦略のなかで展開されている。アメリカを中心に発展した多くのメディア文化の文法が世界的に普及したことで、グローバル文化システムの基軸とでも呼べる、さまざまな差異が調整されうる一連の文化フォーマットが各地で共有されるようになった。それを土台にして、語りの内容やテーマ、状況設定が世界各地のローカル＝ナショナルな波長に適合されながら「オリジナル」なメディア文化が制作されている。世界各地でローカル版が制作されるテレビ・フォーマット・ビジネスの隆盛や、「グローカル」という概念がグローバル市場とローカル市場の双方を同時に見据えた多国籍企業の世界ブランド戦略に取り入れられていることにもそれは見て取れる。[17] 標準化を通して世界は多様化し、多様化を通して世界は標準化している。

このグローカル化の過程において、ナショナルな市場はもっとも有効なローカルの単位として機能するようになっている。共通の文化フォーマットを通してナショナルな文化の「固有性」が表現されるとともに、いわば、「ナショナル」という枠組み自体がグローバル・マスカルチャーのフォーマットとして世界各地に伝播し、消費されているのである。ネーションを単位として、グローカル化は「グローバル・スクリーン」と呼べるナショナルな枠組みが標準化された差異を互いに楽しく競い合い、展示し合い、そして比較評価し合うことを可能とする文化の邂逅の場をとおして促進されている。[18] ユネスコなどの国際機関による文化の多様性の承認をはじめとして、映画祭、スポーツ・イベント、展示会、テレビ販売見本市、ツーリズムなど、ナショナルな文化を相互に陳列、競争、評価する場がこの二〇年のあいだに飛躍的に増加し、文化をナショナルな枠のなかで理解する言説作用が強化された。これらはブランド・ナショナリズムのショーケースの場として重要であるが、直接的に、あるいはメディアをとおしてそうしたイベントへの参加を享受することで、ネーションがグローバルな文化邂逅の共通単位であることが多くの人たちのあいだで広く深く浸透してもいる。ビリッグがいうように、「ナショナル」な意識の浸透の懐の深さは、街なかの国旗などそれがさりげなく飾られていたり、ナショナルを象徴する儀礼や実践が日常において人々によって無意識に演じられたりする「バナル」さ(banal 陳腐なさま、ありきたりなさま)にある。[19] それはおもに教育の場や地域コミュニティ、家庭における日々の実践のなかで深く刻み込まれるが、現在では、グローバル文化イベントにおける相互的な国・際の眼差しによって、「ナショナル」という枠組みとそれへの帰属をいっそう自明なものとして意識させる、「ありきたりなインター・ナショナリズム」が高まっているのである。

国・際をとおした再ナショナル化

ブランド・ナショナリズムと国・際文化主義は市場化が押し進めるグローバル化と再ナショナル化の結託をもたらしている。グローバル・マスカルチャーのフォーマットを土台とした国・際的な邂逅における相互の眼差しによって文化がいわばナショナルなブランドとして流通促進され享受されるとき、実質的な文化の中身への関心や理解とは別に、ナショナルという枠組みへの帰属が意識させられるかたちで再国民化・本質化が促されている。「国民文化」が相互に認識されるにあたっては、しばしば国際社会で流通しているステレオタイプ的な国の伝統・価値観・美意識のイメージが言及される。「サムライ」や「すし」が日本を代表するイメージとして皮相的に言及されたり用いられたりするように、「固有」とされる伝統の実質については深く問われることなく、日本人がいわば「文化DNA」を保有するかのように、国民文化とその所有者たる「日本人」の関係性が本質的かつ排他的に了解されてしまう。そもそも「日本文化」とは何か、「日本人」とは誰を指すのかという問いは棚上げにされ、ナショナルな空間が、多様な差異が不均衡かつ重層的に存在し、交錯し、相互の交渉が不断に行なわれる場であるという見方は後退する。文化のグローバル化の議論ではローカルという意味構築の場におけるトランスナショナルな文化交通との交渉をとおした多様化の過程に目が向けられてきたが、「ありきたりなインター・ナショナリズム」はローカルにおける意味交渉のダイナミクスを本質主義的な文化概念の枠の中に閉じ込めるような作用をしている。ローカル＝ナショナルな場を単位とするグローバル文化邂逅をとおして、連続した伝統をもつ、有機的に統一された国民文化という概念があらためて立ち上がっているのである。

この点は商品化されたメディア文化が国益にとって重要な位置を占めるようになるなかで国家間のブランド競争が激しくなり国民文化の序列や所有をめぐる諍《いさか》いが顕在化していることにも見られる。たとえば、中国で制作されたメディア文化は日本や韓国のものと比べるとさほど越境受容されていないし、さらには、中国は「海賊版」製作をとおして日本の利益を損なっているとか、程度の低い「パクリ」商品を生産し続けているという表象がメディアなどで繰り返されている。それらは中国の民主化の程度の低さ、文化力の貧弱さ、そして国際的な著作権を無視する野蛮な国家＝「劣った他者」というイメージと結びついており、いわば「コピーライト・オリエンタリズム」が構築されている。また、国境を越えるメディア文化の展開はマレーシアとインドネシアのあいだで起きたバリの伝統舞踊文化の所有と帰属をめぐる論争や、日本や中国における韓国の歴史ドラマに対する「歴史を歪めて表象している」とする批判などを表面化させている。いまだ衰えを見せない韓流の勢いに押されて規制に乗り出す政府も出てきている。昨年、中国は海外の映画やドラマのゴールデンタイムにおける放送禁止を打ち出したが、そのおもな対象は韓国ドラマだ。また、台湾当局も一昨年に自国のドラマ専門テレビ局に対して韓国ドラマの放送自制を要請した。これらの規制はかつての文化帝国主義の議論を思い起こさせるが、それは西洋対非西洋という枠組みではなく東アジア内のメディア文化の流通においても論じられるようになっている。しかし、かつての文化帝国主義の議論では、欧米の中心から他の周縁に向かう一方的な文化支配により世界が一元化されることが指摘されたが、韓流をめぐる規制の議論ではむしろ国内のメディア産業を保護奨励することが第一の目的である。このことは前述のナショナル・ブランディングにおいていかにメディア文化産業が重要な役割を占めるようになっているかを示している。アメリカ文化の流通がすなわち世界を画一化させ、支配するという見方はもはや問題とされていないが、文化帝国主義の議論の前提とされた「国民文化」の定義は根本的に共有されている。つまり、固有の土地や国民と排他的に結びつけられた、明瞭に区切られた境界をもつ有機的で自己完結した国民文化を保護奨励するという発想である。文化帝国主義を批判する議論ではそれは守るべきものと捉えられるが、ブランド・ナショナリズムの議論ではそれを再評価して世界に送り出して、他国文化と競争することが強調されている。

日本においてもフジテレビが韓国ドラマを放送しすぎていることに反発するデモが行なわれるなど、韓国のメディア文化の流入規制を訴える声は高まっている。フジテレビへの抗議デモに参加した人たちからは、公共財であるメディア空間を国民に取り戻せという声が上がっていた。これは確かに重要な問題であるが、国内に存在する文化的多様性を考えれば、誰のためにどういう文化を保護奨励するのかは決して自明ではない。そもそも国民とは誰を指しているのか、どのような人たちの声や関心を表現するメディア文化を保護奨励するのか、どのような文化的創造力が育成され共有されるべきなのか。これらの問題については既存の均質な国民という前提や市場の論理に基づく文化奨励策を超えた議論を深めていくことが求められ、それは韓流の規制の問題とは必ずしも重ならない。むしろ、韓流規制の議論は韓国への政治的な反感がその土台となっている。グローバル化が押し進める国境を越えたメディア文化の流動とつながりは、国民文化の枠組みを強化するだけでなく相互の反感や排外的なナショナリズムの高まりをもたらしている。それはマスメディアによる表象にとどまらず、むしろインターネットをとおして情動の負の連鎖が国境を越えて促されている。日本でも、この一〇年のあいだに発展した日韓の文化交流は「嫌韓」の言説がネットやそれと連関した書籍において展開されるなど、韓流の台頭は韓国への反発を呼び起こしてもきた[20]。より最近では領土問題をめぐるナショナリズムの高まりが韓流規制の言動を活発にしており、民放の衛星テレビ局もなかば自粛するかたちで韓国のドラマの放映を控えたり減らしたりしている。二〇一二年のＮＨＫの紅白歌合戦から韓国のアイドル・グループがすべて消えたことも偶然ではないだろう。しかし、実際に展開されているのは韓国のメディア文化の内容に対する批判ではなく、韓国という国で制作された文化が日本に多く流入していることへの不快感の表明である。「嫌韓流」の内容も基本的には韓国のメディア文化についてではなく、歴史認識や領土問題をめぐる韓国に反対する情動的な批判である。

村上春樹氏は領土問題をめぐって日韓や日中の関係が悪化するのをみかねて排外的ナショナリズムという安酒の悪酔いが国境を越える文化交流をせき止めてはならないと警鐘をならした。しかし、安酒の悪酔いを煽動するのは一部の政治家やメディアの言説だけではない。より根源的には、「嫌韓」は社会における人々のいら立ちが表出されており、韓国メディア文化流入の問題とは直接的には関係していないことを示す調査もあるように、市場中心のグローバル化の進展が人々の格差を拡大し不満や不安を高めていることが安酒に酔いしれる欲望の原動力となっている。冷戦後の一九九〇年代以降、多国籍企業を主体とする市場経済の地球規模の浸透がさらに加速化するなか、市場の自由化が推進されるかわりに国民全体の福祉を手当てする政策はますます後退し、格差の拡大と雇用の不安定さを助長している。地球全体を包み込む高度に複雑化した連結と変化のスピードはその全容の把握を不可能にしながら、国家の枠組みでは制御したり解決したりできないさまざまな問題を引き起こし、多くの人々に社会的・経済的な不安を強く感じさせてもいる。多くの人が確固たる方途も見通しも見据えることができないまま強い不安を抱きながら生きていくなか、問題の核心ではなく「外部」からの脅威が過度にわかりやすや強調されてナショナルな共同体への郷愁が反動的なかたちで喚起されている。ハージがいうように、国家から希望を与えられずに、置き去りにされたと感じる人々のなかに、外部からの脅威を過度に防御的に懸念する「パラノイド・ナショナリズム」が高まっている。[21] 最近の中国と韓国との領土をめぐる論争が示すように、「いまここ」での不安、いらだち、焦燥感によって溜め込まれた負のエネルギーはわかりやすい敵を見つけることで一時的に掃き出される。反米感情が文化帝国主義の議論を押し進めたように、日本での韓流規制をめぐる言動も排外的なナショナリズムの感情に突き動かされて国の徴《しるし》をまとわされたメディア文化がその格好の攻撃の対象となっている。

越境するメディア文化と国内の文化的多様性

わかりやすい敵は外部にだけでなく国家の内部でも確認される。グローバル化が進展するなか、先住民や移民／外国人など異質な他者を排除・管理する「共同体」の暴力性が世界各地であらためて切迫した問題として立ち現われている。本稿の主題である国境を越えるメディア文化との関連でいえば、文化に国の徴《しるし》を付した国・際的な邂逅が推し進められてナショナルな情動が高まるなかで、国境内に存在する多様な文化や出自をもつ市民を社会の正当な構成員として認める、多文化政治の取り組みはなおざりにされてしまいがちである。[22] たとえば、ブランド・ナショナリズムが推進される一方で、国内の市民構成が多元化するなかで周縁化されている人々を国民の一員として正当に認識して、多様な市民の声をきちんと反映させるような包含的な社会のありかたを目指すという文化政策の大きな目的も、国のイメージ改善への関心によって凌駕されてしまっている。このことを如実に示したのが、二〇〇九年二月に拡充強化された「国際放送」に関する議論である。そもそも、多様な出自、文化背景、言語環境をもつ市民の存在を反映した放送サービスの整備が、日本に住む外国籍の市民によって当時の小泉首相に要望されたにもかかわらず、その問題はその後の閣議において日本から世界への情報発信を強化するための英語による国際放送の拡充の必要へと転嫁されてしまった。国内の多様性を反映した放送サービスの確立というメディアをめぐる重要な公共性の問題よりも、国際放送の強化をとおして世界における日本のイメージアップを実現して国益を高めることに優先順位がつけられただけでなく、そうした議論そのものが立ち消えとなってしまったのである。

また、東アジアのメディア文化の交流が盛んになるなか、それぞれの社会における「内なるアジア」への理解や承認も国・際主義の枠組みのなかで了解され、奨励され、享受されてしまいがちであることは注意すべきである。つまり、移民やディアスポラと呼ばれる人々の「母国」の文化が現在住んでいる国において受容されるとき、エスニック・マイノリティとしての彼/彼女たちの存在は同じ社会の構成員としての市民に対する差異の承認ではなく、国と国とのあいだの関係のなかに置き換えられて理解されてしまうのである。たとえば、『マンガ　嫌韓流』では韓国の歴史認識の批判は日本に居住する在日コリアンの男性をとおして表象された。在日コリアンの男性が韓国の歴史観を代弁する主体として名指され、きわめてデフォルメされたかたちで日本がすべて悪いという「誤った」歴史認識をただ感情的に表明するさまが描かれ、そのうえで冷静で客観的な日本の若者たちによってその虚実が暴露されるという表象がなされている。あるいは日韓のあいだのメディア文化の交流の進展は、日本の植民地主義の歴史的連繫のなかで日本社会のなかで差別されつづけてきた在日コリアンの人々の社会における承認とどのように連関しているのか。[23]「冬のソナタ」をはじめとする韓国メディア文化の好意的受容は、日韓両国の関係を飛躍的に向上させた。多くの世論調査でも明らかなように、相互のイメージは大きく改善している。韓国のイメージが向上することにともない、在日コリアンの人々のイメージも日本において向上し、少なからぬ人々が勇気づけられている。日本で朝鮮半島に絆をもつ人間として生きていく自信をもつ人や両国の橋渡しとして積極的な役割を担おうとする人も多い。さらには、在日韓国人を主人公にしたドラマが日本でもプライムタイムに放映されるなど、[24]韓流の影響で日本のマスメディアもそうした人々の存在をこれまで以上に取り上げるようになっている。しかし、植民地主義の歴史やいまだにつづく在日コリアンに対しての差別をめぐる彼／彼女たちの憤りや葛藤についてどれほど真摯に目を向けられるようになったのだろうか。

植民地支配の苦難を背負って日本に移り住み、朝鮮半島と日本のはざまで生まれ育った在日コリアンの人々の複雑な経験への理解は、現在の日韓の国際関係の改善という枠組みのなかに埋没させられてもいる。前述のテレビドラマでも、国籍が違う、パスポートが違う、選挙権がない、結婚に障碍があるといった、日本社会に現存する差異や差別に目を向けさせる一方、在日コリアンの存在は韓国という国をとおして認識され、「日本に住む韓国籍の人」というかたちで理解されていた。日本にも韓国にも完全に同一化できない多くの在日の人々の複雑な経験はそこでは日韓の枠組みのなかで単純化され、そうした人々の生を周縁化するかたちで強く規定し続けている差別の歴史に目が向けられたり、その根底にある日本の均質性の神話そのものを根本的に揺るがしたりすることには必ずしもつながっていない。むしろ、在日コリアンの人々が被ってきた植民地主義の歴史に刻印された苦難や差別、アイデンティティの葛藤を十全に理解しようとせずに、「韓国籍／韓国系」という、あらたに分類された消費可能なエスニシティの箍《たが》のなかに閉じ込めるかたちでその差異が承認されてしまう。[25]メディア文化の交流が進展するなかで、歴史的な認識を欠いたまま、在日コリアンの人たちの存在や彼／彼女たちが抱える問題を現在の韓国の社会や文化のレンズをとおして理解させるような、国・際主義の力学が作動しているのである。

境界を越えるというのは矛盾をはらんでいる。「越境する」という言い方には、そもそも越えるべき境界の存在が前提とされているからだ。しかし、その境界は所与として存在するものではなく、社会のなかで構築・再生産・変容されるものである。この点を見失うと、越境という行為は既存の境界をいっそう固定化することに加担してしまう。東アジアにおけるメディア文化の越境というと、国境を越えた外部たる東アジアとの関係を思い起こしがちとなるが、越境の視座はそれだけに限定されるべきではない。メディア文化の越境について考えるさいには、単に現存する国境を越える文化移動についての分析にとどまらず、メディア文化が構築してきた境界そのものを批判的に捉え直すことが求められる。私たちが無意識のうちにあたりまえと思ってしまっている、メディア文化を国という枠組みのなかで捉えること自体を根本的に再考しなければならない。その意味で、「東アジア」におけるメディア文化の越境を考えるとき、その射程は、たとえば日本と韓国といった国民国家のあいだに引かれた境界にとどまらない。それは、必然的に日本の社会の内部にも引かれている境界にも同時に目を向けることとなる。両者は相互に関連しており、国という枠組みのなかでメディア文化が構築してきた境界を乗り越えるには、両者を同時に批判的に検証することが求められる。グローバル文化邂逅が国・際の枠組みによって理解され推進されることでトランスナショナル（国境を越えて作動するメディア文化とそこで作動する文化権力の力学）とマルチカルチュラル（国境内部における文化多様性をめぐる包摂と排除の力学）への視点がどのように蔑《ないがし》ろにされ、そして両者がどのように国境の強化に加担しているのかに目を配る必要がある。

学びの過程としての越境

メディア文化の越境流動は国家間の政治交渉ではとても成し遂げられないような新しい関係や交流を育んでいる。それは他者への新たな理解を深め、自己との関係を批判的に見直す契機をもたらすような越境対話を促している。しかし、メディア文化をとおした越境的な邂逅や対話は既存の国境の排他性をさらに強化するかたちでますます奨励され管理されるようになっている。その様態を精緻に検証することは研究者の重要な役目である。しかし、それとともに、その分析を土台にしてどのように具体的に境界を越えることができるのかについてもわたしたちは真剣に考えなければならない。メディア文化をとおしてどのような越境のあり方を模索すべきなのか。グローバル化のなかで促進されている安酒の酔狂にどのように対処したらいいのか。これらの難問に対する安易な答えはない。しかし、逆に言えば、現在の状況は越境をめぐる諸種の問題の再考を私たちに促すとともに、越境するメディア文化をとおした対話をより逞しくするために何をすべきなのかをともに考える絶好の機会でもある。韓国のメディア文化を好んで受容している人たちのなかにも排外的ナショナリズムの渦に取り込まれて受容するのをやめた人もいるかもしれない。あるいは、政治的な関係がどうであれそれと関係なく韓国の文化が好きだとして、私的に韓国のメディア文化を楽しみ続ける人も多いだろう。また、日本のメディア文化を受容する中国や韓国の人たちが日本政府の歴史問題への取り組みには批判的なように、韓国のメディア文化は好きだけど領土問題については韓国がおかしいと思う人もいるだろう。しかし、その疑問の矛先を自国にも向けて越境対話を深めることとの必要を感じ取っている人も多い。この一〇年間に進展してきたメディア文化をとおした交流は韓国という国、社会、文化、そして人々を身近に感じさせ、多くのことを共有していることを実感させてきた。自分と同じように排外的な議論を疑問に思う多くの市民が国境を越えて存在しているという想像力が日常的な皮膚感覚として醸成されているはずだ。安酒がもたらす熱狂は今後も繰り返されるだろう。政治と文化は無関係だとして酔いがさめるのをじっと待つのも一つの策だが、さらに一歩進んで、越境対話を志向するサイレント・マジョリティの声を発することで排外的ナショナリズムを抑制していくことを目指す時期がきている。

越境対話をさらに推進するためのなんらかの意識的な営為が必要であるとすれば、それは昨今さかんに論じられている「文化外交」や「ソフトパワー」ではないだろう。戦後におけるアジア地域に向けた文化外交政策は少なくとも七〇年代の福田ドクトリン以来推進されてきたが、「カワイイ大使」三名が外務省に任命されたり、アイドル・グループの「嵐」が日本の観光大使に任命されるなど、メディア文化の発信をとおした海外でのより好意的な日本理解とブランド・イメージ向上を推進する重要性がますます注視されるようになっている。メディア文化の交流をとおしてアジア各国とのあいだの「不幸な歴史」を乗り越えることもその重要な目的とされるが、実際には歴史認識に関する対話の推進に真摯に取り組むことなく、イメージ外交によってその障碍を安易に越えようとしている姿勢が強く見られる。問題はメディア文化をとおして日本のイメージを高めるかどうかではなく、すでに始まっているメディア文化をとおした交流を発展させ、対話の回路をより太くできるのかどうかである。歴史がどのように文化交流に影を落としているのか、文化において記憶がどのように表象されているのか、あるいは抹殺されているのか。あるいはいまだに終わらぬ植民地主義の影を背負わされた現在の歴史主体がどのようにそこにかかわっているのか。こうした過去をあらためて正面から見直し、多様な主体のあいだで対話を深めていくことでしか、現在そして将来に向けた新たな関係は開けてこないだろう。

メディア文化をとおして育まれている越境対話をさらに活性化させるには、既存の国境の土台となっている文化コードを根源的に乗り越えていくことが必要不可欠である。この点については最近の文化シティズンシップの議論が示唆的である。理念としては平等が謳われていてもシティズンシップは実際の社会の構成員すべてに平等に付与されたことはない。実際には、女性、労働者階級、セクシュアリティ、エスニック・マイノリティ、移民といった周縁化された人々は恩恵から除外されてきたのであり、普遍性の主張は差異の正当な認識を伴ってはこなかった。それに対してアイデンティティ政治といわれる社会で周縁化される多様な主体による新しい社会運動が生まれて、抑圧的な国民の文化コードの異議申し立てが活発となり、社会内部の文化的な多様性を反映した権利の尊重と保障に向けてシティズンシップをあらためて考察する必要性を高めてきた。その範囲が国民国家と同一視され、国民という文化的に均質な構成員を前提にしたシティズンシップの議論は、社会の多元化が進んで「国民文化」に関しての合意が揺らぎ、人の越境移動の活発化や国境を越える関係性が進展するなかで、その限界が露わになっている。文化シティズンシップの議論は誰の文化的差異や声が社会において蔑《ないがし》ろにされているのかという問題を真剣に受け止めて、社会をより包含的なものへと変革していく実践的な取り組みである。[26]すべての市民が自らの差異を公共の場において正当に表明し、認識され、理解される権利を有することを保障するとともに、社会の、そして世界の一員としてほかのすべての構成員に対しても同等の権利を尊重し、相互の対話に積極的に取り組む意識を促す取り組みである。

市民としての実質的な包含と帰属の保障を目指す文化シティズンシップの議論は、マイノリティの文化的な権利を保障するような制度の確立を目指す議論にとどまらない。むしろ、その実現の前提となる根本的な文化コードの変革と対話の促進を目指した社会全体のコミュニケーション過程への介入が文化シティズンシップの根幹をなしている。スティーブンソンが言うように、市民としての社会への十全な参加を保障する文化シティズンシップが目指すのは、さまざまな声が沈黙させられ、均質な（国民、エスニック）文化という発想が支配的となっている状態を越えて、社会における対話を促していくことであるが、[27]そのためには、既存の制度的枠組みの前提となっている排他的な国民＝市民の定義、隔絶された自己と他者の関係性、閉じて固定化された文化の認識自体を批判的に変革していく必要がある。この意味で、文化シティズンシップとは社会全体で行なう構築的な学びの過程なのである。[28]互いに真摯に耳を傾けることは、既存の文化コードによる序列、分断、支配を越えて、互いの声を同じ社会に住まう自分に関連したこととして受け止めることを意味する。その目的は客体化された他者の理解ではなく、自己と他者のあいだの対話を遮断している不均衡な構造や他者の声に耳を傾ける必要がない特権について自省的となることであり、閉じたアイデンティティではなく相互に開かれた交流と対話の活性化を目指すことである。研究者・教育者が対話的な学びを育む文化シティズンシップの取り組みにおいて果たす役割は大きいが、その学びの場は教室にとどまらない。「当事者」をはじめとしてメディア関係者、文化表現者、市民運動家、NGO・NPO、政策立案者など多様な主体と連繫しながら対話的な学びを活性化する共通の場を多元的に設けていくことが重要である。社会全体での幅広い学びの過程のなかでメディア文化をとおした越境的なつながりの対話力を高めていくことが求められているのである。そして、グローバル化が進展するなかで、その射程は国の枠組みを越えたものとなっている。グローバル化が進む現代社会におけるさまざまな問題は、世界各地で共有されており、国境や地域によって明瞭に分離された社会空間のなかだけで解決できるものではなくなっている。それぞれの国民国家において周縁化されている社会的弱者をめぐるジェンダー・セクシュアリティ・エスニシティ・人種・階級・障害などの問題にもともに真摯に目を配り、国境を越えて協働して取り組んでいく必要がある。ローカル・ナショナル・グローバル、そして、過去・現在・未来の時空間軸を横断して見渡しながら、政治・経済・歴史・文化の領域をつなぎ合わせて、世界各地で共有される問題への取り組み方やより平等な関係性のあり方を批判的かつ創造的に考える意思と想像力の醸成に日常的に取り組む環境を作っていくことがいまこそ求められている。

境界を越えることへの希求は既存の境界のあり方を変革する意志を伴わなければならない。人々が自らの社会のあり方について深く理解し、そのなかでの自分の居場所や他者との関係を見直すための言語や文化コードを新たに獲得することは長い目で見れば社会的な制度の変革へと結びつく近道であり、そうした過程を経ることなく制度的変革に向けた新たな構想は社会において醸成しない。グローバル化の磁場に布置される「いまここ」に張り巡らされている対話を遮断する、いくつもの境界を乗り越えていくことを目指して、終わりなき学びの過程に真摯かつ地道に取り組むことで、国境を越えることへの希求は単なる浪漫を越えて地に足の着いた営為へと導かれる。

（1） R. Silverstone, "Media and communication in a globalized world," in C. Barnett, J. Robinson and G. Rose (eds), *A*

Demanding World, Milton Keynes: The Open University, 2006, pp. 55-103.

(2) 岩渕功一『トランスナショナル・ジャパン——アジアをつなぐポピュラー文化』、岩波書店、二〇〇一年。

(3) Daniel Miller, "The Young and the Restless in Trinidad: A case of the local and the global in mass consumption," in R. Silverstone and E. Hirsch (eds), *Consuming Technologies: Media and information in domestic spaces*, London: Routledge, 1992, pp. 163-182.

(4) John B. Thompson, *The Media and Modernity: A social theory of the media*, Polity Press, 1995.

(5) 岩渕『トランスナショナル・ジャパン』。

(6) 日本における韓流の分析については、毛利嘉孝編『日式韓流——「冬のソナタ」と日韓大衆文化の現在』、せりか書房、二〇〇四年。

(7) 「朝日新聞」、二〇〇四年五月一八日。

(8) 岩渕『トランスナショナル・ジャパン』、および『文化の対話——ソフト・パワーとブランド・ナショナリズムを越えて』、日本経済新聞出版社、二〇〇七年。

(9) Joseph Tobin (ed.), *Pikachu's Global Adventure: The Rise and Fall of Pokémon*, Durham: Duke University Press, 2004.

(10) Toby Miller, Nitin Govil, John McMurria, Richard Maxwell, Ting Wang, *Global Hollywood 2*, London: British Film Institute, 2005.

(11) Ae-ri Yoon, "In between the Values of the Global and the National: The Korean Animation Industry," in C. Berry, J. D. Mackintosh and N. Liscutin (eds), *Cultural Studies and Cultural Industries in Northeast Asia: What a Difference a Region Makes*, Hong Kong: Hong Kong University Press, 2009, pp. 103-115.

(12) Jim McGuigan, "The cultural public sphere," *European Journal of Cultural Studies*, 8 (4), 2005, pp. 427-443.

(13) 本稿では十分に論じることはできないが、こうした非主流の文化発信やそれをとおした越境的なつながりもインターネットなどデジタル・コミュニケーション技術の発展とともにさかんになっている。それをどのようにして発展させていくかは今後の大きな課題である。

(14) Ulf Hannerz, *Transnational Connections: Culture, People, Places*, London: Routledge, 1996.

(15) ジョセフ・ナイ『ソフト・パワー——21世紀国際政治を制する見えざる力』（山岡洋一訳）、日本経済新聞社、二〇〇四年。

（16）スチュアート・ホール「ローカルなものとグローバルなもの」、A・D・キング編『文化とグローバル化――現代社会とアイデンティティ表現』（山中弘、安藤充、保呂篤彦訳）、玉川大学出版、一九九九年。

（17）Roland Robertson, "Glocalization: Time-space and homogeneity-heterogeneity," in *Global Modernities*, edited by M. Featherstone *et al.*, Sage, 1995, pp. 25-44.

（18）John Urry, *Global Complexity*, Cambridge: Polity, 2003.

（19）Michael Billig, *Banal Nationalism*, London: Sage, 1995.

（20）N. Liscutin, "Surfing the Neo-Nationalist Wave: A Case Study of Manga Kenkanryu", in C. Berry, J. D. Mackintosh and N. Liscutin (eds), *Cultural Studies and Cultural Industries in Northeast Asia: What a Difference a Region Makes*, Hong Kong: Hong Kong University Press, 2009, pp. 171-193.

（21）Ghassan Hage, *Against Paranoid Nationalism*, London: The Merlin Press, 2003.

（22）この点は移民や国際結婚など人間の越境移動が加速化し、複数の社会に物理的・心情的に帰属する人が増えるなかでより切迫したものとなっている。日本国内に居住する外国籍の市民は八〇年代後半から倍増しているが、人の移動がもたらしている市民構成の変化が照らし出すメディアの公共性の問題に、日本のマスメディアは驚くほど無関心でありつづけている。

（23）岩渕『文化の対話』第四章参照。本稿では、日本の植民地支配時代に朝鮮半島から日本に移ってきた人、あるいは祖父母や父母を有する朝鮮籍、韓国籍、日本籍の人々すべてを含む呼称として「在日コリアン」を使用する。

（24）フジテレビ『東京湾景』。二〇〇四年七月から九月にかけて月曜九時から放映。

（25）メディア文化を通じた日韓の友好関係の進展は拉致問題や核問題などによる日朝の関係悪化とそれにともなう在日朝鮮人への強い差別行為と同時に起こってもいる。朝鮮半島に住む人々とその祖先、そしてそれらの人々や文化とさまざまな関わりをもって生きる在日コリアンが共有する日本の植民地化の歴史経験が分割され、そして忘却されている。

（26）Nick Stevenson, *Cultural Citizenship: Cosmopolitan question*, Berkshire: Open University Press, 2003.

（27）Ibid.

（28）G. Delanty, "Citizenship as a learning process. Disciplinary citizenship versus cultural citizenship", *Eurozine*, 2007. Available from: http://eurozine.com.pdf/2007-06-30-delanty-en.pdf

グローバルでもナショナルでもなく――領土・権威・諸権利の新たな集合体《アセンブリッジ》(1)

サスキア・サッセン（愛甲雄一訳(訳註i)）

イントロダクション――分析領域を描く

重要だが往々にして見落とされている現代の特徴のひとつに、国家の制度的な枠組みに縛られていた領土・権威・諸権利（TAR: Territory, Authority, Rights）の一部がそこから逃れはじめ、部分的でありかつしばしば極度に分野限定的で、しかもグローバルな性格をもつそれらの集合体《アセンブリッジ》(訳註ii)がさまざまな分野で急増している、という点をあげることができる。(2)こうした集合体《アセンブリッジ》はもはやナショナル対グローバルという二分法のなかには留まっておらず、国家の制度的・領土的な枠のなかに存在し続けてはいるものの、歴史的につくられてきたナショナルなものの一部ではすでになくなっている。それらは、脱ナショナル化というプロセス――これは「新しい」グローバルな仕組み《アレンジメント》の形成につながるかもしれないし、そうではないかもしれない――を通じて、ナショナルなものから退去しているのである。(訳註iii)

こうした集合体《アセンブリッジ》の種類は著しく多様である。一方では、たとえば建設法（*Lex constructionis*）のように、しばしばきわめて限定的な民間の枠組みが存在している。これは世界の主要エンジニアリング企業が発達させてきた私「法」であるが、こうした企業がその「法」を形成することに取り組もうとしたねらいは、ますます多くの国――そのほとんどの国でこれらの企業は建設事業に携わっている――で実施されつつある環境基準の強化に対し、共通の対処法を確立することにあった。(3) そしてその対極には、たとえば史上初のグローバルな公法廷である国際刑事裁判所（ICC）のような、ずっと複雑（で実験的）な存在がある。この法廷は確立された超国家システムの一部ではなく、調印国に対して普遍的な司法権限を有している。(4) またこうした集合体《アセンブリッジ》が多様だという事実のほかに、ますます見逃せない事実として、その数をあげることができる。(5) 最近のもっとも信頼できる統計によれば、それは一二五を超えているのだ。この増殖ぶりはナショナルな国家の終焉を意味しているわけではないが、ナショナルなものの解体をまさに促し始めているのである。

本稿の中心となる議論は以下の通りである。現時点では、こうした集合体《アセンブリッジ》は概して形成の初期段階にあるにすぎない。しかし、正義や秩序への対処に目的がおかれた制度的な仕組み《アレンジメント》のなかであいかわらず優越的地位を占めているもの——すなわち国民国家と超国家システム——に対し、それらはおそらく根本的な揺らぎをもたらしている。かつてはナショナルなもの、もしくは超国家的なもので満ちていた領域のなかで、〔TARの構成要素がこぼれ落ちていくといった〕はっきりとした差異化《ディファレンシエーション》がいまや進行しているのである。そのひとつの帰結として、以前は空間的・時間的・規範的に一元的な枠組みを形成することが支配的な論理であったところで、〔新しい〕時間的・空間的な枠組みと規範秩序が劇的に増加する、ということが可能になっている。こうした力学を理解するさいに役立つ総合的なイメージは、分野限定的な集合体《アセンブリッジ》が国民国家へと求心的に接合されることから離脱していき、しかもそれらが明瞭な中心をもたないままに増殖していく、というものであろう。この増殖ぶりはひるがえって、規範構造に対するある種の単純化をもたらすことも可能にしている。なぜなら、こうした集合体《アセンブリッジ》は、特定の功利性（utilities）や目的を中心にした部分的でしばしば極度に限定されている分野において形成されるものだからである。これら特定の功利性や目的という誘引力《ヴァレンス》には、正義の追求（ICCがその例である）から狭小な自己利益〔への関心〕（建設法がその例である）まで、さまざまなものがあり得る。

こうした新しい集合体《アセンブリッジ》を際立たせているのは、それらが今日でもまだ支配的地位を占めている規範秩序の枠〔国民国家〕を無効化することができ、またそこから離脱することさえ可能にしている、という点にある。くわえて、それ以上とは言わないまでも同程度には重要な事柄として、個々の集合体《アセンブリッジ》は内部に特定の「規範」秩序――それは単なる功利性の論理へと簡単にすり替わってしまうのだが――を構成し得る、という点を指摘できよう。集合体《アセンブリッジ》はしばしばきわめて分野限定的であったり、また独自色が強かったりするだけでなく、その内部にはさほどの差異《ディファレンシエーション》を含んでいない。よってそれを原因として、規範秩序がやや単純化された功利主義的なものへと還元されてしまうということがますます起こることになるのだ。こうしたことは、私たちの地球規模の政治システム（geopolity）上ではまださほどめだつプロセスではない。しかしこれは、そこにある既存の公的な構造が至るところで崩壊に向かっていく、その始まりを意味しているのかもしれない。この変化は、国民国家という規範上の枠組みからさまざまな断片――TARの諸要素を含む――をいったん引きあげたうえで、それらの構成上のならび方をもう一度整理し直すプロセスでもあるのだ。強力な国家理性（raison d'etat）をあわせもつ十分に機能している国家でさえも、こうした集合体《アセンブリッジ》のおのおのがもつ個別化された規範に対して、またそれらがより狭小な功利主義の論理へとあっさり転移していくことに対して、完全には抵抗することができなくなっている。

功利主義の論理へと転移していくことは、必ずしも悪いことではない。人権だけをひたむきに追求する場合、私たちは多くの肯定的な結果を目にし得るはずだ。しかし、同様のひたむきさで〔私的〕利益の追求や国家における厚生関数の軽視が行なわれる場合、それは厄介な事態を生む。要するに、より低次のレベルで規範的な枠組みが増加するというこうしたプロセスのなかには、さまざまな誘引力《マルチヴァレンス》〔特定の功利性や目的〕が存在するのである。とはいえ、善きにつけ悪しきにつけ、ナショナルな性格をもつ規範上の枠組みが無効化されるというのはひとつの変化にほかならない。それは、より大きな規範上の課題がしばしば複雑に絡み合う事態に私たちはどう対処すべきなのかという問題にとって、複数の意味合いを含むものなのである。
よって私の議論は以下の通りとなる。ここまで述べてきたような〔新しい〕展開は新種の秩序が登場したことの兆しであり、この秩序は国民国家や国家間システムのような旧来の秩序とも共存し得る。しかし、それでもやはりそれは、より大きな規範上の問題にとって、おそらく戦略的な帰結をもたらす新種の秩序なのである。〔現在の新しい〕展開は〔そのような意味で〕戦略的かつ特殊でもあるという事情によって、その理解にはしばしば困難がともなう。したがって、その展開を解読《デコーディング》していくためにはさまざまな方法が必要となる。

部分的な集合体《アセンブリッジ》の増加を強調することは、多くのグローバリゼーションについての文献に見られるものとは対照的である。これらの文献ではグローバル対ナショナルという二分法が前提にされる傾向がめだち、ゆえに、グローバルな企業経済の推進に重要な役割を果たすと同時に「国家」の権力を低下させてきた強力なグローバル諸機関に焦点のあてられることがたいへんに多い。しかし私が強調したいのは、（たとえばグローバル・シティ（訳註ⅳ）のように）グローバルなものはむしろナショナルなものの内部に形成され得るということ、国家の特定の部分はグローバルな企業経済に欠かせない政策を実行しなければならないという理由から実際には権力を得てきた、ということである。したがって、二〇〇六年のより大規模なプロジェクト〔その成果が『領土・権威・諸権利』〕とともに本稿のなかで私が重視したいのは、まずは「グローバリゼーション」と呼ばれているものの分析をよりさまざまなアクターに広げていくことである。それにくわえて、変化そのものとしてというより、むしろある画期的な変化をもたらす複数の出来事をつなぎ合わせるものとして、強い権力をもつグローバルな規制機関（モデルチェンジしたＩＭＦや、あるいはＷＴＯなど）のことをとらえなおしたい。ＷＴＯやＩＭＦがいかに駒としては強力であるとしても、形成途上にある現在進行中の力学はそのような諸機関よりはるかに深遠で根本的なものだ。これらの諸機関は新秩序を形成する強い潜在力《ケイパビリティ》（訳註ⅴ）を有するものとしてとらえられるべきであり、要するにそれらは、新秩序そのものではなくてその〔推進〕手段なのである。本稿で検討を行なう部分的な集合体《アセンブリッジ》の増加は新しい秩序への変化が進んでいることの兆しであるが、これらの動きは、権利／義務、権力／法、富／貧困、〔国家への〕忠誠／〔国家からの〕離脱といったもののあいだにある複雑な相互依存状態を――つねに不完全な仕方ではあれ――つなぎあわせてきた旧来の枠組みに対し、揺らぎを与え始めているのである。

以下ではまず、これらの〔新しい〕集合体《アセンブリッジ》の一部に見られる特徴を論じ、次に、現在の変化にかんするこの独特な概念化を行なうにいたった方法と解釈にまつわる問題を検討する。そして議論の締め括りには、こうした現在の変化がもたらす規範上ならびに政治上の含意を論じたい。明らかにグローバルでかつ脱ナショナル化を促す力学が、既存の意味合いやシステムを揺るがしているのである。

領土性の新たなタイプとしての分野限定的な集合体《アセンブリッジ》

ナショナルな国家という視点から眺めた場合、集合体《アセンブリッジ》は〔不明瞭な〕地球創成期の地図《ジオグラフィ》のようにしか見えないことだろう。ところが実際には、それは新しい種類の秩序化の一部であり、形成途上の現実でもある。空間をめぐって実際に起きている基本的な事例から始めることが、本稿後半で再度とりあげる政治と規範上の問題というテーマの一部を明らかにするうえで、おそらく役に立つことがあるかもしれない。私たちはこれらの事例を通して、ＴＡＲが少なくとも部分的には脱ナショナル化しているというプロセスの存在に気づくことだろう。以下は、こうした事例の一部である。

領土性 territoriality という概念はふつう、近代国家を特徴づける独特なＴＡＲの結合を表わすものとして使用される。しかし私は、そのTARの結合をずっと幅広くとらえるために、少し異なった形でその概念を用いることにしたい。とはいえ、ナショナルな国家は基準としては確かに機能する。そこで、この基準と比較させながら、「ナショナル」な要素と「グローバル」な要素とが組み合わされた四種の領土性について以下では明らかにしていくことにしよう。その個々の事例、あるいはすべての事例は、時間と空間とにかんして〔近代国家のそれとは異なる〕独自の特徴をはっきりと有している。（二〇〇六年のより大規模なプロジェクトでは、私は形成途上にあったさらにほかの集合体《アセンブリッジ》を検討した。）これら四種の事例では、ナショナルな国家と結びつけられた〔伝統的な〕領土性〔の概念〕に揺らぎがもたらされている。すなわちそこでは、ナショナルな国家にきわめて広範な分野での排他的権威を与える領土という制度的な枠組みが動揺させられているのだ。ただし、いずれの事例でも、ナショナルなものと結びつけられた領土が依然として重要な役割を果たしている。要するに、領土をめぐるナショナルな制度から多様なアクターが離脱することができるようになる一方で、そのアクターたちはあいかわらずナショナルな領土のなかで活動をしているのである。ただその場合でも、その活動は旧来から存在する〔国家の〕治外法権的な仕組み《アレンジメント》〔自国で活動する外国企業への規制など〕をはるかに超えた方法で行なわれている。また、これら四種の事例に重要性を付しているものは単にそれらの新しさだけにとどまらない。それらがもたらしている〔変化の〕深さ、規模の広がり具合、その数の激増ぶりが、その重要性に大きくかかわっているのである。いつかこうしたことのすべてによって、質的に異なった状態が〔世界には〕生まれてくるであろう。私たちは、ナショナルな領土という器を揺るがすような領土についての制度化が生じつつある状態として、この変化をとらえることができるのである。

　第一のタイプの領土性は、新しい司法権のおよぶ範囲《ジオグラフィ》の発展を通じて形成が進んでいる。かつては権利や保証をめぐる法的な枠組み、より一般的にいうなら法の支配は、ナショナルな国家が形成されていくなかでおもに発展してくるものであった。ところが現在では、そうした〔その種の発展を導いてきた法の支配などの〕手段の一部は、非ナショナルな組織化論理（訳註ⅵ）を強化する方向にむけられている。そして、それらが新しい種類のトランスナショナル・システムの一部となるにしたがい、ナショナルな国家に備わる旧来の潜在力《ケイパビリティ》を誘引する力《ヴァレンス》にも変化が起きているのだ。しかもそのさい、そうした手段はしばしば国内資本の利害に反する方向へとナショナルな国家を仕向けている。また異なる事例として、政治活動にかかわる司法領域はかつてナショナルな範囲に限定されていたといえようが、その範囲がいまや国境を超えて三角形状にまたがっていることを指摘できる。電子機器を活用する活動家たちが彼らの属すナショナルな国家から権利や保証を確保するため、しばしばグローバル・キャンペーンや国際機関を利用しているのである。さらにくわえて今日では、地球上のさまざまな場所を巻き込む種々のナショナルな法的手続きを〔一国の〕国内法廷で開始することができるようになっている。その結果、ナショナルな訴訟をめぐってトランスナショナルな領域《ジオグラフィ》が生まれているのである。

〔この現象における〕きわめて重要な結合は、一方でナショナルなもの（国内法廷における国内法など）と、他方で従来からある国際法・条約法の適用範囲とは異なるグローバルな空間とのあいだで起こっている。そのよい例が、ワシントンに拠点をもつ「憲法上の権利のためのセンター（Center for Constitutional Rights）」が始めた訴訟であろう。この訴訟は国内の法廷を舞台に九つの多国籍企業（アメリカ企業も外国企業も含まれる）を相手どり、それらの企業が国外で展開していた生産事業における労働者の権利侵害をめぐって争われたものであった。そのとき「外国人不法行為請求権法（the Alien Torts Claims Act）」が国内法上の手段として用いられたのである。つまり、このケースは三つの場所を舞台にしたグローバルな司法領域の事例であり、その三か所のうち少なくともふたつについては、さらにいくつかの場所が含まれている。その三か所とはすなわち、その団体の本拠地がある場所（アメリカと他国の双方を含む）、国外工場のある場所（数か国にわたる）、そしてワシントンの法廷のことである。この訴訟は完全にはその目的を果たしていないかもしれない。しかしたとえそうだとしても、それは、本国以外で行なわれている事業の疑わしい行為をめぐってアメリカ企業や外国企業を訴追するために、いまや国内の司法制度を用いることが可能だということを示している。したがって注目されることの多い新規の法廷や手段（新設の国際刑事裁判所〔ＩＣＣ〕や欧州人権裁判所など）以外にも、このような事例によって、かつてはナショナルな国家を強化することに役立っていた国内における法の支配の一部が現在ではトランスナショナルな司法領域の形成に寄与している、ということが顕わになっているのだ。そのほかにもこうした事例として、実は拷問にかけるために前科者を第三国に「輸出」する（本国への引き渡し）というアメリカの行為をあげることができる。これは、ナショナルでもあり同時にトランスナショナルでもある領土性の、さらに別の事例である。最後に、司法領域についてさまざまな範囲《ジオグラフィ》が存在するということが、時間的側面の操作に用いられる場合もある。国家の法システムに紛争を繰り返し持ち込むことによって、国際的な商事仲裁という私的な司法の〔なかでその紛争が処理される〕場合よりも、その進み方がゆっくりしたものになることはほぼ確実であろう。[6]

新しいタイプの領土性の出現に寄与している分野限定的なふたつ目の集合体《アセンブリッジ》は、ナショナルな国家がこの地球上の至るところで展開している動きと関係する。この動きのなかでナショナルな国家は、企業や市場の活動に適合的な標準化されたグローバル空間を構築しようとしているのである。これがなにを意味しているのかといえば、権利や保証をめぐる法システムを構成する諸要素や、より一般的には法の支配にかんする諸要素――これらはかつてナショナルな国家の形成過程でおもに発展してきた――であったものが、いまは非ナショナルな組織化論理の強化を可能にしている、ということである。これらの要素が新しいトランスナショナルなシステムの一部を構成するようになるにしたがい、ナショナルな国家に備わっていた旧来の潜在力《ケイパビリティ》を誘引する力《ヴァレンス》にも変化が起きているのだ（しばしば論じられていることとは異なり、それはそうした潜在力《ケイパビリティ》を破壊するものではない）。かつて法の支配は、ナショナルな国家と国内企業の力を強化するものであったろう。ところがいまでは、この法の支配を構成するおもな要素がナショナルな国家のもつ独特な秩序に対し、部分的でかつしばしば分野限定的な脱ナショナル化を促しているのである。たとえば、グローバルに事業を行なっている企業は〔その事業の〕手続きに関係する新種の公式化された手段、とりわけ〔世界全体に共通する〕知的財産権や標準化された会計原則の発達を強く後押ししてきた。しかし、これらの企業が各国の特殊な文脈のなかでそのような手段を発展させ実際に使用するためには、事業展開しているそれぞれの国家がそうした手段の発展を支援するだけでなく、実際にその発展に取り組んでくれることが必要であろう。こうした〔新しい種類の〕秩序化の動き、さらにいま生まれつつあるそれ以外の秩序化の動きが全体となって、ある活動空間〔国家がグローバル企業のために活動する領域〕の創出に貢献している。ただしこの活動空間は、部分的には、ナショナルな法システムを構成する諸要素の一部――それらは分野限定的な脱ナショナル化の流れに晒されてきた――に組み込まれたものなのである。(7) その結果、そうした秩序化の動きが、必ずしもナショナルな国家の一部を構成しているわけではない組織化論理――たとえその論理が国家それ自体のなかに組み込まれているとしても――の潜在力《ケイパビリティ》へと変化していくのだ。しかもその変化のさい、以上のような秩序化の動きは国内資本の利害に反する方向へとしばしば働く。こうした説明は、グローバル・システムのせいで国家が退場するといった一般的理解に比べ、経済のグローバリゼーションについてのかなり変わった表象の仕方であろう。ところが実は、ほとんどの場合、グローバルに展開している企業資本と提携しその事業が確実に行なわれ得るよう保証するのは政府の執行部門なのである。

分野限定的な集合体《アセンブリッジ》の第三のタイプは、金融センターのグローバルなネットワークが形成される過程のなかに見出すことができる。グローバルな金融市場の一部を構成する金融センターは、別種の領土性を形成しているものとしてとらえることが可能である。その金融市場は巨大な電子ネットワークによって牽引されており、同時にそれは、そのネットワークのローカルなマイクロ社会基盤としても機能している。各金融センターは国家の領土内に居を構えているが、用語の歴史的な意味において、それをナショナルなものと見なすことはできない。また、国民国家の一部である実際に領地を備えた行政単位（たとえば都市）にまでその金融センターを還元することも、同様に不可能である。

金融センターは全体として、グローバルでかつ部分的に電子化された資本市場の重要な要素を取り込んでいる。つまり、特別かつ部分的な仕方で、それらはローカルなものとして脱ナショナル化されているのである。この意味において、金融センターは複数の拠点に分散した新種の領土性を構成するものとしてとらえることが可能であり、この領土性は歴史の一時期に現われた国民国家の領土性とは明らかに異なっている。

第四のタイプの集合体《アセンブリッジ》は、ローカルな場をベースにした活動家たちのグローバルなネットワークのなかに、より一般的に言うなら「グローバル市民社会」(8)と呼ばれるしばしば特定の場所に限定され具体性をもつ社会インフラのなかに見出し得る。グローバル市民社会を成り立たせているのはグローバルなデジタル・ネットワーク、ならびにそれに付随したイマジナリィ〔ある社会に共通して存在し、その社会を成り立たせている価値や象徴などの総体〕である。しかしこのことは、ローカルなレベルで活動しているアクターや団体、ローカルな大義といったものが、いま形成途上にあるグローバル市民社会の重要な構成要素となることを排除しない。活動家たちがローカルなものに関与していくことは、そのさまざまな闘争の目的がいかに普遍的かつ地球規模のものであろうと、決定的に重要なことなのである。このような関与を行なうことが全体として〔グローバル市民社会のなかには〕組み込まれているのだ。実際のところ、グローバルな電子ネットワークはこのローカルなものとグローバルなもののあいだに働く力学の可能性をさらに先へと推し進めている。別稿にて私は、リソースに乏しく移動をしない個人や団体さえもグローバリティ〔グローバル化した状態〕の一部となり得ることを検討したことがある。そこでいうグローバリティとは、たくさんのローカルな場に拠点をもちそれらが横につながっていく類いのそれだ(9)。新技術に備わっている重要な潜在力《ケイパビリティ》――中心をもたない接続〔のネットワーク〕、相互連結性、交換の同時性――がいったん与えられれば、ローカルな場に根をもつ移動をしない個人や団体でさえも、グローバルな公共圏の一部となることができる。その公共圏は部分的には主観的な状態であるが、しかしそれも、ローカルな場での具体的闘争に根をもつという理由によって部分的にそうだということにすぎない。

原則として、私たちは次のようなことを仮定し得る。すなわち、地球上の移動を可能にするリソースや選択肢をもつ個人や団体よりも、移動をしない人びとのほうが、よほどこの（抽象的な）空間〔グローバルな公共圏〕を通じてグローバリティというものを経験しそうだということである。グローバリティは、多様な形態をとることができる。たとえば先住民たち（first-nation people）は、ナショナルな国家の権威を素通りして国際会議の場に直接代表を送り込むことを要求しているが、この積年の大義はグローバルな電子ネットワークによって実現可能性が著しく高まったものだ。またグローバリティはより間接的な形態をとるかもしれない。世界中の熱帯雨林に居住している原住民を活用した「フォレスト・ウォッチ Forest Watch」のネットワークが、その好例であろう。彼ら原住民たちは、通常の観察者たちに明らかになるよりはるか以前に森林が濫用されているさまを感知することができる。そこで彼らは、その情報を、最終的には中央本部へとつながっている活動家たちのしばしば長い横のネットワークのなかに送り込むのである。このネットワークの最初のほうには深遠なる知識が宿っているが、そこでの伝達手段はデジタル・メディアではなく、また英語でもないことが基本である。

ここにおいて、場というものをもたないデジタル・ネットワークとローカルな場に深く根を下ろしたアクター／ユーザーとのあいだに、私たちは特別な種類の相互作用が働いていることを見出すであろう。そこに共通するパターンのひとつは、かつてはナショナルなもののなかに閉じ込められてきた政治活動の範囲がいまや国境を越えて三角形状に形成されている、ということである。ローカルな場をベースにしている活動家たちは、彼らの属するナショナルな国家から権利や保証を確保する目的でグローバル・キャンペーンや国際機関を頻繁に活用している。今日では、国内闘争のために非ナショナルな拠点やグローバルな拠点を組み入れるという選択肢を彼らは有しているのだ。これらの事例が表わしているのは、デジタルな条件と非デジタルな条件とが重なり合うなかである特別な種類の領土性概念が生じている、ということである。この領土性は、一方では特定のサブナショナルな空間のなかに存在しており、また一方では、種々のグローバルな公衆（global publics）――やや分野限定的ないし一部だけに限られる公衆――のなかにも形成されている。

領土性にかんする第三・第四のタイプは、一見したところ同じものに見えるかもしれない。しかし実際には、けっしてそうではない。ローカルな場に根を下ろしたアクターのサブナショナルな空間は、前述の金融センターほどにはまだ脱ナショナル化されていないからである。形成途上にあるグローバルな公衆は、グローバルな資本市場――これは国内法と国際法、民間のガヴァナンス・システムの双方によって高度に制度化されている――とは対照的に、まだほとんど制度化されておらず、だいたいにおいて非公式的なものにとどまっている。しかしながら、この非公式性のなかでさほどのリソースや権力をもたないアクターが力を得ることのできる領域として、グローバルな公衆は考えることが可能なのだ。この意味において、グローバルな公衆を通じて誕生しつつある〔人びとの〕主体性《サブジェクティヴィティ》は、新しい組織化論理にとっての潜在力《ケイパビリティ》を構成しているのである。

形成途上にある以上のような集合体《アセンブリッジ》は、部分的でかつしばしば極度に分野限定的であるが、ナショナルなものと結びついてきた伝統的領土性を解体し始めている。グローバルなものが歴史的に圧倒的な力で構築されてきた制度上の枠――ナショナルな性格をもつ時空間の一元的領域――のなかに組み込まれつつある、という〔現在起きているこの新しい〕事態は、たいへん大きな出来事だといえよう。〔とりわけ〕それは、そのグローバルなものの中身が実に豊富な場合や複数の条件をともなっている場合に当てはまる。この出来事は、グローバルなものが〔国民国家の内部に〕組み込まれると同時にその〔グローバルなものに含まれた〕特殊性が結びつく、ということを意味しているのである。

姿を現わしつつあるこれら四種の領土性は、多様性に富み、しかもそのおのおのは、部分的でかつしばしば極度に分野限定的な〔特徴をもつ〕複数の事例を含んでいる。にもかかわらず、そのすべては、〔共通する〕固有の特徴をはっきりと示しているのだ。（訳註vii）第一に、これら四種の領土性は、もっぱらナショナルあるいはグローバルということはなく、いずれもその両方の要素を兼ね備えた集合体《アセンブリッジ》である。第二に、その〔ナショナルなものとグローバルなものの〕双方が結びつくさいに、それらはしばしば異なる時空間秩序をまとめ上げるということ、すなわち、〔そうした諸秩序に備わっている〕さまざまな速度とさまざまな射程とをひとつにまとめ上げるということを行なう。第三に、論争の場や未開拓地効果(frontier zone effect)が働く場面などで、こうした結びつきが〔人びとの〕重大な関与をもたらすことがある（「未開拓地」とは、関与についての明らかなルールが存在しないなかで、ある種の関与を可能にする空間をさす）。このようなぶつかり合いを解決させていくことは、他の空間であれば〔人びとが〕容易には関与し得ない類いの紛争でさえも、それを過去のものにできる機会となることだろう。第四に、〔ナショナルなものとグローバルなものの〕双方が結びつくさいに、新種のアクターが登場する可能性がある。その場合、それらのアクターには、昔からある伝統的アクター（とりわけナショナルな国家）にのみ以前は認められていた領域へのアクセスがしばしば可能になると考えられる。最後に、新しい領土性のなかに現われてきた異なる時間的秩序が複数並び立つ状態のなかで、旧来からの潜在力《ケイパビリティ》が、新しい組織化論理をもつ領域において再び用いられる可能性がある。

いま形成途上にある集合体《アセンブリッジ》は、伝統的な領土性概念を解体し始めている。その領土性とは、ナショナルな性格をもつ時空間の一元的領域として圧倒的な勢いでつくり上げられてきた歴史的構築物、すなわちナショナルなものという領土性なのである。

古い二項対立を避ける

私が提案しようとしている種類の分析には、方法論的・理論的・政治的に重要な意味が含まれている。すなわち、相互に排他的でしかもふたつの区分された存在として国民国家とグローバル・システムとに注目するのでは、〔グローバリゼーションの理解にとっては〕不十分だということである。確かに、国民国家とは異質でそれとは両立しないグローバルな構造というものは存在するし、私はそれらの研究も行なってきた。しかし、ここでの私の関心は、それらふたつの区分を超越しナショナルなものや国家装置そのもののなかにまで入り込んでいる類いの変化におかれている。そうした変化は、国民国家の内部に存在するようになるグローバルな状態であるかもしれない。あるいは、国民国家に内在しつつ、その変化の過程で脱ナショナル化していくものであるかもしれない。

ナショナルなものとグローバルなものの双方を歴史的に構築された状態としてとらえるために、歴史を通じてほぼすべての社会に存在してきた三つの要素をとりあげ、それらが種々の歴史的な形態を構成するさいにどう結びつくようになったのかを私はこれまで検討してきた。（この点は、本稿のもとになっている二〇〇六年のより大規模なプロジェクトのなかでより詳しく論じている。）その三つの要素とはすなわち、領土・権威・諸権威（ＴＡＲ）のことである。そのおのおのは、さまざまな歴史的形態において独特の内容をもつようになったり、特定の形式をとるようになったり、〔それら三要素のあいだで〕特殊な相互依存の関係をもったりする。この三つをなぜ選んだのかといえば、それらがより基本的な性質をもつものだからであり、また偶然にも私のよく知っている分野だからである。そこにさらなる別の要素を付け加えたり、その三つのどれかを〔別のものに〕置き換えたりしてしまってもよいだろう。

ＴＡＲとは、なにか特定のプロセス、闘争、競合する諸利益といったものから生じてくる、複合的に制度化されたものの謂いである。それは〔国民国家などに付随する〕単なる属性ではない。〔さまざまな〕ＴＡＲは〔そのお互いのあいだでは〕相互依存の関係にある。ただ、それと同時にそのおのおのは独自性を保持しており、したがってそれらひとつひとつを認識することは可能である。ＴＡＲの独自性は部分的には公式化と制度化の程度によって条件づけられており、その〔ＴＡＲを構成する各要素の〕結びつき方は、実行能力において多様なレベルにあるさまざまな形態へとあらゆる時代・あらゆる場所を通じて再編され続けてきた。その諸形態が形成されるさいに媒介となる手段や潜在力《ケイパビリティ》の種類は、そのときどきにおいて大きく異なっている。その多種多様であるという性質は、各形態のそれぞれが逐次埋め込まれていく拠点——私的領域においてか公的領域においてか、法のなかでか慣習のなかでか、本国においてか植民地においてか、ナショナルなものか超国家的なものか、など——についても同様である。

さきに触れた大規模なプロジェクトのなかで私が関心を寄せていたのは、ふたつの異なる形態——ナショナルなものとグローバルなもの——を分析する手段としてのTARという三つの基本要素であった。これら三つの諸要素を利用することが、グローバリゼーションにかんする文献に影を落としてきた固有の罠を回避することに役立つのである。研究者たちは、これまで一般的に、それらふたつの複合的形態をそれぞれひとつの全体として眺め、その違いを明確化させるために相互比較を行なう、という作業に携わってきた。ところが、私の出発点はそこにはない。ひとつの全体と仮定されたそれらふたつ——ナショナルなものおよびグローバルなもの——を比較するのではなく、むしろ私は、そのおのおのを三つの基本要素（TAR）へと解体するのである。これが私の出発点なのだ。私は歴史的に構築された特定の器——この場合それは、ナショナルなものとグローバルなものとにあたる——からTARを解き放ち、そのTARがこれらふたつの別々な歴史的形態のなかでもっている構造と、両形態の制度内に占めている位置とを吟味する。そして、グローバルなものが進展するにしたがい、それらふたつの歴史的形態を誘引《ヴァレンス》する力が今後どう変化し得るのかを検討するのだ。こうした変化の一例が、かつて公的権威の構成要素だったものがますます発達していく私的権威の諸形態に変化するという事例である。この種の分析から浮かびあがってくるテーゼのひとつは、ナショナルな性格を備えた特定の潜在力《ケイパビリティ》は国家制度の器から漏れ落ちていくが、しかしその潜在力《ケイパビリティ》はグローバリゼーションによって破壊されたり脇に追いやられたりするわけではない、ということにほかならない。むしろそれは、グローバリゼーションの構成要素になっていくのである。(10)

この種のアプローチは、現代のグローバリゼーションという変化のなかにおかれている諸国についてであれ、時代・場所を問わず存在してきたさまざまな種類の集合体《アセンブリッジ》についてであれ、私以外の人びとがそれらを検討するさい、利用することが可能な分析学を生み出している。[11] 近代国家のケースをとりあげてみよう。近代国家のなかでは、私たちがいまでは求心化の準拠枠設定《スケーリング》として認識し得るものへとTARは変化していく。その準拠枠設定《スケーリング》においては、ひとつの準拠枠《スケール》——ナショナルなもの——のなかに、TARの諸要素に含まれるべきほとんどのものがひとまとめにされるのだ。〔つまりそこでは〕TARを構成する三要素のそれぞれが、けっして完全ではないにしても排他的な形で、抗しがたい力とともにナショナルなものとして形成されていくのである。〔実は〕過去においては、複数の支配システムのもとに従属するといったことが、大半の領土についての常態であった。しかし、近代国家の場合、それはある領土に対して排他的な権威を獲得するとともに、その権威〔の働く範囲〕ともぴったり重なり合うものとして領土を構築していく。しかもそのさい、原則として、他の国民国家における同様の力学を〔それらの国民国家に対して〕保障するのである。このことが次に、主権者が権利の独占的な譲与者として機能する可能性を開いていく。〔以上のことから明らかなように〕領土は、国民国家の形成にとっておそらくもっとも重要な潜在力《ケイパビリティ》である。が、これと同様のことは、現代の新しいグローバルな規制機関についてはあてはまらない。そうした機関にとっては、権威のほうが領土よりも重要なものだからである。この点にかんしては、人権レジームについても同じことを指摘できる。その場合は、諸権利のほうが領土よりも重要になるのである。

こうしてグローバリゼーションという現象は、特定の準拠枠《スケール》を備えた集合体《アセンブリッジ》——国民国家がその代表例——を揺るがすものとして理解されることになる。ところが、これまで研究者たちの関心を集めてきたのは、領土に対する排他的権利の一部を国民国家が新しいグローバル機関に奪われてきたという事実のほうであった。[12] しかし実際のところは、グローバルな諸機関の権威を制度化させることを目的にした再編の過程、つまり、しばしば分野限定的で独特な再編の過程が、高度に公式化されかつ制度化されたナショナルな国家装置の内部で生じているのである。要するに、研究者たちは、この点について十分な検討を行なうことをほとんど怠ってきたというわけなのだ。しかし、こうした変化は単なる政策決定の問題ではなく、国家の内部に新種の制度的空間が作りだされる、ということにむしろかかわっている。このような再編の過程を見落としてしまったり、それを単なる国家の変化だと解釈したりしてしまえば、グローバルなものの主要素がどのくらいナショナルなものの内部に組み込まれているのかについて容易に見逃すことになろう。ところが、こうした変化こそ、歴史的にナショナルなものとして構築されてきたものの脱ナショナル化、すなわち、しばしば極度に分野限定的でかつ部分的な脱ナショナル化と私が呼ぶものを生み出しているのである。

　したがって現在は、ＴＡＲを構成する要素の一部が新しいグローバルな組織的構成《コンフィギュレーション》のなかへと再編されていく渦中にあるのだといえよう。と同時に、それら諸要素のあいだに働く相互作用ならびに相互依存の関係もまた変化を被っているのである。変化という点では、そうした諸要素をとりまく制度的な器〔国民国家〕も同様である。これらの変化は国民国家の内部で（たとえば公的領域から私的領域へといった形で）発生しており、また国際的／超国家的／グローバルなレベルへの移行を通じても発生している。かつて一元化された状態としてひとまとめにされ経験されてきたもの（すなわち、ＴＡＲのナショナルな集合体《アセンブリッジ》）が、いまや別々の諸要素の一群――その各要素には、脱ナショナル化へと導くさまざまな力《キャパシティ》が備わっている――としてますます姿を現わすようになっているのだ。たとえば、権威と諸権利を構成する要素の一部は領土と比較した場合、部分的な脱ナショナル化を導くより大きな力《キャパシティ》を示している、と言ってもよいだろう。というのも、（グローバルな規制機関がナショナルな経済に対してより多くの権力をふるうようになったときの）権威や、（国際人権レジームのさらなる制度化がなされるときの）諸権利に比べて、地理的な境界はずっと変化することが少ないからである（ソビエト連邦の解体のような事例は除く）。このことは、かつてのインターナショナルな段階における組織化論理と現在のグローバルな段階における組織化論理のあいだには多分に大きな相違がある、ということを示している。前者の段階は後者の段階に似たものだとしばしば見なされているが、(訳註viii)このような理解は分析レベルの混乱に基づくものだと私は主張したい。かつてのインターナショナルな論理は、ナショナルな国家形成を、典型的には帝国の版図〔の拡大〕を通じて準備するものであった。しかし現代ではそれは、ナショナルな国家とナショナルな経済の内部において、グローバル・システムの確立を準備するものとなっている。そして、このような意味でインターナショナルな論理は、歴史的にナショナルなものとして構築されてきたものを少なくとも部分的には脱ナショナル化しつつあるのである。この脱ナショナル化の過程は、さまざまな具体的形態をとり得る。そのきわめて重要なふたつの事例として、グローバル・シティ、ならびに国家それ自体の内部で推進される特定の政策や制度をあげることができよう（後者には、人権や外国企業の権利を制度化するさまざまなレジームが含まれる）。ブレトン・ウッズ合意は今日のグローバル時代につながる幕開けだったとしばしば見なされているが、私の解釈では、それはそうした段階の一部ではない。なぜなら、それが実現しようとしたのは、国際経済における過剰なまでの変動からナショナルな国家を保護することにあったからである。

国家とグローバリゼーションとをめぐる学問研究には、三つの基本的な立場が含まれている。第一の立場は、国家はグローバリゼーションの犠牲者であり〔それによって〕重要性を失った、と見なすものである。それに対し第二の立場は、大きな変動は起きておらず、国家はこれまでずっと行なってきたことを基本的には行ない続けている、と判断している。第三の立場は第二の立場の変種であって、国家は〔グローバリゼーションに対し〕適応しているばかりか変容さえもおそらくしており、そのことによって国家は衰退することなくあいかわらず重要なアクターのままでいる、と考えている。これら三つの立場にはそれぞれ、その重要な側面を支持する研究がある。しかしそのようなことが起きるのも、それらのあいだに存する違いの多くが解釈しだい、といったところが部分的にはあるからだ。ある人にとっては、たとえどのくらい文脈が変化しても国家は重要なアクターであり続けるため、国家や国家間システムもあまり変化はしていない。[13] また別のある人にとっては、国家はあいかわらず重要であるにしても、今日ではそのほかに重要なアクターが存在しており、また国家や国家間システムの重要な性質の一部もグローバリゼーションによって変化させられている。[14] しかし、このような多様性にもかかわらず、これらの学問研究ではある仮定が共有される傾向にある。すなわち、ナショナルなものとグローバルなものは相互に相容れない、との仮定である。

次に問題にしなくてはならない点は、何が変わったのかということにかかわる。たとえば〔マイケル・〕マンにとって、現代は変化という名の長い歴史の単なる継続でしかない。そしてその変化は、国家の優位という基本的な事実は変えることがなかったのである。[15] ネオ・ウェーバー主義にもとづく国家理論の[16]「強い」ヴァージョンと「弱い」ヴァージョンのいずれにおいても、国家にかんするこの理解《コンセプチュアライゼーション》のある側面を共有している。こうした理論を展開している著作家たちは、国家と社会のあいだに見られる構造上の条件が異なるならば、国家の優位も変化するだろうということは認識している。しかし、他方で彼らは、時代に関係なく同じ状態を基本的に意味するものとして——すなわち、明確に定式化された政策を首尾よく実行する能力として——国家権力のことを理解するむきが強い。第二のタイプの文献では、[17] 自らの果たす役割の縮小を国家が容認した現象として、規制緩和や民営化が解釈されている。そのもっとも正式なヴァージョンの場合には、国家が目減りした自らの役割を構造化している点が強調されるのである。またこのタイプの文献では、経済のグローバリゼーションが地理的境界を飛び越える資本〔の活動〕——それは国際的な投資・貿易の目安——に限定される、ということはない。事実、それらの文献はグローバリゼーションをある種の政治経済システムとして理解《コンセプチュアライズ》しているのである。ますます数が増えつつある第三の文献では、ナショナルな領域・グローバルな領域の双方で国家の公共政策的機能が私的なアクターの手に移っている点が強調される。[18] そして、こうした変化の象徴として、超国家システムにおける世界貿易機関（WTO）のような主要機関が指摘されるのだ。結局、これらさまざまな種類の文献に一貫しているのは先に指摘したテーマ、すなわち、国家は衰退しているのか、これまでと同様に強力なままなのか、もしくは変化はしたがそれは権力の喪失というよりむしろ新しい状況に対する適応の一部なのか、というテーマである。

私の行なってきた努力は、グローバルなものとナショナルなものにかかわる問いをうまく位置づけるために分析対象を拡大する、というところに存している。そのことを前提にするなら、より大規模な研究や理論化のための計画表として必要になるのは、以下のようなものであろう。つまり、その両者の関係を対抗図式で説明することによって見落とされてきたグローバリゼーションと国家の諸側面に焦点をあてる、という作業である。ナショナルなものとグローバルなものがもつ影響力の範囲はお互いに相容れないと考えるのが、これまでの説明であった。確かに、そのおのおのを構成する諸要素のなかには相互に両立しないものも多く存在する。しかしその一方で、〔ナショナルなもの／グローバルなものという〕二重構造にあてはまらない、しばしば特殊な性質をもつ一群の要素も増えてきているのである。

以上のような状態を考慮することによって、前述した三つの立場と並ぶ四つ目の立場が導かれることになる。この第四のアプローチは、ほかの三つの立場が行なっている主張のすべてを必ずしも排除するものではない。にもかかわらず、それは根本的な仮定という点で、ほかの立場とは明確に異なっているのだ。たとえば、私は自身で行なった研究のなかで、グローバリゼーションの進展にとって決定的な動きが起こるきわめて重要な制度領域のひとつが国家だ、ということを発見している。グローバリゼーションと国家とは、相互に相容れない状態からはほど遠いのである。〔もちろん〕このような事実〔の背後にある変化〕は、必ずしも国家の衰退を招くわけではない。しかしそれは、国家をそれまで通りの状態に存続させておきはしないし、新たな状況に国家が単に適応するといった状態を生み出すわけでもない。公的領域と私的領域との関係において、国家内における権力のバランスにおいて、さらには、ナショナルな勢力とグローバルな勢力の双方が織りなす広範なフィールド——いまや国家はそのなかで役割を果たさなければならない——において、根底的な変化がもたらされている場こそ、国家なのである。[19] そして、そうしたフィールドに見られる特徴のひとつが、すでに述べた分野限定的な集合体《アセンブリッジ》の劇的な増加にほかならない。そこで以下では、この集合体《アセンブリッジ》の増殖ぶりについて、とくにこの展開がもたらしている政治上ならびに規範上の含意に焦点をあてつつ、より詳しく見ていくことにしたい。

規範上ならびに政治上の含意

分野限定的でありかつ（あるいは）個別性を備えているTARの集合体《アセンブリッジ》が、明確な中心をもつことなく増加している。この発展は、包括的というよりむしろ部分的にしか進んでいない。とはいえ、それが既存の規範秩序を揺るがし新種の分断を作り出しているという意味において、その発展に見られる特徴は〔規範上の問題という文脈のなかで〕戦略性をもつ。その帰結は〔この発展によって生み出されていく〕新しいタイプの組織的不平等という観点からと、〔その発展のなかで〕規範的なものが占めるようになった新しい位置という観点から、すっきりと説明することが可能である。

新しいタイプの組織的不平等――これはいままさに出現しつつある――のほうから議論を進めていくことにしよう。この不平等は、国民国家・主要都市・国家装置など、あらゆる準拠枠《スケール》を横断して発生する種類の不平等である。それは、多くの差異《ディファレンシエイテッド》を含みながらも結局は一元的なシステム――たとえば国民国家――の内部から生まれる不平等、〔つまり〕組織内的な性格をもつ種類の不平等ではない。それはまた、世界の発展した地域とあまり発展していない地域とのあいだに存在する種類の不平等でもない。これらふたつの不平等は広い認知を受け、告発もまた行なわれている。そして私たちはこれまで、これらの問題に対処するための制度的な領域や言説上の空間を実に大きく発展させてきたのである。確かに、こうした努力のすべてはそうした不平等をほんの一部しか克服していない。にもかかわらず、これらふたつの不平等は、現在利用可能な努力とリソースが注がれる公認のターゲットとなっている。

これに対し、現存する規範枠組み〔国民国家〕からの統制を受けず、各国のあいだで横断的に出現している分野限定的なTARの集合体《アセンブリッジ》が急増したことによって、〔これまでのものとは異なる〕ある種の不平等がもたらされている。その不平等を私たちは、複数の組織間に特定のタイプの分断を増やしていくもの、と理解してもよいだろう。そこでいう組織とは、それぞれ独自の特徴を備えた集合体《アセンブリッジ》のことである。したがってこの不平等は、各国の内部や国家間に存在する旧来からのよく知られた〔不平等を生む〕各種の差異と共存し得る種類の不平等ということになる。それでも、そうした各種の差異とここで問題にしている不平等とは、区別されるべきなのだ。

第二に、今度は〔新種の集合体《アセンブリッジ》の増加という変化のなかで〕規範的なものが占めるようになった位置について述べることにしよう。〔新しく生じているTARの〕集合体《アセンブリッジ》は、その組織構造にしっかりと組み込まれた統治上のルールをもつ傾向性が強い。それは自由市場が機能する仕方を少しばかり想起させるものだが、要するにそこでのルールは、明確な形で表出することはないルールや規範を意味しているのである。この点をはっきり示しているのが、政府の執行部門やグローバル市場のなかに現われてきた応答責任を欠く新種の権力であろう。しかし同様のことは、おそらくNGOの世界でも、とくにそれらが国際的に活動する場合において、はっきりと現われている。組織の構造それ自体にルールや規範が組み込まれているという点こそ、それらが公式化された統治システム〔のもつ特徴〕とは明確に区別される点である。公式化されたシステムの場合、ルールや規範は明確な形で表に出されるはずのものであり、また外部の権威に対しては応答責任を負うという意味において、組織内・組織外の双方に向けてそのルールも規範も位置を占める[20]〔という特徴をもつ〕。

ここに私たちは、複数の規範秩序――おそらくは多様な秩序――を長くひとつに統合してきた接着剤の溶けていく様子を見てとることができよう。このかつての統合作業は、国民国家に備わる基本的に一元性をもつ力学のもとで行なわれてきたものであった。〔ところが〕一部の領域にしかかわらない組織〔集合体《アセンブリッジ》〕――そのおのおのは当該組織に組み込まれたきわめて独自色の強い少数のルールを備えている――が増加したことによって、よりシンプルな組織が激増するという事態が生じているのだ。このことが同時に、各組織の内部に組み込まれているルールを再編させていくという変化ももたらしている。確かに、新しく誕生しつつある分野限定的なこれらの集合体《アセンブリッジ》において、そのすべてにそうしたルールが存在するわけではない。とはいえ、それら集合体《アセンブリッジ》の多くでこのようなルールの再編という変化が起きていることも、また同じく明らかであろう。そのような集合体《アセンブリッジ》は、まさに国家の権威や規範性から解き放たれたものとして、また民間の司法制度（たとえば国際的な商事仲裁制度）も含めた司法と権威とにかんする〔新しい〕システム――ICCがその一例――として、形成されたものなのである。[21]

　これらの傾向のなかに、ナショナルな中央集権国家の欠如を特徴とするヨーロッパ封建制度と似た仕組《アレンジメント》みを読みとることは、おそらく魅力のあることではあろう。実際、国民国家の弱体化やときに「消滅」さえも断言するグローバリゼーションをテーマにした一部の文献は、この種の議論を展開している。しかし私は、こうした議論は誤りだと考えている〔『領土・権威・諸権利』第一部を参照のこと〕。〔現代における〕部分的秩序の増加を認識していくなかで、私は、それが中世ヨーロッパの時代とは根本的に異なっていることを発見した。中世という時代には、（教会や帝国といった）強い影響力と実に広範な包括性を備えた規範秩序が存在していた。また同時にそれは、内部に（封建領土や都市といった）ほぼ完全な構造を含む〔社会の〕構成要素が存在する時代でもあった。その完全な構造のなかには、生活のほとんどではなくともその多く（身分制度、規範、司法制度など）が含み込まれていたのである。ところが、今日の集合体《アセンブリッジ》はきわめて分野限定的であり、部分的で、しかもその内部にさほどの差異《ディファレンシエーション》を抱えていない。これとは対照的に、中世の封建領主たちが所有していた荘園や封土という局所的でかつ狭量な世界は、社会生活の全領域を対象とするルールを構造のなかに組み込んでいた実に複雑な世界であった。

部分的かつ分野限定的で、しかも実地に適用される規範秩序が増加することによって、〔この世界に〕動揺が生じている。さらにそれは、国民国家が依然として広く認知されているこの世界のなかで、〔これまでとは〕異なる規範上の難問を生み出しているのである。一例をあげておこう。国家という名の世俗的規範秩序によって、宗教のような規範秩序は長らく固有の特殊領域のなかに閉じ込められてきた。ところが〔これまで述べてきたような変化によってもたらされてきた〕傾向から、いまではこうした規範秩序があらためて重要さを増している、との推論を下し得よう。したがって私は、過去二十年における宗教の台頭はかつて存在していた文化への後退ではなく、そのなかにたとえどんなに「伝統的」なものが含まれていても、むしろ新しい近代性《モダニティ》の一部なのだと結論づけたい。これは、最先端をいく発展がその体系的構造によってもたらす帰結のひとつなのである。つまりここには、この現象が前近代的なものではなく新種の近代性《モダニティ》であることが示されているのだ。この近代性《モダニティ》は、かつて支配的であった求心化を促す（世俗的な）規範秩序が一部解体され、それが複数の個別的要素へと分断されたことから生じているのである。(22)

こうした分野限定的ないし個別的な秩序は、まだ形成の初期段階にしかない。しかしその秩序は、国家装置の内部にまで拡大している。ゆえに、「真の」国家〔それ単独で自己完結しているような国家〕というものはもはや語ることができず、「真に」ナショナルな国家に対する「真に」グローバルな秩序というものも語り得ない、と私は主張したい。いまや国家装置の内部には、新種の分断が存在している。そこでは——たとえナショナリスト的な発言が存在するとしても——特定のグローバル・アクターと結託した政府の執行部門が肥大化するとともに、それがますます私的な性格をもつものへと変化しているのである。一方、立法府では空洞化が進み、その影響力はせいぜい少数の国内事案にしか及ばないという危機的な状況に陥っている。(23) 市民たちはますます多くの権力と私的性格をもつようになった行政府に対して応答責任を求めるようになっているが、弱小でありかつ国内向けとなった立法府は、そうした市民たちの政治的能力を弱体化させることにしか機能していない。というのも、こうした案件においては本来、行政府ではなく立法府が彼ら市民たちにより強力な地位を与えるものだからである。くわえて、行政府の私的性格が増すというこの現象は、市民たちのプライバシー権を侵食するという結果も一部では引き起こしている。これは、自由主義国家の核心であった公私の分離――この分離はつねに不完全であったにしても――が歴史的な転換期に直面していることを意味するものなのである。[24]

行政府とグローバルな論理とがますます結びつくようになっていることと、立法府の役割が国内の問題に限定されるようになっていることのあいだには、さらに別の重要な違いが存在している。[25] これをもたらしたのは、〔以下に指摘する〕三種の主要なトレンドである。第一に、特定の政府機関――財政を司る省庁や中央銀行（アメリカの場合、財務省と連邦準備制度とがこれらにあたる）――がグローバルな企業経済の推進にとってさらに重要性を増しつつある、というトレンドをあげることができる。実際のところ、こうした機関はグローバリゼーションによって〔ますます多くの〕権力を獲得している。第二に、グローバルな規制機関（たとえばＩＭＦやＷＴＯなど）が関係をもつのは政府内の執行部門に限られており、立法府と関係をもつことはない。これによって、行政府がいっそうグローバルな論理を受け入れる、という帰結がもたらされているのである。第三のトレンドは、ドバイ・ポーツ[訳註ix]がアメリカの一部主要港における事業の管理運営を請け負おうとしたさいに、ブッシュ〔大統領〕とチェイニー〔副大統領〕の政権がそれを支持したケースにはっきりと現われている。〔ところが〕こうした三種のトレンドとは対照的に、立法府のほうは、国家の国内向けに限定された部分であり続けてきた。しかも、グローバリゼーションが拡大するにつれて、その影響力はますます低下の方向へと向かっている。市民たちがもつ政治的な能力もまたこれによって、ますますグローバル化されていく世界のなかで後退を余儀なくされているのである。

グローバルな企業経済の推進に国家が関与することによって、グローバル企業に向かいあっている国家には、ある独特な国際的権威というものが生まれている。と同時にそれは、国家行為のなかにある種の国際主義も生み出しているのである。しかしいまのところ、こうした権威の執行や新しい国際主義〔にもとづいた行為〕は、私企業の利益を後押しすることにしかほとんど行なわれていない。〔しかしいずれにしても〕グローバルな企業経済と国家にかんする分析において、そのような理解《コンセプチュアライゼーション》は視点の転換をもたらすことになろう。なぜなら、グローバリゼーションについての文献ではふつう、国家機能が民間セクターに移行していることや私的権威が台頭していることに焦点があてられるばかりであるが、一方この理解が求めるものは、実際に国家内に存在する私的性格を帯びた議題《アジェンダ》を発見することだからである。[26] さらにこの理解は、捕われた国家（captured state）についての旧来からある研究上の伝統、すなわち、民間のアクターによる国家の取り込みに焦点をあてる研究上の伝統とも異なっている。[27] かつて私は、自身で行なった研究のなかで、規範の形成能力が民営化されつつあることとならんで、公的規範の姿をまとった企業の私的論理が国家内で実行に移されていることを強調したことがある。[28] したがって重要なのは、国家行為に付属するようになったそれらの新たな資産〔ある種の国際的権威や国際主義〕が、今後グローバルな共通善にかかわる課題にその矛先を向けることがあるか、という問題であろう。そのような課題が〔国家にとって実現すべき〕目的となるためには、たくさんの論点が提起されなければならない。まず、この公私の要素を含んだもの〔国家が新たに獲得した国際的権威〕は、いかなる種類の国家権威であろうか。より根本的には、その権威が私企業とは異なる利害に順応することは、はたして起こり得るだろうか。国家が果たすこの特定の機能においては、私的利益――かつしばしば外国の利益――のもつ影響力が〔国家のもつ国際的〕権威の構成要素になってしまうのではないか。よって結局のところ、その影響力によって、完全には私的でも公的でもない〔権威の〕混合物が生み出されるのではあるまいか。〔こうした問いに対する〕私の議論は、以下のようなものである。いま私たちは、ある種の権威や国家行為が形成されていく初期の段階を目撃している。その権威や国家行為によって、ナショナルなものとして歴史的に構築されてきたものが部分的に脱ナショナル化されているのである。ここでの脱ナショナル化はいくつかの独特なプロセスから構成されているが、なかでも重要なのは、ナショナルな議題《アジェンダ》をグローバルな議題《アジェンダ》へと鋳直すプロセスであり、公共政策の姿をまとった私的議題《アジェンダ》を国家内に広めていくプロセスである。しかし同時に、こうした脱ナショナル化のプロセスは、企業とは関係のない国際的議題《アジェンダ》がとりあげられる空間の開拓にもつながっていく可能性を秘めている。

本稿の目的から見て重要なのは、グローバルなプロセスに対する国家のこうした関与、ならびにその結果として生じている部分的な脱ナショナル化とが、経済のグローバリゼーション以外の領域でもはたして起こり得るかということである。そのような領域の事例として、外国の企業や独裁者を（国際法廷ではなく）国内法廷で訴追することを可能にしている昨今の人権レジームの発展をあげることができよう。脱ナショナル化は、グローバル企業というアクターが目的とするもの以外のそれ――たとえば、より広範な社会正義の実現をねらいとしたグローバル経済の発展をめざす試みや、経済以外の目的――にまで拡大され得るだろうか。[29] これについて、別稿のなかで私は、その問いへの答えをイエスだと主張したことがある。グローバリゼーションと同じく、脱ナショナル化をもたらす誘引力《マルチヴァレント》〔特定の功利性や目的〕もさまざまであり得る。したがって多種多様なアクターが抱えるグローバルな議題《アジェンダ》――それには企業や金融市場にかかわる議題《アジェンダ》だけでなく、人権や環境にまつわる議題《アジェンダ》も含まれる――をナショナルな議題《アジェンダ》へと内発的に転換させていくことも、そのプロセスには可能なのである。[30] ゆえに現時点においては、ダイナミックかつ成長途上にあるトランスナショナルな領域[31]の存在は重要だといえる。というのも、ナショナルなアクターがナショナルな手段を用いてグローバルな闘争に参入することを支えるのが、この領域だからだ。[32] 脱ナショナル化という以上のようなプロセスは、ある場合にはグローバルなものにかんする新種の準拠枠設定《スケーリング》が行なわれていくことを受け入れ、それを可能にし、あるいは促進していくことだろう。しかし別の場合には、そうしたプロセスはあいかわらずナショナルなものと呼び得る領域のなかに留まり続けるであろう。

以上のようなことすべてを通じて問題になるのは、求心化の論理から遠心化の論理へと向かっていくこの変化を認識することが、結局のところ著しく困難だという事実である。この遠心化という明確な中心を含まない論理によって、国民国家に備わる求心化の論理に含まれた重要な部分が取って代わられてしまったのかどうか——私たちはこの点をまだはっきりと見通すことができない。これは、一部にはナショナルな国家があいかわらず秩序化の支配的な制度であり続けていることを原因とするものである。また一部には、地政学上の世界の姿《ランドスケープ》が戦争と軍事色の強い国境管理とを特徴とし、しかも世界の多くの場所で、その傾向が減じていくというより概して強化されているからである。その結果、多くの観察者たちは、そうした戦争や国境の存在が遠心化の論理とも両立し得るものだ、という事実を見逃してしまっているのだ。〔グローバリゼーションについて私たちが〕さらに理解することが困難な点は、国民国家や国家装置を構成している諸要素の一部が、脱ナショナル化のプロセスを通じて〔現在起きている〕新しい遠心化の〔プロセスの〕一部にもなっている、ということである。別稿において私は、さまざまな種類のナショナリズム〔が至るところで唱えられている〕にもかかわらず、政府における特定の執行部門にとっては、こうした傾向がどれだけ事実かを示したことがある。[33]〔確かに〕大国の政治や政策は現在でも〔その影響力を世界中に〕及ぼしている。しかもその浸透ぶりは、権威と呼ばれる複雑なカテゴリーにかかわる問題というより、むしろますますむき出しの権力にかかわる問題となっていくであろう。「内戦」であれ国際戦争であれ、〔昨今の「対テロ戦争」のような〕新しい種類の戦争は、権威に対してむき出しの権力が台頭しているさまを暗示するものである。〔しかし〕多くの場合、たとえばナショナルな国家におけるむき出しの権力が増大したときでさえも、領土と結びついた主権の権威がより重要になったかといえば、必ずしもそういう結果はもたらされていない。本稿がベースにするより大規模な〔二〇〇六年の〕プロジェクトにおいては、この権威と権力の区分がその分析にとってたいへん重要なものになっている。[34]

　私の議論にとって重要なのは、グローバルなものに含まれるもっとも複雑な意味合いの一部が、国家に付属する領土や制度であれ、あるいはナショナルな国家であれ、ともかくナショナルなもののなかに組み込まれている、ということである。グローバリゼーションの少なくない部分は、サブナショナルなレベルで起きているきわめて多様性に富む小規模なプロセスから成っている。しかしそのプロセスこそが、実は、ナショナルなものとして構築されてきたもの（政策や法、資本、政治主体、都市の領域、時間の枠組み、その他のさまざまな力学や領域）の脱ナショナル化を促し始めているのである。[35] おそらくこうした議論は、現時点においては、グローバル経済の推進に必要な基本条件――統治構造を含む――が整えられるさいにナショナルな国家が果たす重要な役割を検証することによって、もっとも説得力ある形で発展させ得るだろう。[36] 財政を司る省庁や中央銀行、立法府、その他の多数にのぼる政府部門が、グローバルな資本市場、グローバルな貿易システム、それに必要とされる競争を促す政策などの安定化を目的として、そのために不可欠な国家事業を推し進めてきたのである。

結　論

グローバルでかつ脱ナショナル化を促す力学が、既存の意味合いやシステムを明らかに揺るがしている。国民国家の一元的性質がたとえ部分的ではあるにせよ解体していくにつれて、主権の権威そのものが一部で解体に晒されているのである。求心化という国民国家の力学が弱体化したことによって、〔その力学から〕不都合を被っていた者たちには、そこから抜け出るという選択肢が生まれている。脱ナショナル化とは、これらの変化をとらえようと試みて私が用いるようになったカテゴリーなのだ。というのも、以上のような変化は、言葉の狭い意味で必ずしもグローバルなものではないからである。脱ナショナル化とは歴史的に限定された分類であるが、そこには以下のような二重の意図がこめられている。〔第一に〕ナショナルなものを歴史的に特異な組織的構成《コンフィギュレーション》という意味に限定することによって、それを脱本質化させるという意図である。〔第二の〕意図は、ナショナルなものを〔分析のさいの〕ひとつの参照点にさせるということである。ナショナルなものには著しい複雑さが含まれており、しかもそれは、社会と地球規模の政治システム（geopolity）とを広く把捉している。このような事情から、私たちはナショナルなものこそがこれまで述べてきたような変化の戦略的拠点になると仮定することができ、またこの点こそ、それが分析のための参照点になり得る根拠でもある。こうした〔ナショナルなものにもたらされる〕変化は、〔ナショナルなものの〕外部からのみもたらされる変化ではけっしてない。〔脱ナショナル化という〕分類が意味しているのは、主たる形態としての国民国家は消滅するだろうという理解ではなく、国家が重要な変化の拠点になるということにくわえて、国家それ自体が根本的に変化を被るということなのである。

グローバルな力学の構成や形成は、ナショナルなものの内部で行なわれている。ゆえに、もっとも表層的でかつ自明な事例（たとえばグローバル化された消費者市場〔の発展〕など）を除けば、この状況は歴史的構築物であるナショナルなものの語彙や制度的手段を通じてコード化され、表象され、公式化され、あるいは経験されるということが一般的である。これは、国民国家やナショナルな国家に含まれる以下のような特徴からして当然に予想される結果であろう。すなわち、それはきわめて複雑な組織であり、かつそれに必要とされる潜在力《ケイパビリティ》の発展にはしばしばきわめて長い時間が必要であったという特徴である。一方、それとは対照的に、現在のグローバルな制度やプロセスは〔形成の〕初期段階にあり、依然として不明瞭な現実でしかない。したがって〔今後の〕研究課題の一部は、ナショナルなものの内部に存在しているグローバルなものを解読《デコード》していくことであり、より一般的には、それを発見し探知する作業だということになろう。

以上のような脱ナショナル化の力学、あるいはそのほかのさまざまな同様の力学（たとえば、国家の司法判断における〔普遍的〕人権への言及）は、さらに異なる帰結をもたらしている。そうした力学が、器としての国民国家や国家装置の一部を解体し始めているのである。この解体の過程こそ、TARの諸断片から成る越境的な集合体《アセンブリッジ》――かつてはナショナルなものの内部に組み込まれていたものである――の増加、すなわち、部分的でしばしば一定の分野にしかかかわらない集合体《アセンブリッジ》の増加を助長している力学であった。国民国家をまたぐグローバルなプロセスでは、ますます多くの場合に、これら多数の集合体《アセンブリッジ》が実務的作業や統治を行なう公式／非公式な存在として機能するということが始まっている。これが規範的な観点から見てなにを意味しているのか、そのもっとも明白なものは、特殊個別的な規範秩序が――功利性の論理へと成り下がってしまうものも含めて――急増しているということであろう。ただし、これがより広範囲におよぶ包括的規範秩序の形成につながる段階の始まりなのかどうかは、私の見解ではまだこれから問われるべき問題である。

　これらすべての点から、今後の研究と理論化においては最低でも三つの異なるテーマが存在することを指摘できる。第一のものは、国民国家という一元的枠組みの部分的な解体から生じつつある集合体《アセンブリッジ》にどの程度の特異性があるのか、という点にかかわる。換言すれば、集合体《アセンブリッジ》は規範的ならびに分析的にみてどれくらい理解のしやすいものなのか、ということである。第二のテーマは、ナショナルなものがその内部に抱えている多様性、その組織上の複雑さ、社会的な厚みと比べた場合に、集合体《アセンブリッジ》がまだその初期の性質しか見せていないことを前提として、これら集合体《アセンブリッジ》が示している複雑さと力のレベルはどの程度のものかということに関係している。第三のテーマは、多様な集合体《アセンブリッジ》の急増ぶりによって生じている動き、つまり、国民国家がその内部にもつ規範・時空間の一元的結びつきから離脱していこうとする動きにかかわる。要するに、国民国家の発展をこれまで特徴づけていた求心化という力学から離れ、明確な中心をもたない遠心化という力学へと向かっていくこれらの変化には、はたしてどのような規範上および政治上の含意があるのかということである。

原註

（1）本稿は、*Territory, Authority, Rights: From Medieval to Global Assemblages* (Princeton: Princeton University Press, 2006; New Updated Edition 2008)（以下、*Territory* と略記）として出版されたより大規模なプロジェクトをもとにしている。本稿でとりあげられる諸問題の完全な文献リストについては、同書を参照してほしい。

（2）この分析は明らかにヨーロッパ史の視点から行なわれるものである。したがってそれは、そのことがもたらすあらゆる限界をともなうことになる。ここで重要となるのは、「著者」のスタンスを構造化する多様な立場というものにかんしてガヤトリ・スピヴァクが行なっている考察である。Donna Landry and Gerald MacLean (eds.), *The Spivak Reader* (New York and London: Routledge, 1996) を見よ。

（3）一般的には、Gunther Teubner (ed.), *Global Law without a State* (Aldershot, UK: Dartmouth Publishing, 1997) を参照のこと。

（4）Leila Nadya Sadat and S. Richard Carden, "The New International Criminal Court", *Georgetown Law Journal*, 88, 3 (2000), pp. 381-474 を参照せよ。

（5）http://www.pict.org を参照せよ。

（6）*Territory*、第五章。

（7）*Territory*、第四章および第五章。

（8）この用語〔が意味するもの〕は、多くの人びとの意見ではあいかわらず曖昧なままである。しかし、今日ではこのグローバル市民社会にかんするさまざまな特徴や規模、解釈を伝える大量の学問的蓄積が存在する。たとえば、オクスフォード大学出版局より発行されている *Global Civil Society* のイヤー・ブック各巻などを参照のこと。

（9）*Territory*、第七章。

（10）〔私の〕より大きなプロジェクト（*Territory*、第一章・第八章・第九章）のなかには、方法や解釈の問題をめぐるより詳細な議論が含まれている。ここで私は、潜在力《ケイパビリティ》（たとえば、法の支配）と組織化論理（たとえば、ナショナルなものやグローバルなもの）とを区別することを提案しておきたい——潜在力《ケイパビリティ》は、組織化論理のなかに含まれるものである。潜在力《ケイパビリティ》は、さまざまな種類の誘引力《マルチヴァレント》〔特定の功利性や目的〕を帯びている。というのも、組織化論理が変化をすると、潜在力《ケイパビリティ》を誘引する力《ヴァレンス》も変化するからである。しかし〔そのときどきの〕潜在力《ケイパビリティ》は〔つねに〕同じものに見えるかもしれず、よってその変化を察知するには当然、解読《デコーディング》するという作業が必要になるだろう。

（11）集合体《アセンブリッジ》という概念を私は、そのもっとも事実描写的な意味で用いている。しかし、この用語をめぐっては、幾人かの学者たちによって理論的な枠組みが発展させられてきた。本稿の目的においてもっとも重要となるのは、ドゥルーズとガタリの著作である。彼らにとって「集合体《アセンブリッジ》」とは、領土性と脱領土化から成る軸に沿って並べることが可能であると同時に、差異化することも可能である行為や事物——要するに、同じものの集まりではない行為や事物——によって構成される、偶然生じた集まりのことを意味している。より専門的な言い方をするなら、技術的行為と管理的行為から成る集合体《アセンブリッジ》という特定の混合物が「新しい空間を引き出し、環境の解読《デコーディング》と符号化《エンコーディング》とがその空間を理解可能にする」と彼らは考えているのである。Gilles Deleuze and Félix Guattari, *A Thousand Plateaux: Capitalism and Schizophrenia* (Minneapolis: University of Minnesota Press 1987), trans. Brian Massumi, pp. 504-505 を参照のこと。この概念をめぐってはさらに多くの労作があり、そこには当然、建築家や都市計画の専門家のものも含まれる（雑誌 *Assemblages* を見よ）。こうした労作の多くはきわめて重要かつ啓発的なものだと私は理解しているし、私が特定した集合体《アセンブリッジ》の一部は、これらの労作がとりあげているその一部を明らかにするものであるかもしれない。しかし他方で、私の〔その概念の〕使い方は、前述の著者たちのものに比べるとずっと非理論的である。私が必要としているのは単に辞書的な用語であって、私の理論化の作業も、この用語についてというよりむしろ別の点にかかわっている。

（12）批判的な立場にたつ多くの研究者においては、たとえ国家はあいかわらず重要であるにしても、今日ではほかにも重要なアクターが存在していることにくわえ、グローバリゼーションが国家や国家間システムにかんする重要な特徴の一部を変容させてしまった、と理解されている。Phillip G. Cerny, “Structuring the Political Arena: Public Goods, States and Governance in a Globalizing World”, in Ronen Palan (ed.) *Global Political Economy: Contemporary Theories* (London: Routledge, 2000), pp. 21-35; Phillip G. Cerny, *The Changing Architecture of Politics: Structure, Agency and the Future of the State* (London and Newbury, CA: Sage, 1990); Y. H. Ferguson and R. J. Barry Jones (eds.), *Political Space: Frontiers of Change and Governance in a Globalizing World* (Albany, NY: State University of New York Press, 2002); Susan Strange, *The Retreat of the State* (Cambridge: Cambridge University Press, 1996); A. Claire Cutler, Virginia Haufler and Tony Porter, “Private

Authority and International Affairs", in Cutler, Haufler and Porter (eds.) *Private Authority and International Affairs* (Albany, NY: State University of New York Press, 1999), pp. 3-28などを参照のこと。より正統派的な命題にこだわる他の論者にとっては、文脈がどう変化しようとも国家はあいかわらず主要なアクターであり、したがって国家や国家間システムにかんしても、多くのことがあまり変わっていない。Stephen Krasner, "Globalization and the State", in Paul Edwards and Keith Sisson (eds.), *Contemporary Debates in International Relations* (Columbus, OH: Ohio University Press, 2003), pp. 60-82; Eric Helleiner, "Sovereignty, Territoriality and the Globalization of Finance", in David A. Smith, Dorothy J. Solinger and Steven C. Topik (eds.), *States and Sovereignty in the Global Economy* (London: Routledge, 1999), pp. 138-157; Louis W. Pauly, "Global Finance, Political Authority, and the Problem of Legitimation", in Rodney Bruce Hall and Thomas J. Biersteker (eds.), *The Emergence of Private Authority in Global Governance* (Cambridge: Cambridge University Press, 2002), pp. 76-90.

(13) Krasner, "Globalization and the State"; Pauly, "Global Finance, Political Authority, and the Problem of Legitimation"; Helleiner, "Sovereignty, Territoriality and the Globalization of Finance".

(14) たとえば、Cerny, "Structuring the Political Arena"; Cerny, *The Changing Architecture of Politics; Strange, The Retreat of the State*; Cutler et al., "Private Authority and International Affairs"; Ferguson and Jones, *Political Space*などを参照のこと。

(15) Michael Mann, "Has Globalization Ended the Rise and Rise of the Nation-State?", *Review of International Political Economy*, 4, 3 (1997), pp. 472-496.

(16) Theda Scocpol, "Bringing the State Back in: Strategies of Analysis in Current Research", in Peter B. Evans, Dietrich Rueschemeyer and Theda Scocpol (eds.), *Bringing the State Back in* (Cambridge and New York: Cambridge University Press, 1985), pp. 3-38; Peter B. Evans, "The Eclipse of the State? Reflections on Stateness in an Era of Globalization", *World Politics*, 50, 1 (1997), pp. 62-87.

(18) Leo Panitch, "Rethinking the Role of the State", in James H. Mittelman (ed.), *Globalization: Critical Reflections* (Boulder, CO: Lynne Rienner Publishers, 1996), pp. 83-113; Stephen Gill, "Globalization, Democratization, and the Politics of Indifference", in James H. Mittelman (ed.), *Globalization: Critical Perspectives* (Boulder, CO: Lynne Rienner Publishers, 1996), pp. 205-228; James H. Mittelman, *The Globalization Syndrome: Transformation and Resistance* (Princeton:

Princeton University Press, 2000).

(19) たとえば、Hall and Biersteker, *The Emergence of Private Authority in Global Governance*; Cutler et al., "Private Authority and International Affairs" を参照のこと。

(20) *Territory*、第四章・第五章。

(21) 私がここで意図しているのは、著しく多様な〔集合体《アセンブリッジ》の〕形態を把握することである。たとえば、レバノンのヒズボラは、実にはっきりとしたTARの集合体《アセンブリッジ》を形成してきたと見なし得る。それは、国民国家、国内に設定された少数民族支配地域（たとえばイラクのクルド人地域）、分離主義活動のさかんな地域（たとえばスペインのバスク地方）といった、〔私たちにとって〕なじみの深いいずれの枠組みにも容易には還元しきれない。ヒズボラは、レバノンという「故国」との違いをますます強化しつつある。事実、ローカルな地域を横断する具体的なネットワークを通じて、さらにはより大きな範囲に広がる〔人びとの〕主体性《サブジェクティヴィティ》を通じて、それは「故国」を超えた拡大を見せている。この種の発展は、国民国家建設というプロジェクトが排斥もしくは弱化させようとしてきた領土の解体ならびに権威の解体を促進するものである。

(22) 私はこれらの問題について、*Territory* の第五章・第六章・第八章のなかで詳しく論じた。

(23) ずっと不明瞭な現象のなかにも、あるいはふつう気づかれないような現象のなかにも、私たちは初期段階にあるTARの新しい混成体を見出すことができる。たとえば、メキシコのフォックス（前）大統領は二〇〇六年五月、訪米中にメキシコの不法移民たちと面会したが、そのときの彼の行為は、新しい非公式な司法権域を作り出すことと同等のものであった。それは、特殊な域外権威を主権国家に与えるという既存の法制度のなかにきちんと収まるものではなかったからである。しかしながら、その行為はとくに問題があるものとは見なされなかったし、実際のところそれはほとんど注意を払われなかった。彼が面会をした人びとは、現在では国境管理のために年間ほぼ二十億ドルもの支出を行なっている国に滞在しており、しかももし発見をされれば、強制送還の対象になる不法移民であった。さらにそれは、不法移民たちを犯罪者とすべきかどうかが議会で議論されていたさなかの出来事だったのである。ところが、こうして存在の発覚した不法移民たちをINS（アメリカ移民局）や警察が逮捕しに来たわけでもなく、メディアもほとんど反応を見せなかった。そのうえ、アメリカ政府からある種の「敵」と見なされているチャベス〔ヴェネズエラ前大統領〕がアメリカ国内の一部主要都市に住む貧困層に石油を〔国営石油企業を通じて〕提供することがともかくできたときにも、実は同様のことが起きていたのである。これらはすべて大仰な行為ではないが、少し前にはほとんど許されることではなかったし、またよくあることでもなかった。私はこうした諸行為について、概して非公式な新種の司法権域が生じつつあることの証左と見なしている。結局のところ、それらはＴＡＲの集合体《アセンブリッジ》なのである。

（24）*Territory*, 第四章。ところで実は、国籍そのものが変容の途上にある法的形式となっている（たとえば、Karen Knop, *Diversity and Self-Determination in International Law* (Cambridge: Cambridge University Press, 2002); Kim Rubenstein and Daniel Adler, "International Citizenship: The Future of Nationality in a Globalized World", *Indiana Journal of Global Legal Studies*, 7, 2 (2000), pp. 519-548 を参照のこと）。国籍はもはや〔各国の〕独自性を示す条件として安易には用いることができない。現在進行中である重要な力学の一部によって、たとえば二重国籍の付与（Eric C. Dahlin and Ann Hironaka, "Citizenship Beyond Borders: A Cross-National Study of Dual Citizenship", *Sociological Inquiry*, 78, 1 (2008), pp. 54-73）や国際的な人権規範の国内法における導入（Harold Hongju Koh, "How is International Human Rights Law Enforced?", *Indiana Law Journal*, 74, 4 (1997), pp. 1397-1417）などによって、その独自性としての意味合いが揺るがされつつあるのである。この点で国籍は当然、〔セイラ・〕ベンハビブのいう「リベラル・デモクラシーにおける構造的な緊張」にかんするひとつの事例へと変移していくであろう。こうした問題にかんするより詳細な議論は、*European Journal of Political Theory*, 6, 4 (2007) に収められているベンハビブの著作にかんする特集、ならびに私の応答（pp. 431-444）を参照のこと。

（25）これは複雑な問題であり、私はそれをここでとりあげることはしない。*Territory* の第六章を参照のこと。ひとつの問題は、政府の執行部門がますます私的なものになっていくことと市民のプライバシー権に対する侵害とのあいだに、必然的な関連性がはたしてあるか、という問題である。

（26）ここでの問題は、政府の執行部門がグローバルな論理と結びついていくことと、さまざまな種類のナショナリズムが増殖していることとの関係である。私はこの問題を *Territory* の第六章と第九章でとりあげている。この点にかんして有益なのは、ナショナリズムとは近代性《モダニティ》と関連したプロセスだとするキャルホーンの主張である。この解釈によって、グローバリゼーションとナショナリズムとが共存する余地が生まれる。Craig J. Calhoun, *Nationalism* (Minneapolis, MN: University of Minnesota Press, 1997) を参照せよ。

（27）たとえば、A. Clair Cutler, "Globalization, Law and Transnational Corporations: A Deepening of Market Discipline", in Theodore H. Cohn, Stephen McBride and John Wiseman (eds.), *Power in the Global Era: Grounding Globalization* (Basingstoke: Palgrave Macmillan, 2000), pp. 53-66 を参照のこと。

（28）Panitch, "Rethinking the Role of the State".

(29) *Territory*、第四章・第五章のほか、Sassen, *Losing Control? Sovereignty in an Age of Globalization* (New York: Columbia University Press, 1996), chapter 2 を見よ。

(30) たとえば、Lourdes Benería and Savitri Bisnath (eds.), *Global Tensions: Challenges and Opportunities in the World Economy* (New York: Routledge, 2003); Max H. Kirsch (ed.), *Inclusion and Exclusion in the Global Arena* (New York: Routledge Chapman & Hall, 2006); Kate E. Tunstall (ed.), *Displacement, Asylum, Migration: The Oxford Amnesty Lectures 2004* (Oxford: Oxford University Press, 2006); Linda E. Lucus (ed.), *Unpacking Globalization: Markets, Gender, and Work* (Kampala, Uganda: Makerere University Press, 2005); Natalia Ribas-Mateos, *The Mediterranean in the Age of Globalization: Migration, Welfare and Borders* (New Brunswick, NJ: Transaction, 2005); Rami Nashashibi, "Ghetto Cosmopolitanism: Making Theory at the Margins", in Saskia Sassen (ed.), *Deciphering the Global: Its Spaces, Scales and Subjects* (New York: Routledge, 2007), pp. 241-262 などを参照のこと。

(31) *Territory*、第八章・第九章。

(32) たとえば、Sanjeev Khagram, James V. Riker, and Kathryn Sikkink (eds.), *Restructuring World Politics: Transnational Social Movements, Networks, and Norms* (Minneapolis, MN: University of Minnesota Press, 2002); Valentine M. Moghadam, *Globalizing Women: Transnational Feminist Networks* (Baltimore: Johns Hopkins University Press, 2005); Nancy A. Naples and Manisha Desai, *Women's Activism and Globalization: Linking Local Struggles and Transnational Politics* (New York: Routledge, 2002) などを参照のこと。

(33) *Territory*、第六章。

(34) *Territory*、第四章。

(35) *Territory*、第四章。

(36) サブナショナルな領域をベースにしたグローバリゼーションのプロセスと力学に焦点をあてることは、ある方法論と理論化を必要とする。すなわちそれらは、グローバルなものにかんする準拠枠設定《スケーリング》のみならず、グローバルなプロセスの要素という意味をもつサブナショナルなものにかんする準拠枠設定《スケーリング》も視野に入れていなければならないのである。これによって、旧来の準拠枠《スケール》における階層性や閉鎖性をともなった準拠枠設定《スケーリング》が揺るがされることになる。サブナショナルなレベルで構成されたグローバルなプロセス・条件を研究することは、グローバルな規模での力学について研究することに対し、いくつかの強みをもつであろう。しかしそれとならんで、本研究は固有の課題もまたともなうはずである。グローバリゼーション研究のなかでまずそれ［サブナショナルなレベルに注目した研究］は、長年にわたって有効な研究上の技法——量的研究にかんするものから質的研究にかんするものにいたるまで——の活用を可能にするはずだ。と同時にそれは、地域研究のような特殊専門化された学問分野のみならず、豊富にある国家のデータセットやサブナショナルなレベルにかんするデータセットを利用するための仲立ちもしてくれるはずである。しかしながら、そのどちらの研究においても、こうした研究上の技法やデータセットを開発した研究者たちが発展させてきた概念上の枠組みとは異なるもののなかに、それらは組み込まれねばなるまい。というのも、そうした研究者たちの成果は多くの場合、グローバリゼーション研究とはあまり関係がないからである。私はこの点について、Sassen, *A Sociology of Globalization* (New York: W. W. Norton, 2007) のなかで論じたことがある。

(37) たとえば、Alfred C. Aman, "The Globalizing State: A Future-Oriented Perspective on the Public/Private Distinction, Federalism, and Democracy", *Vanderbilt Journal of Transnational Law*, 31 (1998), pp. 769-870; Giselle Datz, "Global-National Interactions and Sovereign Debt-Restructuring Outcomes", in Sassen, *Deciphering the Global*, pp. 321-350; Rachel Harvey, "The Subnational Constitution of Global Markets", in Sassen, *Deciphering the Global*, pp. 199-216; Balakrishnan Rajagopal, *International Law from Below: Development, Social Movements and Third World Resistance* (Cambridge: Cambridge University Press, 2003) および *Territory*、第一章・第二章を参照のこと。

訳註

(i) 本稿は、Saskia Sassen, "Neither global nor national: novel assemblages of territory, authority and rights", *Ethics & Global Politics*, Vol. 1, No. 1-2, 2008, pp. 1-19 の本文および註を、著者および出版社の許可を得て日本語訳したものである（なお原文の誤記と考えられる箇所については、訳者の判断において訂正した）。筆者のサッセン氏自身が註（1）にて説明しているように、この論文は氏が二〇〇六年に出版した著作の内容をもとにしている。（すでにその邦訳もある。伊豫谷登士翁監修・伊藤茂訳『領土・権威・諸権利——グローバリゼーション・スタディーズの現在』明石書店、二〇一一年。）

サッセン氏の原文は著しく難解であり、したがって必要と思われた箇所ではおもいきった意訳や原文にない語句の挿入をいくつも行なった。前述の邦訳も適宜参考にさせていただいたが、訳語等は必ずしも同書のそれに準じていない。

(ii) この文を含め本稿で頻繁に登場し、タイトルにも用いられている「集合体《アセンブリッジ》 assemblage(s)」という用語について、まず説明を加えておきたい。

この概念は、のちに示されるように、歴史上のあらゆる社会にほぼ共通して存在してきた領土（territory）・権威（authority）・諸権利（rights）という三つを構成要素に含んだ「全体」を表わす概念である。ただし、ここでの「全体」とは、各構成要素が法則的かつ単線的な相互作用をくりかえすといった意味での、静的な統一体では必ずしもない。またそれは、各要素を序列づけるような中心をもち、明確な外縁をもつといった秩序ある統一体でも必ずしもない。むしろそれは、ある要素がいくつかの要素と複線的に連結しあい、その時々において多種多様な相互作用を引き起こす可能性があり、場合によっては、その作用から新たな構成要素も生まれて「全体」そのものの性格も変化するといった、動的・偶然的・一時的な性格をもつ「全体」である。したがって、このようなニュアンスをもつassemblage(s)にどの訳語をあてるべきかは難しい問題であるが、『領土・権威・諸権利』の邦訳では「集合」という訳語に「アセンブラージュ」というルビが付されていることを参考に、ここでは「集合体」という訳語を用い、かつ「アセンブリッジ」という英語式発音のルビを付すことにする（ちなみに英語でもassemblageという単語を「アサンブラージュ」とフランス語式に発音することがあるが、その場合は、たとえば写真のコラージュのように、さまざまなものの断片を組み合わせて作るという芸術上の技法、ないしはそれによって作られた作品を指すときに限定されるようである）。

なおこのサッセン氏の集合体《アセンブリッジ》という概念は、氏自身が註（11）で述べているように、ジル・ドゥルーズとフェリックス・ガタリによる『千のプラトー』での議論に触発されてのものであるようだ。ただしドゥルーズらは、同書のフランス語原典においてその概念をagencement（日仏辞書には「整理」「配置」「構成」といった訳語がしばしば掲載されている）という単語で表現しており、assemblageというフランス語は用いていない。（同書の日本語訳〔宇野邦一他五名訳『千のプラトー――資本主義と分裂症』河出書房新社、一九九四年〕では、agencementに「アレンジメント」という訳語があてられている）。agencementの英訳語としてassemblageを用いることは『千のプラトー』の英訳本がきっかけらしく、その訳語には批判もなくはなさそうだが、英語圏のドゥルーズ・ガタリ研究者のあいだでは今日ほぼ定訳として受け入れられているようである。

次に、本稿のなかでサッセン氏が集合体《アセンブリッジ》（あるいは、ときにそれとほぼ同等のものをさすと考えられる「秩序order」などといった語）を形容する語として頻繁に用いているpartial・(highly) specializedという表現について若干の説明をくわえておきたい。この註を付した文では、そのそれぞれに「部分的」「（極度に）分野限定的」という訳語を用いた。別の文でそれらの英単語が現われたときには、その前後関係に応じてそれに類する適当な訳語を使用している。

サッセン氏によれば、国民国家に代表される旧来の集合体《アセンブリッジ》の特徴は、領土・権威・諸権利などの諸要素をすべてひとつの領域や制度のなかにまとめあげてしまう（しまおうとする）、その包括性や一元性にある。ところが、本稿において氏が注目する近年の集合体《アセンブリッジ》は、そのような特徴がない。かつて国民国家に独占されていた諸要素の一部のみを対象としてそれらを寄せ集めたのが、これらの新しい集合体《アセンブリッジ》である。たとえば――氏が本稿でくりかえし用いている例を使用するなら――人権保障は、かつてはその他の要素と一緒に国民国家のなかで管理・実践が行なわれていた。しかし近年では、国際刑事裁判所の設立に代表される「国際人権レジーム」の進展に見られるように、人権保障という特定の分野だけを対象にして、それ独自のルールや制度が国境を越えて整えられている。こうした「部分的」で「分野限定的」なルールや制度の総体こそ、まさに新種の集合体《アセンブリッジ》としてサッセン氏が理解しているものである。

なお本稿では「特定の」「特殊な」「個別的」といった形容語も頻出する。しかしそれらも多くの場合、国家の包括性・一元性との対比が念頭に置かれていることに注意を促しておきたい。

(iii) 本段落中には「ナショナル（な）」という表現がくりかえし用いられている（以下の文章中にも頻出する）。そこでこの訳語の選定についても、少し説明をくわえておく。

本稿ではほとんどの場合「ナショナル（な）」というカタカナを英語の national にあてている。それにはふたつの理由があり、ひとつは、本段落中の「ナショナル対グローバル」という表現に（さらには本稿のタイトルにも）現われているように、サッセン氏が一貫してこの「ナショナル（な）」という表現を「グローバル（な）」との対比を念頭におきつつ用いているからである。日本語としてすでに定着している「グローバル（な）」というカタカナに合わせ、national のほうも「ナショナル（な）」としたほうが、「国家（的）」と訳すよりもその対比性がよりはっきりとするように思われる。

第二の理由はサッセン氏が national states と nation-states とを区分して用いていることに関係する。nation-states を「国民国家」と訳すことについては、それが定訳でもありさほどの異論は生じまい。しかし national states にかんしては、それを「国家的国家」や「国民的国家」などと訳すことは、語感のうえでも意味のうえでも、また「国民国家」と区分するうえでも明らかに難がある。よってそこでの national も「ナショナルな」というカタカナで訳しておくことが、おそらくもっとも無難な選択だといえよう。

なお national states と nation-states との違いについては、『領土・権威・諸権利』の邦訳を監修した伊豫谷氏による「あとがき」（四六五頁）の脚注で、サッセン氏自身による説明とともに簡単な解説が行なわれている。それによれば、national statesの強調点は「法や司法、行政機構などの政治や権力装置に関わるもの」としての「国家」にある。一方、nation-statesの場合は、人びとの集合体という意味での社会という側面、つまり同じ国民性（ナショナリティ）や経済的な特徴などを共有した社会としての側面に強調点がおかれている。本稿で「ナショナルな国家」と「国民国家」という言葉が登場したときには、こうした違いにも留意されたい。

（iv）「グローバル・シティ global city」とは、情報通信網を通じた結びつきによって他のグローバル・シティと国民国家の枠を超えて深くつながり、さらに金融センターやそれにつらなるサービス産業が集中していることによって、世界経済のコントロール力もあわせもっている都市のことを表わした言葉である（ニューヨークやロンドンなど）。詳しくは、サスキア・サッセン（伊豫谷登士翁監訳、大井由紀・高橋華生子訳）『グローバル・シティ――ニューヨーク・ロンドン・東京から世界を読む』（筑摩書房、二〇〇八年）を参照のこと。

（v）「潜在力《ケイパビリティ》 capability (capabilities)」とは、ナショナルな国家をはじめとするナショナルなもの、あるいはグローバルなもののなかなどに備わり、集合体《アセンブリッジ》や秩序をその発展の過程で変容させていくような力のことである。『領土・権威・諸権利』の邦訳では「能力」という訳語があてられているが、その力の働き方や意味合いは時間や状況の変化とともに変わっていく、というこの概念にこめられたサッセン氏の用法をふまえ、本翻訳においてはそうしたニュアンスをより強く帯びた表現だと考えられる「潜在力」という訳語を用いることにした（ただしその場合でもつねに「ケイパビリティ」というルビをふっている）。なおこの「潜在力《ケイパビリティ》」については本稿筆者註（10）のほか、『領土・権威・諸権利』の邦訳二五―二六頁の説明も参照のこと。

（vi）「組織化論理 organizing logic(s)」は、サッセン氏の理論における重要なキー・ワードのひとつである。それは、ナショナルな秩序（システム）やグローバルな秩序（システム）などを構成（組織化）する諸要素（潜在力《ケイパビリティ》）の総体を表わす概念らしい。『領土・権威・諸権利』の邦訳二八頁にははっきりした定義は示されていないものの、この概念についての間接的な説明がある。

（vii）原文は"all three evince specific features"。だが、threeとあるのはfourの誤りであると判断し、そのような前提のもとで翻訳を行なった。

（viii）原文は"these two phases are often seen as analogous to the current global phase"である。主語の"these two phases"はその直前の文に出てくる"the earlier international and current global phases"をさすと考えられるが、この文は"the earlier international phase is often seen as analogous to the global phase"の誤りだと判断し、ここではそのように訳した。

（ix）DP（Dubai Ports）World、ドバイに本社を置く港湾管理を主要事業とした多国籍企業。

第3部　コミュニティの可能性に向けて

資本主義の進化とコミュニティ――アジアにおける持続可能な福祉社会に向けて

広井良典

はじめに――「コミュニティ」という主題を論じることの意味

アジアあるいは日中韓の現状や今後の展望を論じるにあたって、「コミュニティ」というテーマが主題化されることは、これまで皆無とは言わぬまでも、きわめて稀であったと言えるだろう。

なぜだろうか。おそらくその最大の理由の一つは、基本的に「コミュニティ」という言葉ないしコンセプトが、概してネガティヴな含意をもつものとして理解されることが多かった、という点にあると思われる。

このことは、コミュニティとほぼ同義の言葉として「共同体」という用語を用いればより鮮明になることであって、すなわち、コミュニティあるいは共同体なるものは、近代的な、独立した「個人」を〝抑圧〟するような存在、言いかえれば個人の自由にとって桎梏となるような、〝前近代的〟ないし封建的な存在として把握され、それはむしろ克服されていくべきものである、という了解がこれまでの基調をなしていたのである。さらに言えば、この了解の枠組みは、「西欧近代＝独立した個人」に対する「(遅れた) アジア＝共同体の優位」といった (きわめて単純化された) 図式を伴う形でより強化され、いっそうネガティヴな含意をもつことになった。

ところが、近年に至ってこうした理解の枠組みや構図が大きく変わりつつある。まず、さまざまな文脈において、たとえば貧困や格差などの問題を解決する主要な主体は「政府」あるいは「国家」であるといった了解が相対化され、いわゆるNPOや協同組合などを含めた非営利組織その他が台頭し、それらを含めた「新たなコミュニティ」づくりや〝新しい公共〟、新しい市民社会（civil society）論が浮上することになった。

これは別の角度から言えば、基本的に「公」と「私」の明確な区分、あるいはその〝二元論〟において個人と社会をとらえてきた「近代的」な了解――経済学の領域にそくせば「市場－政府」という二元論的な枠組み――を相対化し、第三の領域とも呼びうる「共」の領域を再評価ないし再定義する試みとも言えるだろう。

あるいはまた、経済発展に伴って都市化が進行し、高齢化も進行していくなかで、あとでも見るように特に日本などにおいて顕著なことであるが、人々のあいだの「社会的孤立」が高まり、また〝孤独死〟や〝孤立死〟と呼ばれる現象が生じ、コミュニティの崩壊や希薄化といったことが、対応すべき重要な社会的課題として認知されるに至っている。さらには学問的な領域においても、たとえば「ソーシャル・キャピタル」論がそうであるように、人々のあいだの信頼や規範、互酬性のネットワークといった、従来は必ずしも十分な関心が向けられなかった、人と人との「関係性」に関わるテーマが関心を集めるようになった。

こうして「コミュニティ」というテーマがさまざまな文脈や領域において主題的に論じられるようになったわけだが、しかし前記のような従来からの認識枠組み（「西欧近代＝独立した個人」に対する「〔遅れた〕アジア＝共同体の優位」といった図式）がなお根強いこともあって、冒頭から述べているように、アジアという主題の関連で「コミュニティ」が論じられることはなお少ないと言ってよいだろう。したがって、この話題は今後さまざまな角度から探求されていくべき、いわば未開拓の、しかしきわめて重要なテーマであると思われる。そうした場合、やや単純化して整理すれば、次のような論点がこの問題を論ずるにあたって考慮すべき視点になるだろう。

（1）日中韓に共通する、現代社会の課題としての「コミュニティ」

（2）「コミュニティ」をめぐる日中韓（ないしアジア諸国）の差異や比較
（3）（日中韓という）東アジア文化圏における「コミュニティ」のあり方の特性や、ローカルからグローバルに至るさまざまなレベルの「コミュニティ」の意味

このうち（1）は、先ほども関連の論点にふれたように、経済システムが進化し、そのなかで都市化や高齢化といった減少が進行していき、あるいは人と人との関係性が変化していくなかで、「コミュニティ」というものをどう理解し位置づけ、また対応していくかという、いわば普遍的なテーマである。

一方、「コミュニティ」と一口に言ってもそのあり方は各地域や各国において大きく異なるはずであり、そうした比較や、そこから導かれる含意やメッセージの吟味を、日中韓（ないしアジア諸国）にそくして行なうのが（2）の視点である（本書での金王培論文や沈潔論文は以上のような関心にとって貴重な示唆に富む内容となっている）。

他方、（3）に関することだが、日中韓の三か国は、歴史的に中国文明を起点とする文明圏ないし文化圏として、「コミュニティ」のあり方について一定の共通性をもっている可能性がある。さらに言えば、「コミュニティ」の〝単位〟は決して「地域コミュニティ」や「国家というコミュニティ」に限らず、東アジア等といった「リージョナルなコミュニティ」、ひいては「地球というコミュニティ」にもなりうる。したがってこうした点を掘り下げていくことは、いわゆる「東アジア共同体」をめぐる議論も含め、ローカルからグローバルに至るさまざまなレベルのコミュニティをどう位置づけ、相互の関係性を考えていくかといった、今後ますます重要になると思われるテーマに一定の展望を開くことにもつながる可能性があるだろう。

本稿では、以上のような問題意識を踏まえ、コミュニティをめぐる現代的な課題について考察を行なってみたい。

1　コミュニティの形成原理——日本における課題

農村型コミュニティと都市型コミュニティ

最初に、コミュニティをめぐる問題の所在を明確にするためにも、「コミュニティの形成原理」の二つのタイプとして、「農村型コミュニティ」と「都市型コミュニティ」という視点について見てみよう。

ここで「農村型コミュニティ」とは、〝共同体（コミュニティ）に一体化する（ないし吸収される）個人〟ともいうべき関係のあり方を指し、それぞれの個人が、ある種の情緒的ないし非言語的なつながりの感覚をベースに、一定の同質性ということを前提として結びつくようなあり方をいう。いわば〝自己を中心とする同心円〟を広げ、それが他者のそれと重なることを通じて形成されるコミュニティであり、その（共有された）同心円の「ウチ」と「ソト」がコミュニティの〝境界〟をなすことになる。

これに対し「都市型コミュニティ」とは〝独立した個人と個人のつながり〟ともいうべき関係のあり方を指し、個人の独立性が強く、そのつながりは共通の規範やルールに基づくものであって、言語による比重が大きく、また個人間の一定の異質性を前提とするものである。「個人」を構成単位とするものなので、形式的に言えばそれは農村型コミュニティの場合のような明確な「ウチ－ソト」の境界をもたず、外部に対していわば〝開かれた〟ものである。以上のような農村型コミュニティと都市型コミュニティの対比は、「共同性」と「公共性」という対照とも基本的に重なっていると言えるだろう。

表１　コミュニティの形成原理の二つのタイプ

	A: 農村型コミュニティ	B: 都市型コミュニティ
特質	“同心円を広げてつながる”	“独立した個人としてつながる”
内容	「共同体的な一体意識」	「個人をベースとする公共意識」
性格	情緒的（非言語的）	規範的（言語的）
関連事項	文化＊	文明
	「共同性」	「公共性」
	母性原理	父性原理
ソーシャル・キャピタル＊＊	結束型（bonding）（集団の内部における同質的な結びつき）	橋渡し型（bridging）（異なる集団間の異質な人の結びつき）

＊「文化 culture」は農村と、「文明 civilization」は都市（city ないし civitas）と対応するが、ここでの趣旨は、前者は「個別の共同体に完結するもの」、後者は「複数の共同体が出会うところに生成する（普遍的な）もの」といった意味である。

＊＊「ソーシャル・キャピタル（社会関係資本）」に関してはパットナム（2006）参照。

これらの点を、関連する論点とともにやや単純化して示したのが表１である。

以上述べた「農村型コミュニティ」と「都市型コミュニティ」は、いわばそれぞれが長所と短所を有するもので、どちらか一方が〝優れている〟という性格のものではない。

すなわち、長所・短所という点についてやや単純化して述べれば、農村型コミュニティの長所は、それが人間の情緒的な側面に基盤をもつことからくる凝集性の強さや、そのもたらす〝一体感〟であるだろう。しかし同時にそれは、集団の「ウチ」と「ソト」の明確な区分や、外部に対する（潜在的な）閉鎖性・排他性という負の側面をもっている。

逆に、都市型コミュニティの長所は、農村型コミュニティに見られるそうしたウチ－ソトの明確な区分や閉鎖性をもたず、外部に対して〝開かれた〟性格のものであることだが、それは農村型コミュニティのような情緒的な基盤を有しないことから、結びつきの強さや凝集性という面では弱いものとなっている（また都市型コミュニティはなんらの排他性ももたないわけでなく、一定のルールを理解できる者とか、ある理念を共有・賛同できる者といった、ある種の「資格」を条件とするものであり、いわば〝垂直的な排他性〟をもつとも言える。この点につき広井〔2009〕参照）。

このように、農村型コミュニティと都市型コミュニティに見られる二つの関係性は、互いに異質でありつつ、表裏の長所・短所をもっている。ここでは詳細な議論は避けるが、人間にとってはこの両者の関係性がいずれも本質的であって、その一方のみに傾斜することのないバランスが重要と言える。

日本社会とコミュニティ

ところで、こうした「農村型コミュニティ」と「都市型コミュニティ」という対比を行なった場合、日本社会（ないし日本人）において圧倒的に強いのが前者（農村型コミュニティ）のような関係性であることは、あらためて指摘するまでもないかもしれない。

歴史的な流れにそくして見れば、戦後の日本社会とは〝農村から都市への人口大移動〟の時代だったといえるが、農村から都市に移った人々は、カイシャと核家族という、いわば〝都市の中の農村（ムラ社会）〟を作っていった。そこではカイシャや家族といったものが閉鎖性の強い集団（＝農村型コミュニティ）となり、それを超えたつながりはきわめて希薄になっていった。そして、そうした農村型コミュニティの（同心円の）「ユニット」が個人にまで〝縮小〟し、人と人のあいだの（あるいは集団と集団のあいだの）孤立度が極限まで高まっているのが現在の日本社会と見ることもできる。

実際、世界価値観調査と呼ばれる国際比較調査では、**図1**に示されているように、先進諸国のなかで日本はもっとも「社会的孤立」度の高い国であるとされている。この場合「社会的孤立」とは、家族以外の者との交流やつながりがどのくらいあるかという点に関わるもので、日本社会は、〝自分の属するコミュニティないし集団の「ソト」の人との交流が少ない〟という点において先進諸国のなかで際立っているのである。

現在の日本の状況は、「空気」といった言葉がよく使われることにも示されるように、集団の内部では過剰なほど

図1　先進諸国における社会的孤立の状況（2001年）

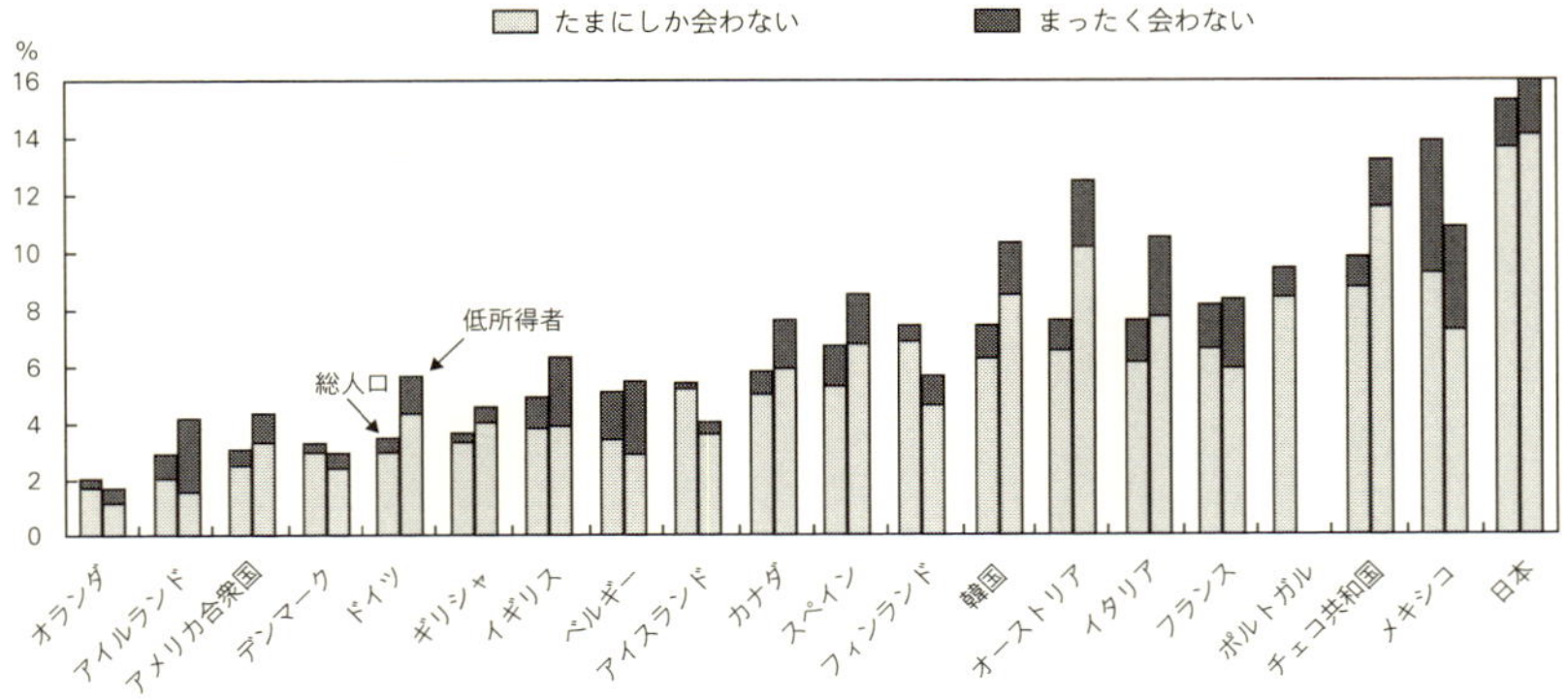

この主観的な孤立の測定は、社交のために友人、同僚または家族以外の者と、まったくあるいはごくたまにしか会わないと示した回答者の割合をいう。図における国の並びは社会的孤立の割合の昇順である。低所得者とは、回答者により報告された、所得分布下位3番目に位置するものである。(出典:OECD〔2005〕)

周りに気を使ったり、同調的な行動が求められる一方、一歩その集団を離れると誰も助けてくれる人がいないといった、「ウチとソト」との落差が大きな社会になっている。このことが、人々のストレスと不安を高め、高い自殺率といったことも含めて、生きづらさや閉塞感の根本的な背景の一つになっているのではないだろうか。

この場合、私はこれを〝日本人の国民性〟といった、不変の属性のようなものとして理解するのは正しくないと考えている。「ウチとソトを明確に区別する」「集団が内側に向かって閉じる」といった日本社会にありがちな行動パターンや関係性は、比喩的に言えば〝稲作の遺伝子〟ともいうべきもの、つまり二〇〇〇年に及ぶ灌漑稲作社会の歴史において、比較的小規模の集団が一定の同調性が求められる生産・社会構造において暮らすなかで、それに「適応的」な行動様式として定着・浸透してきたものと言える。

言い換えれば、人と人との関係性や行動パターンというものは、その社会の風土的条件や生産・社会構造に適応的であるように〝進化〟するのであり、現在の日本について言えば、そのようななかで醸成されてきた人々の行動様式が、都市化や成熟社会への移行といった社会構造の急速な変化に追いついていないと理解されるべきだろう。

したがって日本社会における根本的な課題は、〝個人と個人が独立しつつ、つながる〟ような「都市型コミュニティ」をいかに作っていけるか、という点に集約される部分が大きい。これについては、一つには「規範」のあり方（集団を超えた普遍的な規範原理の必要性）という点が大きな課題となり、また日常的なレベルでの行動パターン（挨拶、お礼の言葉、見知らぬ者同士のコミュニケーション等）が同時に重要となると考えられ、さらにアジアなど外国人との関わりの増加も契機の一つになりうると思われる。同時に、こうしたコミュニティや新たなつながりの創出に向けて、各地において〝百花繚乱〟とも呼べるようなさまざまな動きが展開しつつあることも確かな事実である。

付論　コミュニティ及び都市政策・福祉政策の比較への視点

都市型コミュニティの確立という課題について述べたが、このテーマは、都市における人と人の関係性というソフト面に関わると同時に、まちづくり・都市計画や住宅政策を含む都市政策のあり方や、社会保障あるいは福祉政策とも深く関わっている。そして今後、こうしたソフト・ハードにわたる包括的な視点から、コミュニティに関する日中韓の三か国比較を行なっていくことが重要と考えられる。

こうした問題意識の一端を、中国での私自身の経験にそくして記してみたい。私はさる二〇一〇年三月末から四月末までのあいだ、国際交流基金の派遣事業で北京に滞在し、学生を相手に講義を行なう機会があった。中国には国際協力機構（JICA）の社会保障関連のプロジェクトなどを含めて十数回行っていたが、一か月以上の滞在は初めてで、限られたものではあれ街での人々の様子やその「生活」を垣間見ることができた。

中国の都市は、社会主義そして土地公有ということもあって都市計画の規制が強く、街の景観は非常に整然とした印象を受ける（なお日本ではあまり認識されていないが、実はヨーロッパも土地の相当割合が公有である）。

写真１　公園でマージャンや将棋をする高齢者（北京）

写真２　公園で地面に「書」を行なう高齢者・子ども（北京）

表2　福祉政策（社会保障）・都市政策に関する日中間比較の枠組み

	社会保障	土地所有	都市計画規制	住宅
日本	規模：小	「私」中心 （公有地割合37%）	弱	「私」中心 （公的住宅割合6.7%）
韓国	規模：小	「私」中心	弱	「私」中心
中国	整備途上	「公」中心	強	「公」中心

一方、少し脇道あるいは路地に入ると、無数の市場などが存在するとともに、濃密なコミュニティ的空間が立ち現われる。特に印象的なのは公園の様子で、そこでは地域の高齢者が多く集まって、男女入り混じりながら三々五々マージャンや将棋をしていたり、音楽をかけて踊っていたりする。そのなかには、日本でも紹介されることがあるが、大きな筆に水をつけて地面に「書」を行なっている人もいて、孫くらいの年齢の子どもも一緒に書いていたりする（写真1・2参照）。少し前から高齢者の孤独死やひきこもりということが日本で議論になっているが、そうしたことが考えにくいような都市型コミュニティ、つまり都市におけるさまざまな人と人の関わりが存在している。

こうしたことを可能にしている一つの条件として、街の中心部に（公的）住宅が多いことが関係していると思われる。東京など都市の中心部に中層の集合住宅が少ない日本と比べ、中国の場合はそうした中層（五階ないし一〇階前後）の住宅が街の至るところに整然と広がっている。これはもともと、社会主義の枠組みのなかで公的な住宅が計画的に整備され「職住近接」の形がとられてきたからである（生産と生活を包含した〝単位〟システム）。ただし九〇年代後半以降はそうした住宅も商品化されて市場に委ねられるようになり、近年では住宅価格が高騰し、滞在中もそのことが連日報道されていた。しかしそれでもなお、中心部に住宅が大量かつ計画的に整備されていて、高齢者・現役世代・子どもというさまざまな世代の〝暮らしの場〟になっていることが、右記のような都市型コミュニティの基盤になっていると思われた。

併せて、そうした制度的な側面とは別に、より根本的には、先ほど本文で述べたように集団ごとに「ウチ」と「ソト」を分けて行動しがちな日本人に比べて、「個人」をベースとした都市的な関係性が日本などよりも強いと感じられた（これは韓国についても同様で、限られた観察ではあるが、先の「農村型コミュニティ」「都市型コミュニティ」という座標軸で比較した場合、日本社会がもっとも「農村型コミュニティ」としての性格が強いものと私は考えている。この論点に関し、広井〔2009〕、小倉〔2001〕参照）。

中国にそくして言えば、思うにこれまで日本で中国のことが話題になる場合、概してそれは政治や国際関係など〝高い〟目線のものが多かったが、これからは以上のようなテーマを含め、もう少し生活者や個人の視点からの、具体的な観察や相互の学びが重要になっていくのではないか。しかもそれは、右記の住宅・都市計画・土地所有といった話題に示されるように公共政策のありように深く関わり、ひいては（あとでも取り上げる）「社会主義市場経済」と福祉国家、資本主義のゆくえという普遍的なテーマにつながる（なお、以上で言及したような都市政策と福祉政策〔社会保障〕をめぐる日中韓比較の基本的な枠組みをスケッチしたのが**表2**である）。

振り返れば明治期以降とりわけ第二次大戦後の日本人は、「アメリカ・ヨーロッパ－日本－他のアジア諸国等」といった暗黙の〝序列〟を意識のなかに根強くもち、経済・文化・思想を含め、その枠組みの中に自身を位置づけ、またその座標軸において「世界」を見るようになった。そうした構造自体が根底から問われているのが現在であり、中国・韓国そしてアジアとどう向き合い関わるかという主題は、その一つの中心に位置しているのではないだろうか。

2　資本主義の進化とコミュニティ

互酬性・交換・再分配をめぐるダイナミクス

1では農村型コミュニティと都市型コミュニティという視点をベースにコミュニティのあり方について吟味したが、次に「資本主義あるいは経済システムの進化」という時間軸に沿った観点から、コミュニティの意味について考えてみたい。

議論の手がかりとして、経済思想家のカール・ポランニーが提起した「互酬性、交換、再分配」に関する概念枠組みを取り上げてみよう。

ポランニーは、人間の経済的行為は「互酬性 reciprocity、交換 exchange、再分配 redistribution」の三者に最終的に区分できるという議論を行なった（ポランニー〔1975〕）。互酬性は「相互扶助」とも言い換えられ、交換は、一般に市場において行なわれるものである。再分配は、富の一次的な分配の結果から生じる、その不平等ないし不均衡を是正するべく行なわれるものである。

以上の記述からも示唆されるように、この三者をそれぞれに対応する領域ないし主体と対応させると、

・互酬性――コミュニティ（共同体）
・交換――市場
・再分配――政府

という関係構造が浮かび上がる。

ところで、「互酬性」と「交換」は何が違うのだろうか。一般に、交換あるいは市場というものの原初的な形態は、それがコミュニティ(共同体)とコミュニティの間で、あるいは二つのコミュニティの〝境界〟において行なわれるものであったとされる。この意味では、「互酬性」はコミュニティというもの自体が一定の時間的継続性をもつことを前提としてその内部で展開するものであり、「交換」は、そうした持続性をもつコミュニティのあいだにおいて、少なくとも原理としては一回ごとに完結するものとして生成したと言えるだろう(実際には、そうしたコミュニティ間の交換それ自体が継続的に行なわれることがあるとしても)。

このように考えていくと、「互酬性/交換/再分配」の三者は、単にパラレルに並存しているのではなく、そこにある種のダイナミックな関係が存在しており、それはまた、それぞれに対応する「コミュニティ/市場/政府」の三者をめぐるダイナミックな構造とも関連しているという点が浮かび上がってくる。

つまり、あとの議論も先取りする形で、大きな構造を単純化してまず示すと図2のような構図が考えられる。

図2の趣旨は次のようなものである。おそらくもっとも原初的には、「互酬性」「交換」「再分配」の三者は、「互酬性」をもっとも基底的なものとしながら、なかば未分化な形で存在していた。つまり、互酬性はコミュニティの内部的な関係を律する基本であり、ただしコミュニティは別のコミュニティとのあいだで財の取引を行なったりするので、そこでは「交換」の原理が生じ、また、コミュニティの内部で生まれる分配の不均衡ないし不平等を是正する意味で、ある種の「再分配」に近い営みが行なわれていた。また、右記の「交換」が一定の規模以上で恒常的に行なわれるようになると、そこに「都市」が展開していった。

以上のような形で、互酬性をベースとしつつ「互酬性/交換/再分配」の三者のあいだで比較的静的に存在していた関係構造が、大きく変容するのが一六―一七世紀前後以降の時代であり、その基調ないし原動力は、この三者のな

図2　「互酬性／交換／再分配」をめぐる構造変化①

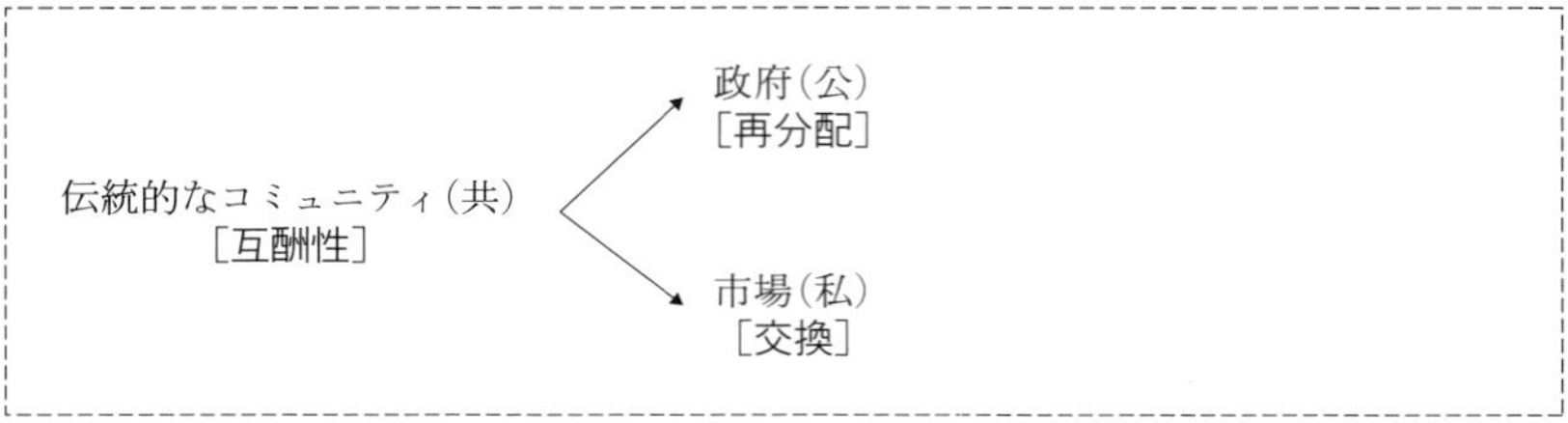

図3　「互酬性／交換／再分配」をめぐる構造変化②

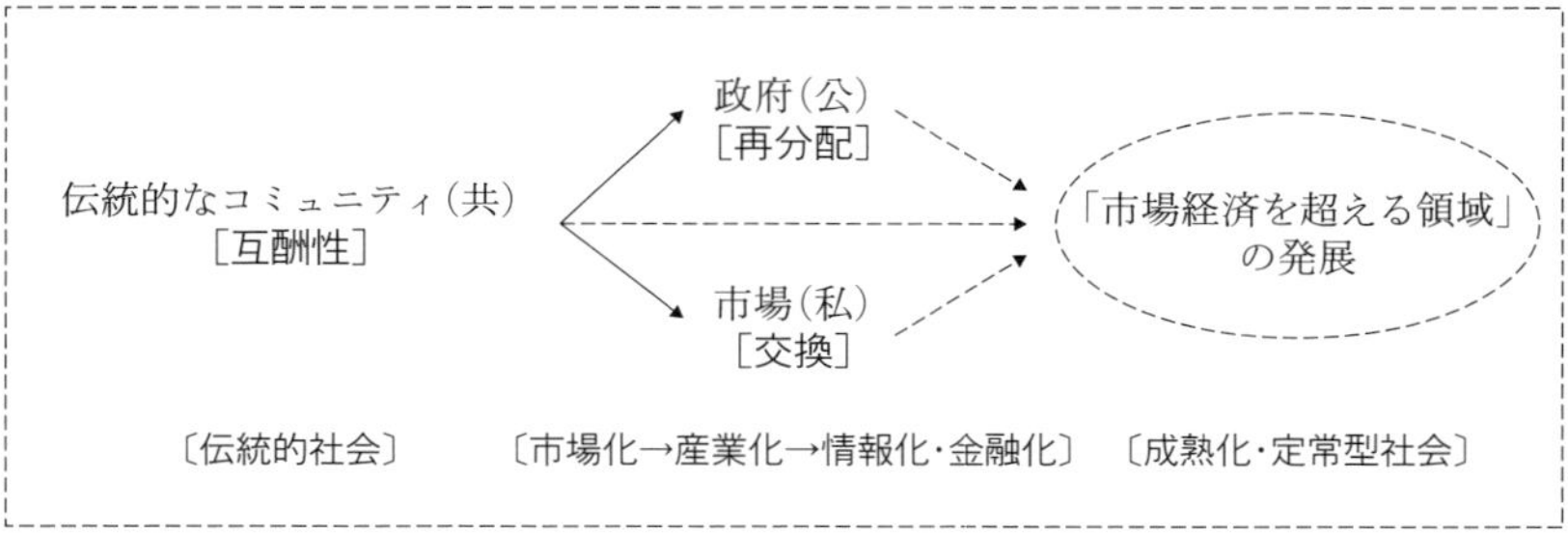

かでの「市場（＝交換）」の領域が大きく展開し、やがて産業化ないし工業化という潮流とも結びついて大規模な拡大・成長を遂げていったことである。この結果、「互酬性／交換／再分配」のなかでのいわば〝主導権〟は「互酬性＝コミュニティ」から「交換＝市場」にシフトすることになり、同時に、市場経済の拡大に伴う貧富の差や格差を是正する装置としての「再分配＝政府」が独立したポジションを担うことになっていった。その象徴的な形が、（制度的な再分配のシステムとしての）「福祉国家」であったことは言うまでもない。いずれにしても、こうして（コミュニティに代わって）「市場」と「政府」あるいは「私」と「公」の二元論が前面に出るのが近代的な社会システムの基調をなしていた。

　議論を大幅に急ぐことになるが、そのようにしてここ数百年にわたり飛躍的に拡大していった市場経済の領域が、人々の物質的需要が充足されることとパラレルに、ある種の成熟ないし飽和という状況を迎えているのが現在の状況である。ここにおいて、再び「コミュニティ」というものが舞台の前面に登場するとともに、「互酬性／交換／再分配」あるいは「コミュニティ／市場／政府」の三者が、ある種の〝再融合〟ともいうべき状況を生み出そうとしているのがいまという時代である（図3参照）。

資本主義の進化と社会的セーフティネット

ところで、いま述べた〝再融合〟という点を公的な福祉（ないし社会的セーフティネット）の歴史的進化という視点からとらえなおすと次のようになるだろう。

近代以降における公的な福祉は、一七世紀前後から市場経済が大きく浸透していくなかで、いわばそこから〝落伍〟した者に対する事後的な救済策として形成されてきた。この場合それは、

①当初は生活保護（公的扶助）という文字通りの「救貧」的施策としてスタートし（象徴的な例として一六〇一年のイギリスにおけるエリザベス救貧法）、

②続く一九世紀以降の産業化ないし工業化の時代においては、大量の都市労働者が生まれるなかでそうした事後的救済策のみでは対応が追いつかなくなり、「社会保険」という、より〝予防的〟（「防貧」的）な施策が形成され（一八七〇年代ドイツでのビスマルクによる社会保険制度の創設など）、

③さらに一九二九年の世界恐慌と二度にわたる大戦など資本主義が危機を迎えた二〇世紀前半の時代以降は、ケインズ政策という、政府の事業（公共事業や所得再分配）によって「需要」自体を刺激・拡大し、それを通じて雇用そのものを創出するという、もっとも事前的かつ資本主義システムの根幹に遡った対応がとられてきた。

以上のような歴史的展開を振り返ると、公的な福祉ないし社会的セーフティネットというものは、いわば「事後的・救済的」なものから「事前的・予防的」なものへと、あるいは資本主義システムの〝下流〟ないし末端から、シ

図4　社会的セーフティネットの構造と進化

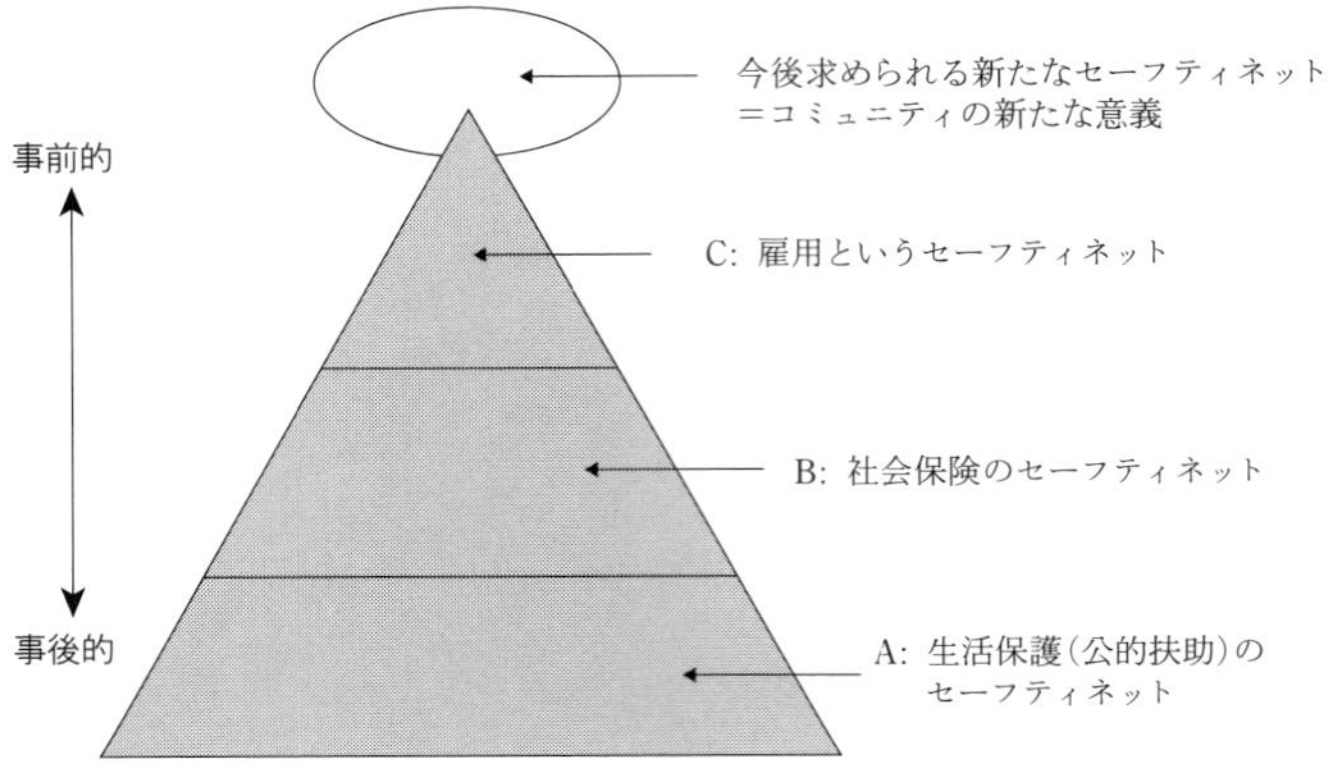

歴史的には、これらのセーフティネットはA→B→Cという流れで（＝事後的なものから事前的なものへという形で）形成されてきた（Cについては、ケインズ政策という雇用そのものの創出政策）。しかし現代社会においては市場経済そのものが成熟・飽和しつつあるなかで、市場経済を超えた領域（コミュニティ）を含むセーフティネットが求められている。

ステムの〝上流〟あるいは根幹に遡った対応へと進化してきたという、大きな流れを見てとることができる（図4）。

そして先ほども述べたように、人々の需要が飽和して経済が成熟化し、従来のような市場経済の拡大・成長が望めなくなっている現在、（たとえば二〇〇八年のリーマンショックや金融危機に示されるように）右記の③のような対応も機能しなくなっているという状況になっており、さらに根本的な対応が求められていると言える。

いま述べた「さらに根本的な対応」の柱となるのは、次の二つだろう。第一に、市場経済そのものが成熟・飽和し、従来のような成長・拡大がもはや望めないのであるから、重要なものとして浮かび上がるのは、先ほども言及した「市場経済を超える領域」としての「コミュニティ」である。したがって、公的な福祉ないしセーフティネットという概念も、「市場経済を前提としたうえでの、そこから落伍した者への事後的な施策（おもに現金給付を中心とする再分配）」のみならず、個人をいわば〝最初からコミュニティそのものにつないでいく〟ような対応が本質的な重要性を持つようになる。第二に、「システムのもっとも上流に遡った社会化」であり、就学前の児童や若者などに対する「人生前半の社会保障」の充実や、住宅・土地所有など「ストック」に関する公的な支援・関与の強化などが挙げられる（広井［2011］参照）。

3 「コミュニティ経済」の可能性

資本主義・社会主義・エコロジーのクロスオーバー

ここで以上の流れの総体を「資本主義の進化」という大きな視点でとらえ返して見ると、それぞれの段階において分配の不均衡や成長の推進力の枯渇といった〝危機〟に瀕した資本主義が、その対応をシステムの「周辺」レベルでのものから、順次システムのもっとも「根幹」に遡ったものへと拡張してきた、という一つの太い線を見出すことができるのではないか。

そして、そのようにして経済あるいは人々の欲望が大きく拡大・成長してきた最後の段階（としての定常型社会）において登場するのが、先ほどから論じているような、「コミュニティ」を再評価しつつ、かつ「資本主義のもっとも上流に遡った社会化」を展開するようなシステムの姿なのではないだろうか。

それは、資本主義システムの根幹に及ぶ社会化ということが、市場経済の成熟化・定常化（そして「市場経済を超える領域」の発展）や資源・環境制約の顕在化といった時代状況のなかで行なわれるという意味において、「資本主義・社会主義・エコロジーのクロスオーバー」とも呼ぶべき方向と重なるものである。

なお、以上のような関心を踏まえて、いわゆる「福祉国家」と現在の中国における「社会主義市場経済」というシ

表3　福祉国家と社会主義市場経済をめぐるシステム比較

	A: 社会主義	B: 社会主義 市場経済システム	C: 福祉国家	D:（純粋な）資本主義
土地所有	公的所有	公的所有とその修正	私的所有 （ただし一部公的所有）	私的所有
資源配分 ［生産段階］	公的コントロール （計画経済）	私的 （市場経済）	私的 （市場経済）	私的 （市場経済）
所得再分配 ［消費段階］	――	模索中	強	弱

ステムを、資本主義－社会主義をめぐる大きな座標軸のなかでまとめたのが表3である。

表3に示されるように、土地というもっとも根本的な「ストック」を〝社会化〟ないし公的所有とするとともに、資源配分あるいは生産段階から市場経済への公的コントロールを行なうのが社会主義の原型だった（表3のA）。しかし「社会主義市場経済」においては、これに修正が加わり、土地の公的所有は緩和されると同時に、資源配分はできる限り市場に委ね、不平等の是正等はむしろ事後的な「再分配」として行なわれるようになる（表3のB）。これはまさに現在の中国が直面している状況であり、そのなかで（従来の「単位保障」に代わる）「社会保障」の整備が大きな課題となっているのである（こうした話題については、広井・沈編〔2007〕参照）。

他方、そもそも福祉国家というシステムは、（純粋な）資本主義に対して一定の〝修正〟を加えたもので、資源配分は市場経済に委ねつつ、社会保障を中心とする（事後的な）再分配を行なうことで不平等の是正などを行なうというものだった（表3のC）。しかしながら、先ほどまで論じてきたように、現在の資本主義はこうした対応でもさまざまな限界に直面し、〝より上流に遡った社会化〟に向かいつつある。これは他でもなく「社会主義市場経済」に接近した方向であり、先に指摘した「資本主義・社会主義・エコロジーのクロスオーバー」という論点は、現在の中国のような社会主義市場経済というシステムを〝補助線〟に置くことによっていっそう明瞭に浮かび上がるのである。

したがって、こうした角度から日本・中国・韓国などの社会システムを比較・検証するとともに、先述のようにこうした方向において浮上する「コミュニティ」の重要性やそのあり方について、比較の視座を含めながら吟味していくことが課題となっている。

「コミュニティ経済」の生成と展開

こうした文脈のなかで、またこれからのコミュニティのあり方やその「再生」を考えていくにあたり重要になると思われる視点として、「コミュニティ経済」という概念を挙げておきたい。

ここで「コミュニティ経済」とは、いわゆる「コミュニティビジネス」よりも若干広い意味で、これまで異質なものとして考えられてきた「コミュニティ」と「(市場)経済」を再び結びつけたシステムのあり方をさしている。

考えてみれば、そもそもコミュニティというものは、〝真空〟に存在するものではなく、人々の生産活動や日常生活のなかに、ある意味でごく自然に存在するものである。また、商店街などを想起すればわかるように、かつては経済活動自体がある種の「コミュニティ」的性格ないし相互扶助的な要素をもっていた。しばしば言及される〝売り手よし、買い手よし、世間よし〟という近江商人の家訓もそうした発想に近いものと言えるだろう。

したがって、先に指摘した「コミュニティ／市場／政府」の〝再融合〟という論点ともつながるが、これからの時代においては、コミュニティをできる限りなんらかの経済活動と結びつけつつ生活のなかに組み込んでいくような対応や政策が重要になっていくのではないだろうか。

このことを別の角度から見ると、コミュニティを「生産のコミュニティ」と「生活のコミュニティ」の二者に分けて考えた場合、かつての農村社会ではこの両者は重なり合っていたが、戦後の高度成長期においてこれらは急速に分離していった(前者はカイシャ、後者は家族という具合に)。このことが、コミュニティの崩壊や希薄化ということの一つの背景として働いていると思われ、したがって今後は、なんらかの形で「生産のコミュニティ」と「生活のコミュニティ」を再びつないでいくような方向が課題となるのではないか。

そのなかには、たとえば「福祉商店街」ともいうべきアイディア、つまり歩いて楽しめる商店街をケア付き住宅ないし公的住宅（高齢者・障害者のみならず子育て世代や若者向け住宅を含む）や福祉施設等と一体的に整備しつつ、世代間交流やさまざまなコミュニティ活動の拠点にするような方向がありえ、これは〝買い物難民〟減少にも貢献するとともに、若者の雇用などにも意義をもちうる可能性がある。同様に、農業や自然エネルギーと結びついたコミュニティ経済、高齢者あるいは若者雇用関連のコミュニティ経済、団地再生とコミュニティ経済等といったさまざまな対応や政策が重要になるだろう。

これは、先述の**図4**にそくして見れば、ピラミッドの一番上にある「雇用」の部分を、さらにその上にある、今後の重要なセーフティネットでもある「コミュニティ」と結びつけることでもある。

なおここで述べている「コミュニティ経済」というヴィジョンには、その要素として「経済の地域内循環」という視点が含まれる。これに関しては、『スモール・イズ・ビューティフル』で知られる経済学者シューマッハーの流れを引き継ぐイギリスのNEF（New Economics Foundation）が「地域内乗数効果local multiplier effect」という興味深い概念を提唱している。

これは、経済がもっぱらナショナル・レベルで考えられてきたケインズ政策的な発想への批判ないし反省を含んだ提案であり、「地域再生または地域経済の活性化＝その地域において資金が多く循環していること」ととらえ、①「灌漑irrigation（資金が当該地域のすみずみにまで循環することによる経済効果が発揮されること）」や②「漏れ口を塞ぐplugging the leaks（資金が外に出ていかず内部で循環することによってその機能が十分に発揮されること）」といった独自のコンセプトを導入して、地域内部で循環するような経済のありように関する指標を作成しているものである（福士〔2009〕、中島〔2005〕参照）。

いずれにしても、こうしたコミュニティ経済の領域は今後大きく生成し、その輪郭はなお漠然として未開拓であるが、そこでは貨幣経済と非貨幣経済がクロスオーバーするとともに、内部で循環する経済を地域に生み出し、また都市と農村をつなぐ機能も担うことになっていくと思われる。

おわりに　アジアにおける「持続可能な福祉社会」に向けて

これからの日中韓三国を考える場合、「高齢化」あるいは「少子・高齢化」という点が、明らかに三国が共通に抱える課題であり、かつ文字通り〝世界をリードしていく〟ものであることを再確認しておく必要があるだろう。たとえば国連の人口推計によれば（*World Population Prospects: 2008 Revision*）、二〇五〇年において、高齢化がもっとも進んでいる国、つまり六五歳以上の人口比率がもっとも高い国の第一位が日本、第二位が韓国となっている（それぞれ三七・八%、三四・二%）。

一方、中国に関しては、高齢者の絶対数において世界をリードしていく存在となる。たとえば、世界銀行の予測では、二〇三〇年までに世界で増加する高齢者（六〇歳以上）のうち、その約三割（二九%）が中国の高齢者となっている（World Bank〔1994〕）。ちなみに中国の高齢化率は二〇五〇年には三割に近づくと予測されている（中国政府・国家統計局、二〇一二年一月発表）。

加えて、「人口減少」という点も、やがて日中韓三国がそろって直面する課題となる。あらためて言うまでもなく、日本の人口は二〇〇五年よりすでに減少に転じている。増加を続けているように見える中国の人口も、一人っ子政策の影響もあり、二〇二五年頃に一三・九億人でピークを迎えると予測されている（国連・世界人口推計、二〇一〇年版）。また韓国の人口は二〇三〇年に五〇〇〇万人でピークを迎えることになる（韓国・企画財政部、二〇一一年七月発表）。

表4 「環境・福祉・経済」の関係

	機　能	課題ないし目的
環　境	「富の総量（規模）」に関わる	持続可能性
福　祉	「富の分配」に関わる	公平性（ないし公正、平等）
経　済	「富の生産」に関わる	効率性

表5　環境親和型社会と高齢化社会

	環境親和型社会	高齢化社会
特　質	定常型社会 steady-state society	
	持続可能性 ↑ 資源の有限性	人口定常化 ↑ 高齢化と低出生率
重要となるコンセプト	「循環」性	
	「人間 - 自然」間	世代間
時間軸	超長期	長期

こうした状況のなかで、私自身の問題意識にそくして言えば、「持続可能な福祉社会」あるいは「定常型社会」ともいうべき社会像を実現していくことを、日中韓三国に共通するアジェンダあるいはビジョンとして構想していくべきではないかと考える。

ここで「持続可能な福祉社会 sustainable welfare society」とは、簡潔に言えば「個人の生活保障や分配の公正が実現しつつ、それが環境・資源制約とも両立しながら長期にわたって存続していけるような社会」である。この表現に示されるように、それは**表4**に掲げるような意味での「環境・福祉・経済」の三者を包含するコンセプトとして考えられている。また同時に、それは**表5**に示すような、「高齢化」と「環境」という二つのテーマを包括的にとらえるコンセプトとして構想される。

右記のように、日中韓の三国は、少子・高齢化という点において世界の〝先頭〟を走っていくことになる。また、急激な経済成長や都市化その他の社会変動のなかで、あるいは本稿で論じてきたような資本主義の進化という文脈のなかで、差異を伴いつつ「コミュニティ」や福祉・社会保障をめぐる課題に共通して直面していくことになる。さらに環境に関しては、各国の国内的なレベルの対応課題とともに、それは本来的に国境を越える性格のテーマである。

今後、日本自体を含め、ローカル／ナショナル／リージョナルという各レベルでの「持続可能な福祉社会」の実現と重層的な役割分担がアジアにおける中心的な課題であり、そうしたヴィジョンをアジア諸地域と連携して構想していくことが、いまもっとも重要なテーマではないだろうか。

参考文献

小倉紀蔵（2001）『韓国人のしくみ――〈理〉と〈気〉で読み解く文化と社会』、講談社現代新書。

中島恵理（2005）『英国の持続可能な地域づくり――パートナーシップとローカリゼーション』、学芸出版社。

ロバート・パットナム（柴内康文訳）（2006）『孤独なボウリング――米国コミュニティの崩壊と再生』、柏書房。

広井良典（2009）『コミュニティを問いなおす』、ちくま新書。

同（2011）『創造的福祉社会』、ちくま新書。

同・沈潔編（2007）『中国の社会保障改革と日本』、ミネルヴァ書房。

福士正博（2009）『完全従事社会の可能性』、日本経済評論社。

カール・ポランニー（吉沢英成他訳）（1975）『大転換』、東洋経済新報社。

ＯＥＣＤ（2005）『世界の社会政策の動向』、明石書店。

World Bank (1994), *Averting the Old Age Crisis*.

「リスク社会」と共同体の未来——韓国社会の自殺現象を中心に

金 王培（高 一訳）

1 リスク社会の諸兆候

（1）歴史の進歩に対する問い

歴史は進歩するのだろうか。われわれは、暗黙のうちに歴史は進歩するという考え、すなわち、昨日よりは今日が、今日よりは明日がよりよい世界になると考えて生きている。進歩の基準は、おおかた、科学技術の発展による経済的豊かさと安楽な生《せい》、そして身分的束縛から脱した平等な地位、人権の向上などであり、このような物差しではかってみると、全般的に人類の歴史は明らかに進歩している側面がある。しかし歴史の進歩の過程は平坦であったわけではなく、進歩ではなく退化した現象も見ることができる。人類は戦争と飢饉、疾病、集団間の対立と葛藤という苦痛を経なければならず、成就したものと同じくらい多くの後遺症と副作用があった。

一八世紀中頃に近代産業社会が出現してから、二〇〇年余りの歳月が過ぎたころ、揺れ動く社会の変化を、一群の学者と芸術家は近代性（modernity）というコトバで表現した。時空間的に流動的かつ可変的であり、因果論的には偶然である新たな生の経験を彼らは「モダニティ」と表現した。神の意志ではなく人間の合理的理性を通じて歴史を変化させることができるという啓蒙思想が支配することで、人間が自ら歴史を進歩させることができるという考えが澎湃《ほうはい》した。この考えの中心には、高度に合理化された思考の産物である科学技術の発達があった。科学技術はとてつもない生産力の発展をもたらし、自然と人間、人間と社会の関係すべてを画期的に変えた主人公と言える。世界大戦の残酷な歴史においても、多くの人は、このような科学技術の発展が知識の拡大、市民権の拡大などをもたらし、歴史は進歩するであろうと考えるようになった。[1] 実際に西欧先進社会の場合、一時は「資本主義の黄金期」と呼ばれる豊穣の時代を過ごすこともあった。日々新しくなるスマートフォンやインターネットなどの情報技術の発展は、市場価値はもちろんのこと、コミュニケーション方法と生活習慣を画期的に変え、人によっては電子革命によるバラ色の未来がやってくることを予測することもある。周期的に到来する経済不況と停滞、貧困と飢餓、環境／生態の問題などは一時的現象であり、人類の集団知性の力と努力によって十分に克服できる対象であると考えているのである。

しかし二一世紀という新ミレニアムを迎え、一群の知識人は「これまで前だけをみて疾走してきた」産業社会のモダニティに対して根本的な疑問を投げかけるようになった。彼らは脱産業社会、ポストモダン、高度モダニティ社会(high modern society)などと描写し、歴史の進歩に対する根本的な問題を提起している。

世界はインターネットなど情報通信網の劇的な発達によって一つの屋根の下に結びついている。一九八〇年代に本格化した新自由主義の波は、われわれの生を政治、経済、文化などの全ての側面で全世界的な一つの生活圏に押し込めている。[2] 新自由主義は全世界の限りなき市場化と競争を促し、一九世紀帝国主義とは異なりながらも似ている弱肉強食、優勝劣敗、適者生存の論理を全世界に拡散させている。新自由主義のグローバリゼーションは巨大企業群、とりわけ世界経済を支配している金融資本の力をより強大にしている。

この過程において、生の安定を享受したり豊かさを期待したりする中産層は、徐々に貧困の沼にはまることになる。『世界化の罠』という本の著者が既に指摘したように、「光よりも速い速度で利潤を追求する金融資本」の支配の下で、世界の階層構造は二対八に両極化している。先進国は膨大な富を生産したが、この富は少数の巨大企業群と独占資本家、官僚、芸能・スポーツ界のスターなどの一部に集中し、人口の多くが貧困にあえいでいる。飢饉と貧困は、先進国が経済的豊かさを謳歌する一方で、依然としてグローバルな問題として残っている。アフリカの一部地域を含む第三世界では、一日に一億人以上が飢餓にあえいでおり、疾病により苦痛を受けているのだ。

全世界的な資本主義の不況に対する憂慮は、以前から提起されていたが、二〇〇〇年代後半、またもや世界経済は深い景気停滞の恐怖を経験するようになる。それまでの経済不況がいくつかの国家群において発生する地域的現象であったとすれば、その現象は全世界的な余波としてやってきている。いわゆる「サブプライム・ローン」危機をはじめ、超経済大国であった米国が動揺し、ギリシャをはじめとするヨーロッパのいくつかの国家が破産直前の状態におかれている。世界第二の経済大国である日本は長期停滞の沼から抜け出せずにいる。ウォール・ストリートの中心にて展開されている抵抗の象徴である1：99というスローガンが世界に拡散している。[3]

それだけではない。地球生態系の変化は、すでに各国首脳が議論のテーブルに乗せなければならないほどに深刻な状況に直面している。科学者の予想をはるかに超越するスピードでの地球温暖化現象と生態系の変化は、われわれの未来をより不安なものにしている。

著名な社会学者であるギデンズは、以前、「省察的近代化（reflexive modernity、再帰的近代化）」を唱え、成長を追求する直線的思惟、漠然とした未来の進歩に対する思考について根本的な問いを投げかけなければならないと述べた。[4] われわれ人類が歩んできた歴史の進歩に対して根本的質問を投げ、しばしこの場に立ち、後ろを振り返ることで、未来を見渡さなければならない時期を迎えている。

（2）リスク社会に対する警告

著名なドイツの社会学者であるウルリッヒ・ベックは現代社会を「リスク社会（risk society）」と命名したことがある。彼が現代社会をリスク社会と判断したのは、科学技術が発達できなかったからではなく（すなわち、前産業社会の現象としてではなく）、過度な科学技術の発達によって発生するリスクによってであった。つまり、農薬技術のような科学技術の発達によって膨大な量の農作物を生産することができたが、それによって生態系の秩序が崩れるのはもちろんのこと、残留農薬などはわれわれの健康を脅かすことにもなる。もう一つは（まったくいまさらながらではあるが）、まさに科学技術の寵児である核によってもたらされるリスクである。

ベックのリスク社会論を拡大すると、われわれの生のすみずみまでがリスクに曝されていることを発見することになる。便宜上、リスクを「自然現象」と「社会制度次元」に区分してみよう。自然災害は太陽の黒点爆発と磁場の攪乱、地震と津波などの現象のように、われわれが仕方なく宿命のように受け入れざるを得ず、避けることができないリスクである。われわれはこれを人間の意志ではどうにもならない「天災地変」と呼んでいる。しかし、観察してみると、この天災地変もわれわれが人為的に作ったものと重なることで、そのリスクが増幅される。先述した通り、われわれは飛躍的に発達した科学技術を用いてとてつもない自然破壊を行ない、その結果、急激な気候の変化がもたらされた。ひょっとすると自然災害の後遺症よりも、人為的に発生させた不注意による災害が、よりわれわれを苦しめ、不安に陥れているのかもしれない。まさにチェルノブイリや福島の原発事故がそのような事例である。

制度的リスクとは何か。制度的リスクのなかでも、貪欲な資本による「われわれの生の市場化と、その市場化が招く結果」に注目したい。今日、われわれはとても不安定かつ傲慢な「市場の支配」のなかで生きている。カール・ポランニーは社会的な制度や道徳的な力から制裁や規制を受けた市場が社会から離脱し、すなわち社会から脱胚胎化(disembedded)され、むしろ社会を脅かし、対立と緊張を誘発すると指摘したことがある。[5] 市場の傲慢と攪乱はわれわれの生を極度に不安にする。最小限の生存条件の取得が不可能になり、不安定な地位、すなわち失業、整理解雇、仕事不足などによって多くの人が困難な状態に置かれている。また市場における勝利を目指して、あまりにも多くの人間が熾烈な競争を繰り広げている。一流大学の卒業証書や資格を獲得し、限りなく競争をしなければ生き残れない世界になっている。市場の支配がわれわれの生を脅かしている。

ここで、筆者が注目したいのは、まさにわれわれ自らがつくった人為的なリスクである。このリスクの条件によって、われわれは疲労感と不安、憂鬱症に苛まれる一方、自殺という自ら命を絶つ極端な行為を選択することもある。当然、リスクの条件と解決の力量(capacity)は社会によって異なるが、リスクによって惹起されるこのような否定的現象を注意深く見渡す必要がある。

このようなリスクはすでに全地球的現象として一般化している。そして各社会・国家によってそれぞれに特殊な内容と現象が現われる。韓国社会も例外ではない。ある社会が直面しているリスクは多様な病理的症状の指標を通じて可視化されている。たとえば失業率や災害率、貧困率、離婚率、うつ病発病率などであるが、なかでも最もその社会の問題点を赤裸々にあらわすリスク症状の指標があるとすれば、それは自殺率であろう。自殺のタイプと動機などは社会によって多様であるが、自殺が個人的な現象でなく社会構造的現象だとするのであれば、それは「なんらかの問題がある」社会構造の断面をよく示している現象である。[6]

筆者は、ここで、世界で最も自殺率の高い韓国社会を中心に、韓国社会が抱えているリスク症状をいくつか分析するとともに、課題を示すことにしたい。

2　韓国社会の「リスク」症状――自殺

（1）病理現象の構造的背景

韓国社会は過去数十年のあいだ、世界においても類を見ないほどの急速な産業化を成し遂げた。われわれはこれを「時空間圧縮成長（time-space compact growth）」と呼んでいる。ある意味では、日本が百年ほど前に、そして近くは一九七〇年代までに経験した成長とも似ているかもしれない。植民地支配と朝鮮戦争、分断と続く韓国社会の国民所得は、一九六〇年代には一人当たり一〇〇ドル未満で世界最貧国のうちの一つであった。しかしいまや世界一三位のＧＤＰをほこる国に成長した。韓国は日本に続いてアジアの小さな龍〔韓国、台湾、香港、シンガポールを指す〕として登場し、多くの西欧の学者が一九七〇年代日本の経済成長に関心を抱いたように、韓国の経済成長モデルと産業化の秘訣について関心を示している。日本の産業化をモデルとして抽出した「発展志向型国家（developmental state）」の概念や「輸出代替型産業化」などを適用したのが代表的な事例である。[7]

韓国は日本より強固な権威主義的政府によって産業化が進行したため、その時空間圧縮成長が速い分だけ大きな後遺症を残すことになった。個人の自由、人権など民主主義的価値が抑圧され、市民社会の規範と道徳の発展は遅れてきた。第三世界のほかの国に比べたら、韓国は産業化のみならず民主化も成功裡に成し遂げた。一九八〇年代の「光州抗争」のような血の代価を払い多くの人々が苦難を受けながらも政治の民主化を成就し、市民社会も急速に成長している。

しかし、今日われわれの生の条件を脅かすリスクが一挙に押しよせている（急速な産業化の代償としての自然生態系の変化については、この場では論じないことにする）。

韓国はすでに一九九七年、韓国人が表現するところの「IMF事態」という金融経済危機を経験したことがある。アジアの金融危機とともに急速な成長が失速し、そのバブルがはじけると多くの人が失業と生存条件のリスクに曝されることになった。学者は政府の無能と財閥の放漫経営、そして市民の浪費生活など、いわゆる「総体的なモラル・ハザード」が生んだ悲劇だと診断した。しかしこのときでも韓国人はその特有の底力を発揮し、国民の多くが心を合わせた。韓国人は当時「タンスの中」にしまっていた金の指輪を献納し、支出を切り詰めてこの危機を克服する。「国家共同体」の精神が生きていたのである。しかしその後の社会は急速に冷却化した。三星《サムスン》、現代《ヒョンデ》などの財閥大企業は半導体と携帯電話、自動車の輸出を通じて莫大な富を稼いだのにも関わらず、分配構造はより悪化し、限りなき競争と効率を追求する新自由主義の波は生活のすみずみまで浸透した。階層の両極化と貧困化、解雇と失業の増大（特に若年層の失業の増大）など、特に世界経済の停滞余波とともに暗鬱とした影が押し寄せてきたのである。(8)

一方、経済水準が高まることで、高齢化と出生率低下のスピードもまた世界で最も早く進んでいる。すでに韓国社会は高齢化と出生率低下を深く憂慮しなければならない社会に突入した。二〇〇九年、韓国人の平均寿命は八〇歳を超え、OECD国家の平均寿命（七八・九歳）を超えており、日本（八三歳）、フランス（八一歳）に近い水準を示している。二〇〇〇年には六五歳以上の人口比が七・二％を占めて高齢化社会に入り、二〇一八年にはその人口が一四％を上回り超高齢化社会に到達する見込みである。同時に世界で最も低い出生率を記録しており、予想より速い時期に高齢国家になると展望されている。

のちにより詳細に論じることにするが、生活の安全弁の役割を果たしてきた家族の機能は急速に縮小しているが、社会的セーフティーネットはまだ未熟であり、国家による普遍的福祉はやっと稼働したばかりの状態である。

このような構造的な背景の下で、多くの韓国人が「病理的症候」を見せている。つい先日の報告書では、韓国人の六人のうち一人が精神疾患を患っていると報道された。韓国の成人人口を対象として、保健福祉部〔日本の厚生労働省に相当――訳者注〕が実施した「二〇一一年度精神疾患実態疫学調査」によると、韓国の成人六名中一名がうつ病などの精神疾患を経験したことがあるか、経験しているということである。(9) なぜ「うつ病コリア」というほどに韓国社会においてうつ病、不安障害などの精神疾患を訴える人が急増しているのか。精神医学の専門家は個人の生理的要因だけではなく韓国社会の構造的要因がともに複合的に作用したものだと解釈している。一人当たり国民所得が二万ドルに達する時代に、圧縮成長過程において発生した貧富格差の拡大とそれによる相対的剝奪感、過度の競争と生存ストレス、家族の解体、老後不安など、社会が抱えている問題がほかに安全装置がないまま韓国社会の構成員に投射されているというのである。

(2) 非正常性の極端――自殺の現況

では、「自殺」を通じて、韓国社会が抱えている「リスク」の属性について見てみたい。自殺はとても極端な行為であり、その社会が抱えている問題をうかがうことのできるレンズになりうる。自殺率が高いということは社会の非正常性が高まっていることを意味し、さらには社会が解体されているという信号でもある。デュルケームのような社会学者が指摘したように、自殺は個人的な行為ではあるが、自殺行為を触発したり誘引したりするのは社会的要因だという点で、自殺はその社会が患っている病理的症状を代弁する。(10) 今日の韓国社会で自殺が急増し、自殺衝動が蔓延する背景には、自殺行為を推し進める韓国社会の構造的な属性がある。先日、イギリスのBBC放送は、韓国を「自殺共和国」と描写し、「猪突猛進的に産業化を成し遂げた韓国社会の明暗」について報道したことがある。簡単に言

図　人口10万人当たり自殺者数（韓国 - 日本 -OECD 平均）

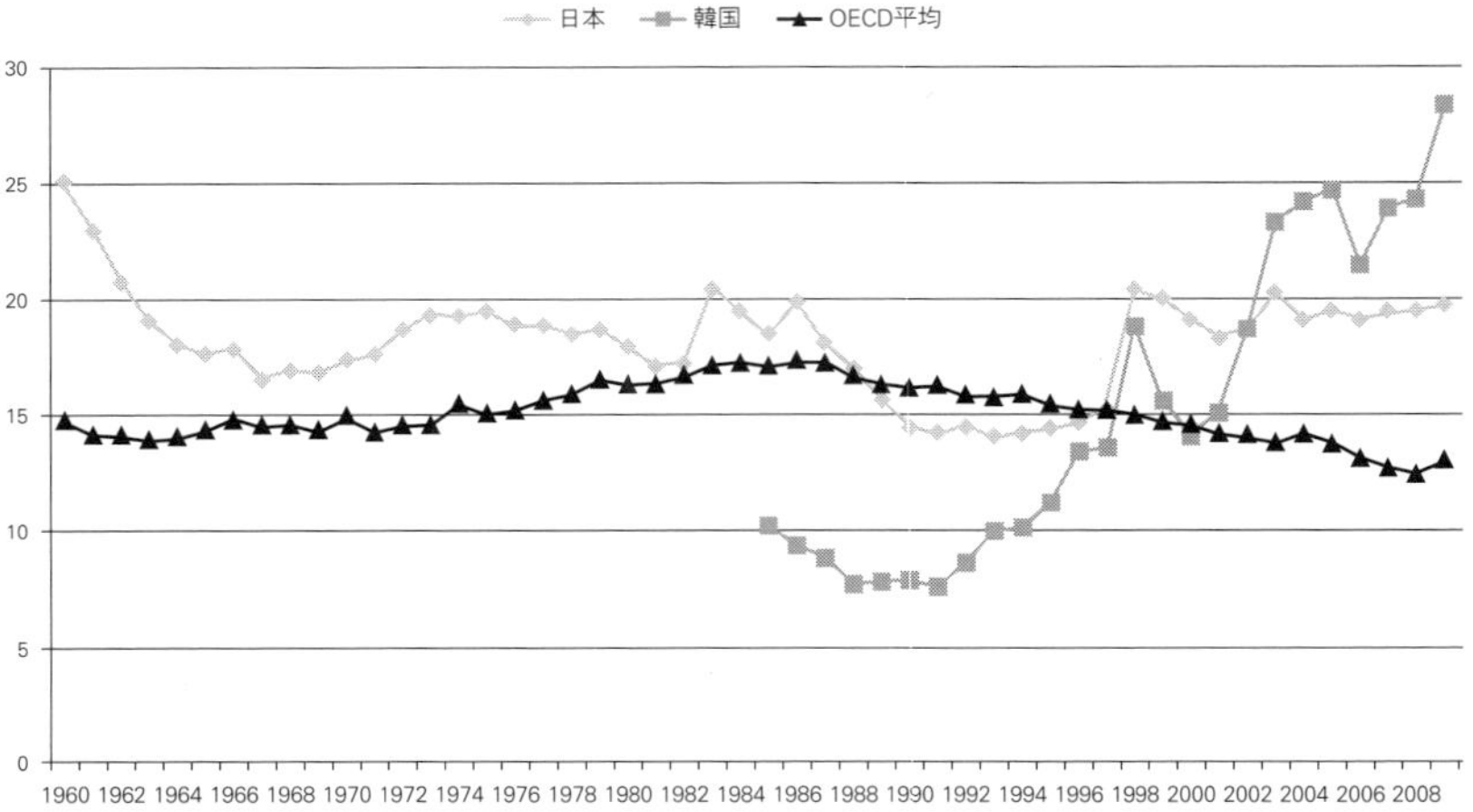

出典：OECD Health Data 2011, OECD Factbook 2011-2012, 統計庁死亡原因統計（2011）資料から筆者作成

うと、自殺もまた、すでに言及した社会構造という背景を前提にしている。以下では、まず自殺の現況を知り、いくつかの議論をより具体化してみたい。

韓国で二〇一〇年に自殺によって死亡した人の数は一万五五六六人であり、これは一〇年前（二〇〇〇年）の六四四四人と比較すると、約二・四倍に急増した数値である。人口一〇万人当たり自殺死亡者数も二〇〇〇年の一三・六人から二〇一〇年には三一・二人に増加した。実際には自殺に至らなかったが、自殺を考えた比率を見ると状況はより深刻である。韓国の成人一五・六％は一生に少なくとも一度は真剣に自殺を考えた経験があり、三・三％は自殺を計画し、三・二％は自殺を試みたことが明らかになっている。人口一〇万人当たり自殺者数は三一・二人でOECD加盟国のなかで一位となっている。これは二位の日本の一九・七人と比べると一〇人以上の差があり、OECD平均の一一・三人のほぼ三倍に達する数値を記録している。韓国ではいまも一日平均四二・六名が自ら命を絶っている。[11] 図に示したように、一九九〇年代においては、日本に比べてはるかに低かった自殺率が二〇〇〇年度から急増し、もはや日本をはるかに凌駕している。

自殺のタイプもとても多様である。生活苦にあえぎ命を絶った生計型の自殺は「ＩＭＦ事態」以後、さらに増加していると報告されており、数年前には大企業家や官僚が贈収賄容疑で起訴される最中に自殺し、世間を驚かせた。最高の人気を謳歌した芸能人が過去数年のあいだに連続して自殺する事件もおこった。労働・社会運動家が、自らが追求する目的のために命を絶つことは日常茶飯事であり、とりわけ元大統領の自殺はわれわれに深い衝撃を与えた。

青少年の自殺はとても深刻な状況にある。自殺は一〇代の青少年の死亡要因の一位を占めている。毎年、大学の入学試験が終わると、成績を悲観し命を絶つ受験生の自殺が年中行事のようにおきている。また、中学生が授業時間に突然窓を開けて投身自殺する事件が報道され、衝撃を与えた。学業に対する負担と圧迫によって自殺を選択したものだとされている。[12]

つい先日、韓国では、クラスメイトから「ワンタ（いじめ）」を受けた中学生が自殺した事件で国中が大騒ぎになった。自殺を選択した生徒は級友の数々の使い走りと暴行、暴言に苦しみ、家にいるあいだも携帯電話によって「指令」を受けざるを得なかった。これらのことに耐え切れず、この生徒は結局、死を選択した。この事件が報道されてから、いじめによる自殺事件が少しずつ表面に出るようになり、その数と内容は驚愕を禁じ得ないほどである。[13]

もちろん日本においても「いじめ」や校内暴力が深刻な社会問題となったことがあったが、最近の韓国社会は校内暴力と青少年の自殺が度を超える深刻な水準に達しつつある。ある調査では、韓国の青少年の過半数相当が自殺衝動を感じていると報告され、潜在的自殺可能性がとても高い社会であるということが示されている。

高齢者の自殺の問題も深刻である。高齢化と家族の解体によって社会的セーフティネットを喪失した高齢者の自殺が過去に例がないほど急増しており、高齢者の自殺はすでに日本の二倍ほど高い数値を示している。また、匿名の人が（その多くが一〇代から三〇代のあいだ）インターネットを通じて特定の場所に集まり「集団同伴自殺」をするという驚くべき現象が起きている。まさに韓国社会を死の衝動の社会として表現することに異議がないほどである。ほかの国では見ることのできないインターネットなどの技術を利用した匿名集団同伴自殺と、高齢化社会の進行とともに類例のないほどの比率で発生する高齢者の自殺について、もう少し具体的に見てみよう。(14)

匿名集団同伴自殺

二〇〇〇年代中盤以後、韓国社会で連鎖発生する集団自殺が大きな衝撃を社会に与えている。「江原地域のペンションで一週間に八人が同伴自殺」、「自殺に反対するインターネットサイトで出会い、半月のあいだに七人が自殺」、「インターネットで出会った男女が同伴自殺」、「インターネットでの同好会女性三人が同伴自殺」などの新聞記事見出しが語るように、数年前からインターネットを通じての集団同伴自殺現象が連続して発生している。

集団同伴自殺は、辞典的には、「多数の人が同一の目的の下に自ら命を絶つ行為」を意味する。このような集団自殺は、主にカルト形態の宗教集団で発生するのが一般的であった。ある特定の宗教的信念と生活方式を共有し、きわめて閉鎖的な生を生きてきた人たちが外部社会にその生が露出したり暴露されたりすることで、極端な脅威認識や恐怖感を感じるようになったときに集団で命を絶つ事態が発生するものだと言われている。

このような狂信的な宗教集団ではなく、韓国での集団自殺として、家族同伴自殺を挙げることができる。多くの家族同伴自殺は、父母が、自らの行為を認知することのできない幼い子の命を奪うための「他殺後の自殺」と呼ぶのが妥当であろう。家族同伴自殺は韓国社会に根深い集団的家族主義、すなわち父母と子は運命共同体であるという意識と関連しているようだ。(15)

しかし最近の韓国社会では家族同伴自殺のような集団自殺タイプよりも、匿名の他人が集まり同伴自殺する事例が増えているという点で衝撃的である。互いにまったく知らない人たちが、「自殺」という目的達成のために数回のクリックで接続することのできるインターネットサイトを通じて集まり、命を絶つという「身の毛もよだつ」ことが起きている。

急増する高齢者の自殺

もう一つの注目すべき自殺は高齢者の自殺である。既述のとおり、韓国社会は数年前からOECD加盟国のなかで最も高い自殺率を記録しているが、この自殺率のなかでも高齢者の自殺の増加率が最も高い。自殺人口のなかで六〇歳以上の高齢者が三〇%以上を占めている。[16] 特に七五歳以上の高齢者の年間自殺死亡者数は、二〇〇四年で一〇九・六人であり、同年の日本(三二・五人)やギリシャ(六・三人)とは比べものにならないほど深刻な状況だ。[17] この数値は日本の三倍以上である。このなかでも一人暮らしや低所得層の高齢者など、精神的・物質的・社会的排除にさらされている貧困層高齢者の自殺率がより高いと報告されている。中産層高齢者まで徐々に拡散している傾向にある。高齢者の自殺は職場からの引退(経済活動の消滅)、家族関係の解体と疎遠(子息の分家と配偶者の死亡)、外部コミュニティ活動の制約と阻害など、つまり社会的ネットワークの崩壊にともなう喪失感によるものだと知られている。社会的活動の縮小や終わりは周辺に対する影響力はもちろんのこと自分自身の存在感の喪失を意味する。

一般的に家族縁故主義と「孝」、儒教的敬老思想によって高齢者を優遇する伝統が強いものだと言われている韓国社会で高齢者の自殺が急増しているという事実は、それだけ韓国社会の変化が急速であることを物語っている。

3 自殺の理由と背景

このように社会のリスクを知らせる非正常で極端な行為である自殺が数多く発生する理由は何か。すでに韓国社会の病理的現象の構造的背景を説明したが、その延長線上でいくつか付け加えてみたい。以下の要因は相互に密接な関係にあるが、便宜的にいくつかに分類してみた。

第一に、韓国社会で現われている自殺はアノミー的状況、すなわち、「道徳の真空」状態として説明することができる。韓国は市民社会規範の発展が遅滞したまま、急速な産業化と新自由主義グローバリゼーションに曝されている。目標達成至上主義が生んだ「パルリパルリ（早く早く）」文化のなかで、自らを省察し、隣人に配慮する規範としての連帯意識が非常に脆弱になっている一方、限りなき競争がもたらした「独占」文化から排除された層は、苦い敗北経験のなかで生の機会を喪失しつつある。そのことから発生する疎外と絶望は、産業化時代の受動的大衆が感じるものとは次元が異なる程度にまで深い。最近、われわれが驚かざるを得なかったインターネット集団同伴自殺の連鎖は、その年齢層がおもに若年層であったということから限りなき競争と圧迫に代表されるアノミー的状況が惹起した事件だと見ることができる。このような自殺事件の背後には、あまりにも急速に情報技術社会に跳躍した韓国社会の負の一側面、つまり自浄能力を喪失したサイバー空間での意思疎通に関する負の側面も潜んでいる。これとともに、高齢者層の自殺が世界で最も多いという事実もまた韓国社会構造の特徴の一断面を表わしている。

第二に、絶望階層の登場である。今日、限りなき競争と効率の極大化、市場の成長を追求する新自由主義的な流れは個々人の生の条件を有機的に組織するのではなく、むしろ断絶へと導く柔軟な対応を求める。この柔軟化は、まさに社会の不安定化につながることになる。整理解雇と構造調整が常に断行され、非正規職が拡散することで雇用の不安定化が進んでおり、両極化の議論を通じても知られたように、社会的資源配分の偏り現象はより甚だしくなり、もはや働きながらも貧困を脱することのできない、貧しさの罠にはまってしまったワーキング・プア層が登場している。この人たちには社会的上昇という世俗的希望さえも存在しない。韓国社会での競争は、若年層はもちろんのこと高齢者層に至るまで、すべての世代において依然として生存の問題と直結している。この過程で一度でも落ちこぼれると敗者になり、再起の機会が与えられず、自殺という極端な選択をする冷たい社会が形成されている(18)。

第三に、新自由主義グローバリゼーションと限りなき競争の圧迫である。十数年前、いわゆる「IMF事態」においては、「国乱克服のための金《きん》集め運動」など「民族的大統合の熱情」があったが、もはやそのような集合感情を期待するのは難しい。限りなき競争により多くの人が疲労し、競争からの脱落に対する恐れによって、生における焦りと不安はいっそう高まり、人々は「相対的剝奪感」に苦しんでいる。

特に韓国の若者はより不安を感じている。彼らは大学入試のために幼年期から限りなき競争を強いられ、大学卒業後、失業に対する恐怖から不安の日々を過ごしている。とりわけ、大量消費時代を越えて、日常を消費の美学に巻き込む消費資本主義時代は、利那的で即興的に加工されたビジュアルなイメージを通じて、多くの人々、とくに青少年層の感性を劣等感として刺激する。韓国社会は「扮装社会（make-up society）」とも言えるほど、外見を目立つようにすることで肉体を資本化する社会だと描写されることがある。精神面や肉体面に対する社会的な期待値が高いため、その水準に到達するための熾烈な競争を展開することで、ひどく疲労している。疲労と不安は、極度の神経症的なうつ病や強迫観念、もしくは無気力といったものを誘発させる。

第四に、家族機能と伝統的価値の急激な変化にともなうセーフティネットの解体である。伝統的に韓国人の生の条件を有機的に統合させてきたのは家族主義に基盤を置く縁故主義であった。これまで韓国社会は家族をはじめとする縁故主義的結束がとても重要な社会的セーフティネットとして作用してきた。しかし現在はそのような家族的縁故主義の紐帯さえ急激に消えつつある。核家族単位の競争はより熾烈になり、離婚、出生率低下、高齢化などとともに家族解体現象が急速に進行し、家族の養育機能と扶養機能が急激に縮小している。父母は「子の成功」のために「血と汗」を惜しまないが、その裏には「孝」を根幹とする交換関係、つまり子から物質的であれ、精神的であれ「老後を保障される」保険的な互恵関係が作用していた。儒教的な家父長制社会原理は父母と子を位階的に統合、再生産する機制として作用してきたし、そのような家族主義的原理は単に家族だけでなく地域社会や社会全般に広がった。

しかし、韓国社会は過去数十年間の急激な社会変動のなかで家族主義の縁故や価値観も急速に変化した。産業化と都市化によって農村中心の大家族や同族集落の生態的基盤は急激に瓦解し、家族の形態は核家族として、その範囲が急激に縮小される一方、家族の機能と役割、価値観なども また急速に衰退した。

第五に、結局のところ、これらのことに代わるような国家による普遍的福祉政策と社会的セーフティネットが脆弱であるということだ。今日、高齢者層をはじめとする絶望層、そして中産層に至るまで、韓国社会は非常に脆弱な社会的セーフティネットによって苦痛を強いられている。家族セーフティネットに代わるような、コミュニティー社会ー国家水準のネットワークがまったくもって脆弱なのである。解雇、失業、産業災害などのような構造的要因によって貧困階層に墜落した、いわゆる「社会的落伍者」に対する補助や引退した高齢者層に対する福祉システムのような社会的セーフティネットは不十分である。OECD加盟国中、GDP対比社会保障支出が最下位圏にとどまっているのは、このことを反映している。

第六に、自殺衝動を駆り立てる誘引要素についても考えることができる。人間の命を担保として興味を引き起こす映像メディアは言うまでもなく、実際に起こっている戦争の生中継、インターネット空間での暴力ゲームの浸透は、人間の命がまるでハエの命となっていることを物語っている。全世界的に、利潤の前で生命が軽視されることは昨日今日のことでもなく、また韓国社会だけの問題ではないが、他者に対する配慮などの市民的徳目と社会連帯が脆弱な韓国社会では、生命に対する省察はより希薄になっている。

限りなき競争を強調する新自由主義や経済危機などリスク社会の症候や背景は、あらゆる社会において発見することができる。しかし、韓国社会は二〇〇〇年代以後、世界でも例のないほど高い自殺率を記録しているため、より緊張を解くこのとのできない状態となっている。さまざまなタイプの自殺は、それぞれ特殊な経緯があるが、共通する発生構造を抱えていると捉えることができる。すなわち、手段と方法を選ばずに猪突猛進的に追求してきた目標達成主義的な産業化の影響と、限りなき市場化と効率を強調することによってわれわれの生の条件を打ち砕き、柔軟化させる新自由主義時代における競争という圧迫が、その根底にある。韓国社会は急速な産業化と都市化によって伝統的家族主義が急激に解体することで、これに代替するような成熟した市民社会の価値観や規範が発達することができなかった。したがって、他者を認め配慮する市民文化の発展が不十分であり、「道徳の真空」状態であるアノミー的現象が現われている。また家族の役割と機能の急速な変化に対し、これに代わる公共領域における社会的セーフティネットが脆弱なのである。

4 展望と課題

結局、韓国社会の自殺を予防し、正常な社会に戻るようにするためには、（1）生に対する新しい道徳的価値と意味、「ビジョン」の共有、（2）社会的セーフティネットの確立（国家次元の普遍的福祉のみならず、コミュニティ水準のネットワークを通じた助け合い）、（3）限りなき競争ではなく、共生と助け合いを強調する価値と社会連帯制度の確立が必要となっている。

最後に、韓中日の東北アジア国家の課題を示すことにしたい。

近年、世界は東アジアに目を向け、東アジアに関する議論が高まりを見せている。産業化の先頭走者であった日本がしばしば足踏みしているが、次世代には世界の超大国として登場するであろう中国、そして急速な産業化を成就した韓国など、東北アジア地域に対する注目度は、過去のどのときよりも高まっている。

しかしこれらの社会もやはり「リスク」の症候を抱えている。このような現象はすでに日本が韓国よりも先に経験し、いま産業化の高空飛行中にある中国も遠からずこのような病理的現象を経験するかもしれない。特に国家主導による市場主義の道を歩んでいる中国のあまりにも速い資本主義の歩みは憂慮するほどのレベルにある。階層間不平等はもちろん、地域間格差が日に日に拡がり、急速な都市化による人口集中と多様な社会問題が一時的に噴出している。農村での土地没収などによる「暴動」、社会主義の伝統と資本主義のあいだの価値観の混在などの諸問題がすでに顕在化している。民主主義と市民社会に対する評価がまだ高くない中国もまた未来について確信をもって語ることができない。

結局、問題は市民社会の成長と社会連帯に対する価値観と制度を成熟させることにある。「人間」を優先し、人間を尊重する人権意識の涵養こそがなによりも必要な課題である。筆者はこのためになによりも東アジア国家群の「信頼」を強調したく思う。信頼というものは、よく信義、信用、義理、関係などと表現されるが、市民社会と社会的連帯のための最も基本的な社会的価値であり制度である。著名な日系の学者であるフクヤマは、『「信」無くば立たず(*Trust*)』という著書を通じて、日本と西欧先進社会を高信頼社会、中国を家族に限定された低信頼社会と描写し、高い信頼こそが先進社会の礎になっていると述べたことがある。[19] 韓国人は自らの社会を不信の度合いの大きい社会だと評価する。ある報告では、OECD加盟国のなかで韓国はチェコ、エストニアなどとともに社会構成員間の信頼が非常に低いランクに属しているとされたが、特に集団間の包容力などがきわめて低いとされている。[20] 構成員間で剝奪感が形成されたり、社会全体で個別の競争圧力が甚だしく大きい場合には信頼が低下する。

信頼は希望を与える礎である。信頼は、ある社会で生まれ一生懸命に努力すればそれに見合う報奨と代価が与えられるという信念、国家と社会、隣人、家族が私の生に関心をもち、私もまた他人に関心をもつという共同体的価値であり期待である。信頼は単純な精神的信念ではなく、実質的な制度、すなわち社会的セーフティネットと配慮、連帯の指標でもある。信頼は社会をダイナミックにするエネルギーである。社会学者たちは、信頼を経済的価値と社会的価値を高める社会関係資本（social capital）として描写したことがある。信頼だけではなく、多様な市民の参加と相互関心、配慮のすべてが社会関係資本である。もうわれわれは経済的価値と物質的富を高めることにだけ熱中するのではなく、このような社会的価値、すなわち社会関係資本を豊かにすることに注目しなければならない。個人の生はもちろんのこと共同体に対する精神的価値が必要となる。人間には不安と緊張という本性がある反面、相互に頼り信じる協同と共感の能力も備えている。すでに、われわれは個人相互間で、集団相互間で、国家相互間で協同と共感の能力を発揮し、助け合いの道を模索しなければならない時期にきている。何よりもこれら全ての領域における信頼はまさに助け合いのための礎なのである。

（1）一九世紀後半に登場した産業科学技術、科学的管理技法などを想起してほしい。

（2）今日のグローバリゼーションは、国家単位の局地的性格を帯びる地域単位の統合ではなく、文字通り地球そのものが一つの経済、政治、文化の単位として構成されていく現象を意味する。具体的には、スクレアーを参照（Sklair, 1991）。

（3）ジグレールは、現在の資本主義を人間の尽きることのない「貪欲」さのなかに見出している。Ziegler（2008）を参照のこと。

（4）イギリスの著名な社会学者ギデンズは、われわれの生の周辺に配慮する生活の政治（life politics）と再帰性を強調している。彼は人類が達成した現在の文明を「高度な近代性（high modernity）」として、生の周辺にて発生する多様な問題を省察し、アジェンダ化することを求めている（Giddens, 1991）。

（5）カール・ポランニーは、近年、世界資本主義の不安とともにそのオルタナティヴについての議論のために新たに注目を集めている。彼の著書『大転換（*Great Transformation*）』は今日、転換期の世界政治経済を理解するうえで大きな暗示を与えてくれる。Polanyi（1944）を参照。
（6）自殺を社会構造的な側面から扱った学者はデュルケームである（Durkheim, 1989）。国別の比較としては신동준〔シン・ドンジュン〕(2004)、유경원 외〔ユ・ギョンウォンほか〕(2007) などを参照のこと。韓国社会については오진경 외〔オ・ジンギョンほか〕(2005)、박종순 외〔パク・ジョンスンほか〕(2003)。
（7）代表的なものとして次の研究を挙げられよう。日本の場合はJohnson (1981)、韓国についてはAmsden (1989)。
（8）韓国にとって、まだしも運がいいのは、世界経済の停滞にも関わらず、ウォン切り上げによって大企業の輸出が増大し、韓国の富が総量的に増大したことである。
（9）韓国で、一度でもうつ病を経験したことのある人口は二七一万人に達した。調査によれば、二〇一〇年と二〇一一年のあいだには一三〇万人がうつ病を経験し、成人人口のうち一〇万八〇〇〇名が自殺を試みた。うつ病以外にもパニック障害のような不安障害も二四五万人が経験したと推算された。
（10）次の資料を参照のこと。Durkheim (1989); Lester (1993); Park and Lester (2006).
（11）二〇〇九年のOECD発表によると、特に女性の自殺率は一一・一人で、OECD平均（五・四人）のほぼ二倍を超え、加盟国のなかで一位を記録した。統計庁は自殺要因を健康、経済的理由、うつ病などに分類し、その現況を調べているが、なかでも経済的理由は自殺の最も核心的な要因として挙げられている。近年、自殺と「経済的条件」との関係を説明しようとする自殺研究は、一九九七年のいわゆる「IMF事態」と呼ばれる経済危機以後、そして低成長と両極化が本格的に指摘された二〇〇〇年代中盤頃に自殺が急増している現象に注目し、失業、貧困、所得減少、低成長などの経済要因がどのように自殺に影響を及ぼしているかについて調べている。
（12）青少年の自殺衝動が非常に高いものであることが明らかにされている。김현순〔キム・ヒョンスン〕(2009), 김현주〔キム・ヒョンジュ〕(1999), 정영순〔チョン・ヨンスン〕(2001), 최병목〔チェ・ビョンモク〕(2001) などを参照のこと。
（13）校内暴力と自殺が韓国社会を驚愕させている。代表的事例として『朝鮮日報』（二〇一二年四月三〇日付）を参照のこと。研究としては최준영〔チェ・ジュニョン〕(2007) を参照。
（14）筆者は元大統領の自殺を政治的後進性として、インターネット同伴自殺をアノミーとして、高齢者の自殺を家族解体現象など

として説明している。以下の内容の一部は김왕배〔キム・ワンベ〕(2011)を基にしている。

(15)家族同伴自殺についての研究として、이미숙〔イ・ミスク〕(2007), 송재룡〔ソン・ジェリョン〕(2008)。

(16)二〇〇二年から二〇〇六年までの五年間における自殺者を集計した結果、六〇歳以上が全体の自殺人口の三〇・三%(二万一〇八人)を占め最も多く、ついで四〇代(二三・八%)、三〇代(一七・七%)の順であった。『朝鮮日報』(二〇〇七年九月一〇日)。

(17)参考までに、二〇〇〇年代中後半から韓国社会のメディアでは、高齢者自殺に対する深層的な報道が登場し始めた。たとえば「不安な社会、崩れゆく高齢者層」SBSニュース追跡(二〇〇六年一一月)、「韓国高齢者、OECD加盟国中で最も悲惨で不幸」『朝鮮日報』(二〇〇八年一一月一〇日)、「高齢者のための国はない?」『朝鮮日報』(二〇〇八年五月一三日)など。関連する論文として、유정균〔ユ・ジョンギュン〕(2008), 김형수〔キム・ヒョンス〕(2000), 박지은〔パク・チウン〕(2005)。

(18)韓国社会の経済状況に基づく自殺研究として、은기수〔ウン・ギス〕(2005)、홍성철외〔ホン・ソンチョルほか〕(2003)を参照。

(19)フクヤマの *Trust*(『「信」無くば立たず』)を参照(Fukuyama, 1995)。

(20)『朝鮮日報』二〇一二年二月二七日。

参考文献

김왕배, 2011, "자살: 죽음과 충동의 해체사회", 구난희, 김경일, 김왕배, 박형신, 배은경, 서호철, 임인숙, 정미량, 정준영, 홍성태『사건으로 한국 사회 읽기』, 서울: 이학사.
김현순, 2009, "청소년의 스트레스, 자기효능감, 우울과 자살생각의 관계"『한국청소년연구』20권1호, 203-225쪽.
김현주, 1999, "수험생의 자살 및 가출 충동 관련요인: 성적, 자기평가, 부모의 지원"『가족과 문화』1권, 127-148쪽.
김형수, 2000, "노인자살의 이해와 일차적 예방"『한국인구학』23권 2호, 167-187쪽.
노혜련, 김형태, 이종익, 2005, "가출청소년의 자살생각과 행동에 영향을 미치는 심리사회학적 변인에 관한 연구"『한국청소년연구』16권 1호, 5-34쪽.
박경애, 이재규, 권해수, 1998, "청소년 동반자살", 문화관광부 청소년상담전문기관 청소년대화의 광장『청소년 상담문제 연구보고

서 31』.
박종순, 김순덕, 지선미, 이제숙, 2003, "우리나라 자살률의 추세변동에 관한 연구" 『한국역학회지』 25권2호, 84-91쪽.
박지은, 정 영, 2005, "노인의 삶의 만족도와 자살생각에 영향을 미치는 요인" 『지역발전연구』 10권 1호, 39-59쪽.
박형민, 2008, "자살행위에서의 '소통적 자살' 의 개념화: 1997-2006년 유서분석을 통해 드러난 자살행위의 '성찰성' 과 '소통지향성'" 『사회와 역사』 79권, 129-160쪽.
송재룡, 2008, "한국사회의 자살과 뒤르케임의 자살론: 가족주의 습속과 관련하여" 『사회 이론』 가을/겨울호, 124-162쪽.
신동준, 2004, "살인과 자살의 문화적 사회구조적 원인: 머튼의 아노미이론검증을 위한 국가간 비교 연구" 『한국사회학』 38권 4호, 33-71쪽.
오진경, 조영태, 김창엽, 2005, "2000년 우리나라 성인자살자의 인구사회적 특징" 『보건과 사회과학』 18권, 191-210쪽.
유경원, 노용환, 2007, "국가별 패널자료를 이용한 자살률 결정요인 분석" 『한국경제연구』 18권, 59-78쪽.
유정균, 2008, "노인자살률의 지역별 편차: 가족불안정의 영향을 중심으로, 1995-2005" 『한국인구학』 31권 2호, 21-44쪽.
은기수, 2005, "경제적 양극화와 자살의 상관성: 1997년 외환위기를 전후하여" 『한국인구학』 28권 2호, 97-129쪽.
이미숙, 2007, "가족동반자살에 대한 사회심리학적 탐색 연구" 『보건과 사회과학』 20권, 153-175쪽.
정영순, 2001, "한국 고등학생들의 부모형태별 자살생각 영향요인 분석" 『한국사회복지학』 44권 3호, 346-374쪽.
최병목, 강대기, 박태영, 손연기, 2001, "학생자살의 원인분석 및 방지방안 연구: 1998-2000년 경기도 지역사례를 중심으로" 『한국사회학회 전기사회학대회 발표논문집』, 369-392쪽.
최준영, 2007, "청소년의 집단따돌림과 자살 관련 태도" 『사회 연구』 14호, 223-238쪽.
홍성철, 김문두, 이상이, 2003, "사회계층이 자살 사망 위험도에 미치는 영향" 『보건과 사회과학』 14호, 249-271쪽.
Amsden, Alice H., 1989, *Asia's Next Giant*, New York: Oxford University Press.
Beck, Ulrich, 1992, *Risk Society*, London: Newbury Park, Calif.: Sage. 〔東廉・伊藤美登里訳『危険社会』法政大学出版局〕
Chang, S. S., D. Gunnell, J. A. Sterne, T. H. Lu, and A. T. Cheng, 2009, "Was the Economic Crisis 1997-1998 Responsible for Rising Suicide Rates in East/Southeast Asia? A Time-trend Analysis for Japan, Hong Kong, South Korea, Taiwan, Singapore and Thailand," *Social Science & Medicine* 68 (7): 1322-31.
Durkheim, Émile, John A. Spaulding, and George Simpson, 1989, *Suicide*, London: Routledge.

Fukuyama, Francis, 1995, *Trust*, New York: Free Press.〔加藤寛訳『「信」無くば立たず』三笠書房〕

Giddens, Anthony, 1991, *Modernity and Self-identity*, Stanford, Calif.: Stanford University Press.〔秋吉美都・安藤太郎・筒井淳也訳『モダニティと自己アイデンティティ』ハーベスト社〕

Johnson, Chalmers A., 1982, *MITI and the Japanese Miracle*, Stanford, Calif.: Stanford University Press.〔矢野俊比古訳『通産省と日本の奇跡』TBSブリタニカ〕

Kim, S. Y., M. H. Kim, I. Kawachi, and Y. Cho, 2011, "Comparative Epidemiology of Suicide in South Korea and Japan: Effects of Age, Gender and Suicide Methods," *Crisis* 32 (1): 5-14.

Lester, D., 1993, "The Influences of Society on Suicide," *Quality & Quantity* 27 (2): 195.

OECD, 2011, OECD Health Data.

Park, B. C. B., 2004, "Sociopolitical Contexts of Self-Immolations in Vietnam and South Korea." *ARCHIVES OF SUICIDE RESEARCH* 8 (1): 81-98.

Park, B. C. B., and D. Lester, 2006, "Social Integration and Suicide in South Korea." *Crisis* 27 (1): 48-50.

Polanyi, Karl, 1944, *The Great Transformation: the Political and Economic Origins of Our Time*, Beacohill: Beacon Press.〔野口建彦・栖原学訳『〔新訳〕大転換』東洋経済新報社〕

Sklair, Leslie, 1991, *Sociology of the Global System*, New York: Harvester/Wheatsheaf.〔野沢慎司訳『グローバル・システムの社会学』玉川大学出版部〕

Tae-dong, L., 2001, "The Internet and Suicide Websites," *Korea focus on current topics* 9 (2): 47-49.

Ziegler, Jean, 2008,『탐욕의 시대』(原題：*L'empire de la honte*), 양영란 역, 서울: 갈라파고스.

中国コミュニティの再建——公益事業の試み

沈潔

現在、ひとびとの生活が地域において営まれることの意義が問い直されつつある。日本では、一九六〇年代後半から一九八〇年にかけて、高度経済成長を追求する経済開発優先の政策に対する反省から、均衡のとれた社会開発の重要性が主張され、コミュニティ問題が注目されるようになった。日本が辿ってきた道と同様に、中国においても、一九八〇年代中期以降、経済成長を最優先課題に据えた結果、貧富の格差拡大、人間関係の荒廃などを招いた。二〇〇〇年代半ばから胡錦濤政権は経済発展よりも社会問題解決を優先する「和諧社会」施策を打ちあげ、「ゆとりある社会」建設へと大きく政策の舵を切ろうとした。「和諧社会」とは、「以人為本」（人間本位）を中核概念とし、いわゆる成長至上主義から人間重視、国民生活の重視へと政策転換を図ったのである。これを背景にコミュニティ公益事業の実践活動が新たな模索としてはじまった。

コミュニティ公益事業とは何か。本稿においては、これを行政の〝公共〟・企業と社会の〝共益〟・住民の〝互益〟を合意した形で展開されたコミュニティ活動として捉えている。すなわち「公益」という新しい公共概念とは、長年「官」が独占してきた「公」の機能をその本来の持ち主である「民」へ返還すること、また、企業がかつて従業員及びその家族の生活を保障する機能を担っていた経験や経緯をもち、企業の利潤の一部を「民」に返還することに抵抗がないことを意味している。さらに、住民が従来の血縁や地縁を重視する相互扶助の考えを乗り越えつつ、お互いに支え合うこと（mutualbenefit）も意味している。掘り下げて言うならば、行政利益の優位ではなく、企業利益の優位でもなく、行政・企業・市民の包括的な利益が〝共享〟（ともに享受する）できる仕組みを作っていくことである。こうしたコミュニティづくりの試みから、中国の社会構造、改革理念及びマネジメントにおいても変化がみられた。特に、社会主義期に企業が〝単位社会〟である地域社会と一体化し、自ら〝単位社会〟の構成員に「揺りかごからお墓まで」の厚生福利を提供してきたマネジメントをコミュニティ再建のなかに活かしていくという動向が注目される。

かつて、中国では政治的社会統制の道具としてコミュニティが翻弄された経験があり、経済成長を優先する風潮の下で、コミュニティの産業化や市場化が進められた結果、人間関係の希薄化を招いた経緯もある。本稿では、各時期における国内の政治、社会の重大なできごとによってコミュニティが変動したメカニズムを考察し、そして二〇〇〇年半ば以後、コミュニティへの再建を背景にした新たな取り組みとするコミュニティ公益事業の実践例を取り上げる。事例分析を通じて公益事業を支え得るのは、パーソナル・ネットワークの役割と社会主義期における企業の地域社会運営のマネジメントの現在的活用であることを確認する。最後に、コミュニティの再建において、住民の生活空間と生活権をいかに保障できるかが重要課題であり、それを解決するにあたって行政主導の公共生活圏、社会企業の公益生活圏、住民の互益生活圏の協働が不可欠であることに触れておく。

1　政治、経済の情勢に翻弄されたコミュニティの姿

中国コミュニティ変動のメカニズム構造を理解するため、ここに建国後の各時期における国内の政治、経済の情勢によってコミュニティがどのように人為的に編成されたのかを述べておく。

表1　単位社会の体制内及び体制外に置かれる就業者数の推移と比較

年　度	就業者数	体制内		体制外	
	（万人）	人数（万人）	パーセンテージ	人数（万人）	パーセンテージ
1978	9514	9499	99.84	15	0.16
1980	10525	10444	99.23	81	0.77
1985	12808	12314	96.14	494	3.86
1990	14730	13895	94.33	835	5.67
1995	19093	14408	75.46	4685	24.54
1996	19815	14260	71.97	5555	28.03
1997	20207	13927	68.92	6280	31.08
1998	20678	11021	53.3	9657	46.7
1999	21014	10284	48.94	10730	51.06
2000	21274	9601	45.13	11673	54.87

注：体制内とは、単位社会に所属し生活保障を受けられるということ。体制外とは、単位社会に所属することができず生活保障を受けることもできないことを意味する。出典：国家統計局編『中国統計提要2001』、2002年

周知のように、社会主義期における中国社会の主な特徴といえば、「単位社会」の構造である。ここに言う単位社会とは、生活空間のコミュニティでありながら、働く職場であるものを意味する。政府機関、国有企業、教育機関などのような巨大な単位社会もあれば、民間の会社、商業連合なども同じく「単位」と呼ばれる。そして、この単位社会が、住宅をはじめとした生活に必要なあらゆるものを配給するシステムのなかで、都市部の人々の生活を成立させてきた。

こうした単位社会は、政治的、経済的、社会的といった三つの機能をもっている。政治的機能とは、共産党が各単位の党支部を通して所属者を管理し、政治運動にさいして対象動員の場とすることを意味する。また、各所属者の身元を証明する権限も有している。経済的機能とは、企業組織としての「単位」が、所属者に給与を支給し、勤務や家庭事情に応じて住宅および各種の厚生福利を決定・分配することを意味する。社会的機能とは、単位が、所属者に医療、年金、生活保護、福祉サービスを給与し、所属者および家族の冠婚葬祭の面倒もみることを意味する。単位社会は、人々に依存されており、労働生産の場、居住の場あるいは消費の場として、日常生活においてきわめて重要な空間である。

表1に示されたデータからみても、単位社会制度が都市部の人々の生活にいかに影響を及ぼしていたかがわかる。たとえば、経済改革が始ま

った一九七八年において、就業者の九九・八%は、なんらかの単位に所属している。つまり生活保障の体制内に入ったことの証しで、その占める比率がきわめて高い。ほとんどの人が単位社会に依存し、定年になっても単位からはずれることはほぼないのも窺い知れる。

単位社会の主な特徴といえば、従業員および家族の生活全般を保障すること、濃密な人間関係と家族的な単位社会文化を織りなすことなどが挙げられる。

しかし、一九九〇年代初頭から経済の活性化が求められ、国有企業改革を皮切りにした単位社会改革が本格的に展開されるようになった。その改革によって国有企業の資産売却と人員のリストラが進められ、単位社会である企業が所有・経営していた学校や病院なども企業から切り離されるようになった。一九九五年に単位社会に所属した者は七五・五%までに急速に減少し、二〇〇〇年の時点では、過半数以下の四五・一%までに激減した。言い換えれば、約五五%の人々は、単位社会に切り離されると同時に、いままで依存してきた単位社会の生活資源や福利サービスなどの利用もできなくなった。当時、以上のような、職場であり多くの場合に生活の場でもあった単位社会とのつながりが失われた人々は、非常に多かった。こうした居場所、生活の場を失った人々に、新たな生活空間をつくり、与えなければならなかった。コミュニティ再建の課題が、急遽、取り上げられた。

2　コミュニティへの再建

一九八七年頃から政府は、「社区」community（以下「コミュニティ」とする）「社区服務」community service（以下「コミュニティ・サービス」とする）という政策概念を挙げ、コミュニティ再建の動きがはじまった。

中国の社区の概念は、アメリカの都市社会学者パークのコミュニティを起源とする。パークが一九三二年、燕京大学（現在の北京大学）で講義をもったおり、教えを受けた学生たちはパークの帰国にさいして彼の論文集を編み、その中文訳を師に捧げた。学生たちの中心となった費孝通は、“community is not society”という一文に接して当惑した。当時の中国では society も community もともに社会（コミュニティは地方社会など）と訳されていたから、この文章は「社会は社会ではない」ということになってしまうからである。苦心の末、編み出されたのが、「社区」という新造の訳語であった。(1) しかし、この言葉は、長いあいだ人々に忘れられており、一九八〇年代後半、やっと再び脚光を浴びることができた。

その背景事情として、前述した市場経済改革によって生じた急激な社会の都市化や産業化などにともない、単位地域社会が解体し、住民の孤立、分散化および極度の個人主義化などが進み、さまざまな社会問題が広がり、行政として放置できない危機意識が生まれてきたことが挙げられる。

また、コミュニティの再建にあたって、コミュニティ組織の再建に関連する法律である『人民共和国都市居民委員会組織法』が、一九八七年一二月に実施された。本法において、居民委員会がコミュニティ社会組織に位置づけられた。居民委員会とは、住民の自己管理、自己教育、自己サービス、ならびに自己監督の自治組織であると規定されている。そして、居民委員会が末端自治組織としての社会サービスおよびコミュニティ福祉サービスの供給主体であること、居民委員会が連絡調整の役割を担い、地域社会の生活空間を作ることなども法的に明示された。

政策の策定者である民政部が示した基本的な考え方では、コミュニティとは、「一定地域の範囲内に住む人々によって構成される社会生活の共同体」と定義されていた。一〇〇〇〜三〇〇〇世帯の近隣の範囲ごとに、住民生活と関連する施設を整備するとともに住民の自主参加によって地域が抱えている生活問題を解決することが明確化された。プロセスとしては、行政組織の「街道」、自治組織の居民委員会の復活を通して、地域の組織化を進め、そしてコミ

表２　コミュニティの再建の動向

年　度	総人口（万人）	城鎮人口（万人）	農村人口（万人）	居民委員会（万ヶ所）	村民委員会（万ヶ所）
1992	117171	32372	84799	10.4	100.4
1993	118517	33351	85166	10.7	101.3
1994	119850	34301	85549	11	100.6
1995	121121	35174	85947	11.2	93.2
1996	122389	35950	86439	11.4	92.8
1997	123626	36989	86637	11.7	90.6
1998	124810	37942	86868	11.9	83.3
1999	125909	38892	87017	11.5	80.1
2000	129533	45594	80739	10.8	73.2
2001	127627	48064	79563	9.2	70
2002	128453	50212	78241	8.5	68.1
2003	129227	52376	76815	7.8	65.8

沈潔編『福祉ＮＰＯと地域福祉改革』日本僑報出版社、二〇〇六年、参照。出典：「中国統計摘要・一九九八」国家統計局、国家統計局一九九八年編印、『国民経済和社会発展統計公報』（一九九二―二〇〇三年）、『民政事業（発展）統計公報』（一九九二―二〇〇三年）、民政部ＨＰ（http://www.mca.gov.cn）、国家統計局、国家統計局ＨＰ（http://www.stats.gov.cn）。

ュニティサービスセンターの整備およびサービスの供給を媒介として、住民の連帯性を高めていくことである。

一九九〇年代以後のコミュニティ再建の動きは、**表2**に示されている。

表2に示されたデータによると、一九九二年では三・二三億の城鎮人口が一〇・四万ヶ所の城鎮行政コミュニティ（居民委員会を地域範囲として）に分布しており、各コミュニティの平均人数は約三一一五人となった。その後、城鎮人口と城鎮コミュニティ数はいずれも増加し続け、一九九八年には三・七九億の城鎮人口が一一・九万ヶ所の都市行政コミュニティ（居民委員会）に分布するようになり、各コミュニティの平均人数は約三一八四人となった。そして、一戸あたり平均三人として概算すると、各コミュニティは平均約一〇〇〇戸余りの構成となるはずである。

しかし、行政が主導したコミュニティ作りは、行政区画や社会管理に焦点をあてており、人々の暮らしの空間や人間関係のネットワークを構築する意識が欠けていた。一九九〇年代以後は、市場経済の浸透により社会主義時代に実施された公共住宅が個人に売却され、新築分譲住宅も市場にあふれている。一方、高齢者人口が急増し始めた。これらの要因に加え、高齢者の孤立、住民の孤独や青少年の犯罪非行などの多様な問題が生じるようになった。社会問題の重層化および福祉ニーズの多様化の問題を抱え、地域社会作りには、単に単位社会から排除された者を救う受け皿としての機能だけでなく、または行政が主導するだけではなく、多様なセクターの参加を通して、地域問題の発見および地域資源の調達が重要であると認識された。

これを背景に二〇〇〇年ごろから政府は、社会福祉の社会化・民営化の基本施策を打ち出した。主旨は従来の公的な一元福祉サービス供給体制から、市場を機軸とする営利セクターとともに住民の参加により結成されるNPOが福祉サービスの拡大に参与することを目途としている。

二〇〇二年にわれわれは、社会福祉の社会化・民営化が実施されたあと、コミュニティの社会福祉供給組織の動態を把握するために、独自の調査を行なった。結果は図1に示した通りである。

行政主導型は、行政改革および地域分権化によって行政の枠組みからはずれた組織が民間の身分に転じ、福祉サービス供給において行政を補完する役割を果たしているイメージが強かった。このような供給組織は、運営方針からサービス内容まで行政部門の牽制を受けて、行政福祉サービスの提供機能を補完する立場におかれている。データによると行政主導型は全体の三二・九%を占め、一つのコミュニティに平均一・一団体がある。

公設民営型とは、政府が土地・建物・設備などを民営団体および個人に提供し、民間が福祉サービスの提供を営む。公設民営型は、福祉サービス供給事業を引き受ければ、税金優遇、一定の財政補助などが受けられる。いったん公設民営団体に認定されたら、営利を目的とする事業がいっさい禁止される。しかし、提供した福祉サービスにかかるコストは利用料として利用者から徴収することができる。利用料徴収の基準設定は、行政が上限、下限を設定しその限度内において、供給側が裁量権をもつ。一種のPurchase of serviceあるいはPurchase of service Contractingである。公設民営型は全体の九・五%にすぎず、一つのコミュニティに平均〇・三団体と最も少ない。

図1　コミュニティ福祉 NPO の形態

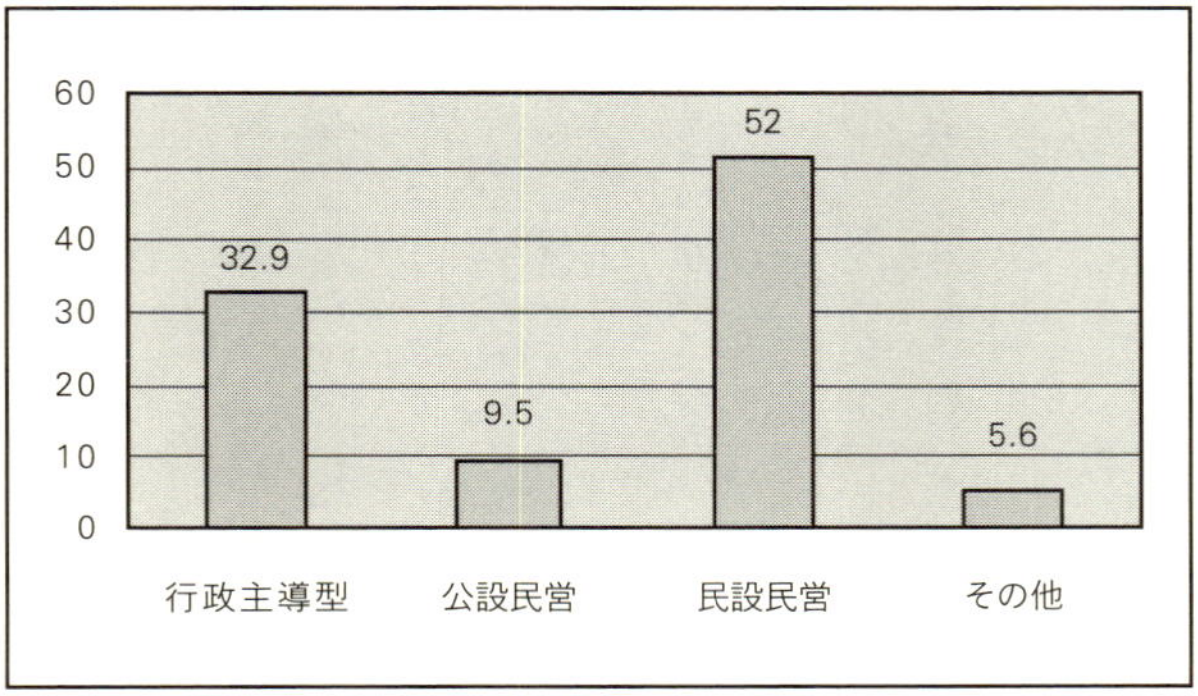

出典: 沈潔編『地域福祉とNPOの展開 』日本僑報社

民設民営型は、民間企業および民間経営者によって設立された福祉サービス供給組織である。これらの団体では、その財源の多くは経営活動や外部の寄付などに依存している。その代わりに、民設民営型は自主性が右記の組織より強く、自主性・自発性という特徴が評価される。サービス提供の内容に関して住民のニーズにあわせて自主的に設定することができる。このような組織は一つのコミュニティに平均一・七団体、全体の五二%を占め、最も多い。

全体から見れば、官と民の接点をもっている公設民営型のセクターがきわめて少なく、民設民営型が圧倒的に多かった。また、行政主導型が依然として三二・九%という高い比率を占めていた。

社会福祉の社会化・民営化は、コミュニティに一定の活力を与えたが、このような安易な民営化による弊害も顕著になっている。利益の追求は民営会社として当然であるが、誰もが公平・平等にサービスを受けられるとは限らなくなった。また、採算の取れない予防的なもしくは細かな医療・福祉サービスや住民の日常生活に関わるサービスは急激に減っていた。つまり、医療・福祉サービスにおける格差問題はいっそう深刻になった。一方、競争原理の導入によって、自主性・自発性の強い住民互助型のセクターはその競争に対抗できず、解散せざるを得なくなるケースが多かった。

二〇〇三年のSARS事件は、医療・福祉サービス領域の安易な民営化が招いた結果である。

3　新たな公共を求めて――コミュニティ公益事業の創出

以上のような社会主義期および社会主義市場経済改革期の地域作りを試みてきた中国は、コミュニティという新しい組織の形態と方向性を考えざるを得なくなった。この新たな挑戦では、市場経済化を背景に再建されたコミュニティの運営のあり方について、単位社会に残されたコミュニティの運営に関するノウハウや織りなされた人々のネットワークとの共存・融合の道を探し始めた。

これまでのコミュニティの再建や組織化などは、いずれも行政主導で進められてきたが、近年、経済成長にともない住民の生活構造と意識の変化が現われてきたことによって、さまざまな形態の住民組織も数多く生まれた。しかし、主な資源は行政に握られており、地域福祉サービスの供給に関わっている住民組織や民間団体は苦しい状況におかれていた。行政と住民のあいだの溝は深刻になる一方であった。そのなかで行政主導のコミュニティ組織を乗り越え、地方自治、住民主体のコミュニティへ転換していくことを求める声が強く聞こえるようになってきている。一方、中央政府主導型の経済改革を中心とした経済的合理性を追求する「効率の原則」が優先されてきたことに対して、地域住民は、主体的な社会的合理性の追求、すなわち「公正」、「公平」の原則の追求を求めるようになってきている。

そのコミュニティ再構築のなかに新たな試みとして現われてきたのは、行政・企業・住民の合意や連帯を中心としたコミュニティ公益事業である。

図2　公益事業の概念

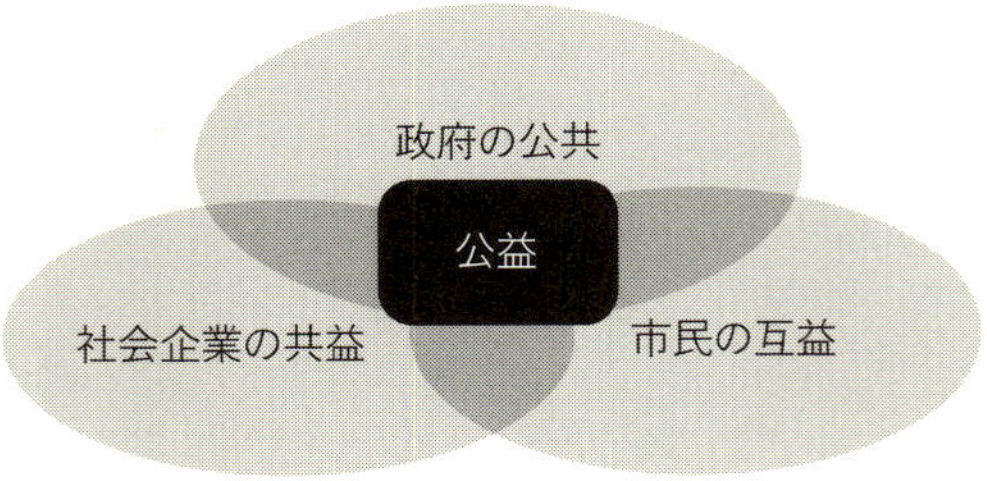

（1）公益事業への理解

社会主義国家の成立以前において、人々の生活は基本的に〝自助〟〝互助〟で営まれ、国家に依存することができなかったといわれる。そのため、市民社会はさまざまな形で互助的、互益的な仕組みを構築してきた。しかし、社会主義時代に入ると、計画経済および国家所有制のもとで、人々は国家に帰属するようになり、市民社会が有していた互助的、互益的な機能が奪われ、国家が公共的な機能を独占するようになった。一九九〇年代には、市場万能論の言説に誘導され、市場経済改革は市場重視に傾斜しすぎるようになり、これまで国家が独占してきた公共的な機能が格差や社会的排除などに対応しきれなくなった。このような意味から、「公益」という新しい公共概念とは、すでに述べたように、行政利益、企業利益いずれかが優位に立つということではなく、行政・企業・市民の包括的な利益が〝共享〟できる仕組みを作っていくことである。

しかし、現時点において、公益事業に対する緻密な概念設定は確定されていない。一般的に言えば、多様な集団利益を融合し、多様なニーズや要望などに多元的なセクターの協働体制で対応していくことだろうと解釈されている。本稿でのコミュニティ・サービス・システムにおける公益事業の位置づけは、イメージ図2のようになる。

すなわち、コミュニティ公益事業に求められているのは、政府の公共性、企業の共益性、市民の互益性が包括的な利益として〝共享〟できる仕組みであると思われる。

また、公益事業の実施範囲について、一九九九年六月二八日に公布された『中華人民共和国公益事業寄贈法』において明記されていた公益事業の領域は以下の通りである。

①災害救助、貧困救助、障害者、高齢者など社会的立場の弱い個人および集団に対する支援活動

②教育、科学、文化衛生、体育事業に対する支援活動

③環境保護、公共施設の建設に対する活動

④その他の公共事業と社会福祉活動

いずれにしても、コミュニティ公益事業は、こうした行政・企業・市民の包括的な利益が〝共享〟できる仕組みを具現化していく新しい挑戦であるといえる。

（2）コミュニティ公益事業の実践例(2)

（2—1）民間ディベロッパーによるコミュニティ公益事業の実践

深圳桃源居《とうげんきょ》コミュニティ公益事業の実践例：桃源居コミュニティは、一九九七年に深圳郊外で民間ディベロッパーによって開発されたニュータウン・エリアである。面積は一八〇万m^2で、約三・六万人の居住人口、三〇〇〇余りの世帯が共同生活を営んでいる。深圳市の行政区画の基準によれば、桃源居のような集合住宅地域は一つのコミュニティとして位置づけられる。

二〇〇六年八月に、桃源居コミュニティを開発した民間ディベロッパー（不動産業者）の提唱によって、民間ディベロッパー、行政、住民の合意でコミュニティ公益事業法人が立ち上げられた。設立の主旨は、企業・行政・住民の協働により、暮らしと福祉のコミュニティづくりを実現していくということである。

①コミュニティ公益事業資産の創設　中国において近年増加しているコミュニティ公益事業は、柔軟性とスピード感に優れている一方で、公的な福祉施策や市場から提供される福祉サービスに乗りにくいため、財政面で厳しい状況にあることも少なくない。桃源居の場合は、まずコミュニティ公益事業資産や経営マネジメントの強化によって、持続的な財源を確保することに力を入れた。コミュニティ公益事業資産の構成は、以下のような仕組みで進められた。

国有資産：土地は国家所有であるため、集合住宅を開発する段階では、ディベロッパーは政府から土地使用権を購入しなければならない。不動産業者が土地使用権を獲得するときに、行政は公益施設の使用地三六・四万m^2の土地使用権を国有資産として無償で提供し、また、行政委託事業として不動産業者に公益施設の建築を委託する。公益事業に使用する施設は行政によって提示された建築計画や基準などに基づいて建築される。主な関連施設はコミュニティ警務、消防、地域医療施設、公立幼稚園・小学校など、住民の日常生活に必要不可欠な施設である。

コミュニティ資産：民間ディベロッパーは、国が無償で提供した使用地に独自の事業として高齢者施設や在宅福祉サービスセンター、文化施設などを増設する。民間ディベロッパーが増設した一部の施設の使用権を社会貢献の一環として住民に寄付する。住民NPOグループは、これを公約に従って福祉サービス提供や文化活動の専用施設として使用しなければならない。こうした施設の経営者は、桃源居コミュニティの福祉NPOや住民互助グループを優先することになるが、経営マネジメントに関しては、民間ディベロッパーの指導を受けている。施設の運営資金は、民間ディベロッパーおよび企業の寄付金、行政の委託事業資金、公益事業の収益金から賄っている。現在、公益事業の運営資金は四千万元（日本円の計算で約五億円）に達した。公益事業の収益金の配分は、公益積立金に三分の一、公益福祉サービス供給の量的・質的向上に結びつける事業に三分の一、福祉NPOや住民活動のグループの運営資金として三分の一となっている。

私有資産：民間ディベロッパーがコミュニティ地域内に増設した大型商業施設、娯楽施設は民間ディベロッパーの私有資産とされるが、その利潤の一部は、コミュニティ公益事業の公約によって住民に還元しなければならない。

②コミュニティ公益事業の運営組織図　住民協議会：行政・企業・住民の代表から成り立つ公益事業の意思決定機関である。住民協議会は、理論上から言えば、最高意思決定機関である。公約に基づき、行政・企業・住民のそれぞれの役割分担が明記されている。たとえば、行政の役割はコミュニティ発展計画、補助金支援、NPO組織およびリーダーの育成などにある。大きな柱となっているのは、社会貢献の意思を有する民間ディベロッパーおよび地域の民間企業である。不動産会社を中心とした社会企業の役割は、活動の場の提供や運営ノウハウの提供などにある。福祉NPOや住民互助グループの役割は、主に住民のニーズを把握しながら、自らの実践活動によって住民自治の目標を達成していくことである。しかし、「官本位」の中国社会の現実から見れば、行政の影響力は依然として強いのであるが、従来の「行政から民へ」という垂直型のコミュニティ支配構造よりかなり改善されたといわれる。行政も従来のガバナンスから企業・住民との三者協働によるガバナンスに変わっていく可能性が見えてきたという（図3）。

コミュニティ公益センター：公益事業の実際の執行機関である。公益センターは、これまでの試行錯誤を踏まえ、より持続的、安定的な運営を求め、二〇〇六年に設立された。実は、コミュニティ公益事業の運営が抱えていた最大の課題は財源の問題である。この問題に対して創設当初は、政府の補助、不動産業者の賃貸管理費からの支出金および公益事業の収益金から賄っていた。

③公益事業発展基金会　より計画的、安定的な資金循環の仕組みを作るため、二〇〇八年に「中国公益事業寄贈法」に基づき桃源居公益事業発展基金会が立ち上げられた。基金会は、「住民が住民を支える」という主旨で、個人また

図3　コミュニティ公益事業の概念図

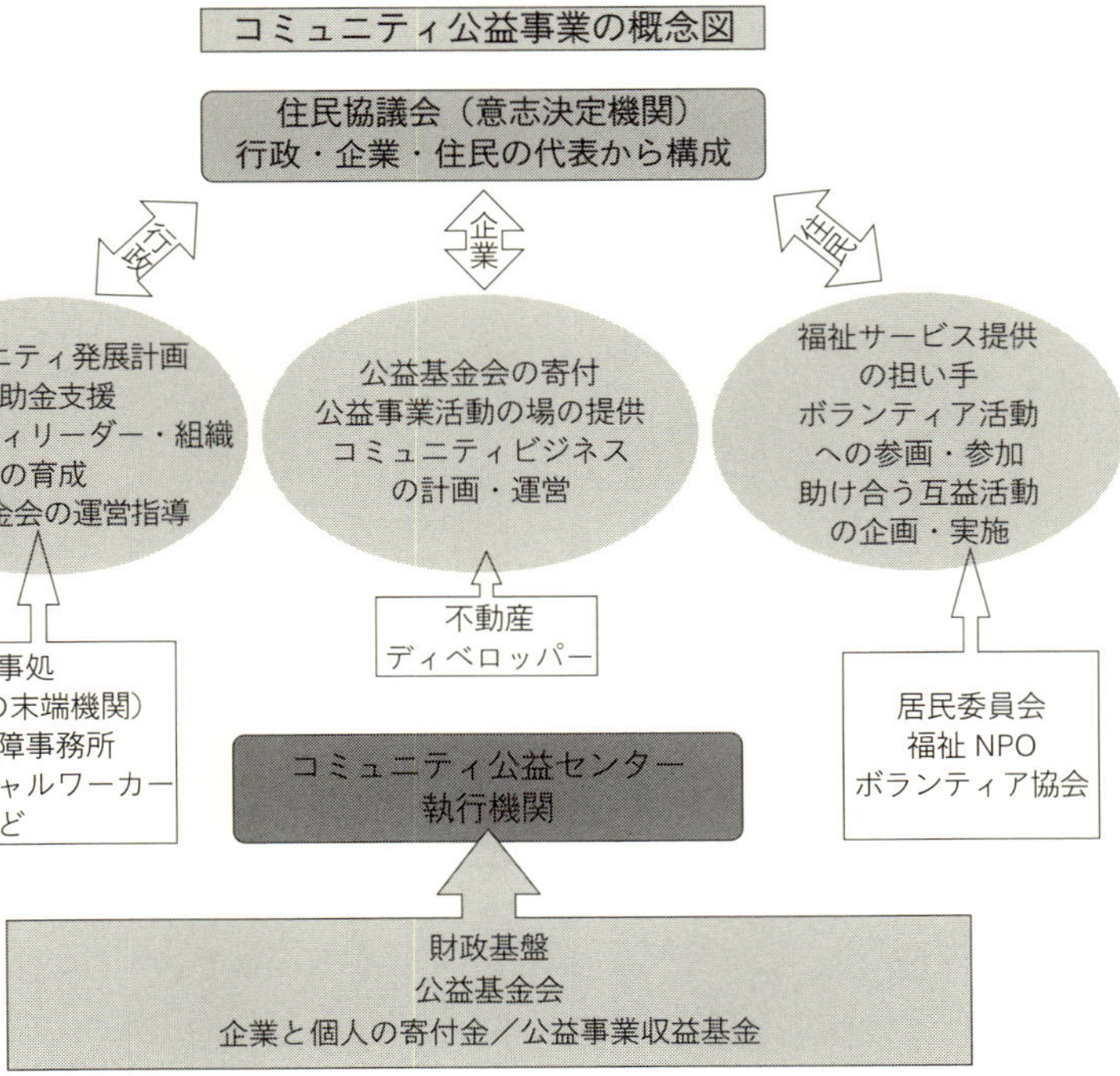

コミュニティ公益事業の概念図
住民協議会（意志決定機関）
行政・企業・住民の代表から構成
行政
企業
住民
コミュニティ発展計画
補助金支援
コミュニティリーダー・組織の育成
公益基金会の運営指導
公益基金会の寄付
公益事業活動の場の提供
コミュニティビジネスの計画・運営
福祉サービス提供の担い手
ボランティア活動への参画・参加
助け合う互益活動の企画・実施
街道弁事処
（行政の末端機関）
社会保障事務所
ソーシャルワーカー
派遣など
不動産
ディベロッパー
居民委員会
福祉 NPO
ボランティア協会
コミュニティ公益センター
執行機関
財政基盤
公益基金会
企業と個人の寄付金／公益事業収益基金

は企業の寄付金を集めており、二〇一一年まで寄付総額は一億一四七三万元（日本円換算で約一五億円）に達した。そのうち民間ディベロッパーからの寄付は半分以上を占めていた。[3] 基金の主な用途は、桃源居コミュニティのボランティア・市民活動や高齢者、児童福祉、社会教育などの公益事業や隣接する周辺のコミュニティの新規公益事業を助成することである。

④公益事業の内容　住民、行政、企業、各種ボランティア・グループ等の共同イニシアティヴにより展開された公益事業は以下の通りである。

コミュニティビジネス：たとえば、地域住民のニーズにもとづく低料金の生活支援サービス、介護用品の開発と販売、レストランの経営など、コミュニティビジネスの展開である。

コミュニティ医療・福祉サービス：行政委託事業として展開された小規模な老人ホーム、宅老所、託児所、地域診療所、リハビリ・ステーションなどがある。

住民生活への支援活動：住民グループが自ら提案企画し、自ら提供する食事配達、食堂、家政婦の紹介、派遣などがある。

コミュニティ文化の創設に対する支援：桃源居コミュニティ音楽祭、高齢者ダンスクラブ、子ども音楽教室、体育クラブなどに資金面で助成している。

また、社会教育に関しては、コミュニティ図書館、青少年教育、高齢者大学、パソコン教室の運営など、ボランティア活動に関しては、ボランティア教室、ボランティア組織の育成などがある。

⑤コミュニティ公益事業の桃源居モデルの特徴　桃源居モデルの最大の特徴は、民間ディベロッパーがもっていたマ

ネジメント能力を活かし、コミュニティのなかで健全な資金循環システムを形成して持続的な財源を開拓・確保することである。桃源居モデルには、社会主義計画経済期に企業がコミュニティ運営の主役となった「単位社会」の面影も見られる。コミュニティ公益事業の展開には、住民の参加、行政の支援が重要であるが、経済セクターが果たす役割も成功に不可欠な条件といえる。

桃源居モデルの特徴をより具体的に述べると、第一に、コミュニティの資産は、国が所有するもの、コミュニティ公益事業団が所有するもの、住民および不動産業者が私有するものに分けられることである。つまり、行政・企業・住民は組織上や名義上の協働ではなく、利益およびリスクともに共有することになる。第二は、積立形式の公益基金会を設けて、資金の計画性と継続性を求めることである。第三は、住民主体のコミュニティ・ビジネスの展開によって、住民の生活に関わる用品やサービスを開発、販売し、コミュニティ内で取引可能な財・サービスを極力地域内で生産・消費するようにすることである。第四は、コミュニティの公益事業だけで二〇〇〇人余りの就職ポストを提供することであり、その従業員の大半はこの地域の住民である。第五は、外部ネットワーク（専門家・研究機関）による助言・協力である。桃源居コミュニティ公益事業の立上げは、清華大学の助言、支援によるものであった。現在も清華大学の各領域の専門家が、展開されている公益事業に調査、指導を行ない、連携体制でさまざまな課題を解決に導いている。

以上のように、行政・企業・住民が包括的な利益を〝共享〟する仕組みによって、コミュニティ地域内において、健全な資金循環および生活サービス供給システムを形成することができた。したがって、コミュニティ・レベルから持続可能な社会を構築することが可能となる。現在、民間ディベロッパーが、社会貢献を意識しながら、桃源居コミュニティ公益事業の試みに習い、中国のほかの都市で第二、第三の桃源居コミュニティを誕生させようとしている。

（2―2）〝互益型〟公益事業の事例

壁のない老人ホームの実践活動――大連の居宅養老院の実践例

壁のない「居宅養老院」の実践活動の主旨は、相互扶助精神に基づき、要介護高齢者家族と時間的、体力的な余裕のある家族のあいだに協力関係を結ぶような、助け合う福祉支援を行なうことである。言い換えれば、これはパーソナル・ネットワークとしてのコミュニティづくりの試みであり、世帯単位に構成された相互扶助のシステムの形成によって、地域共通の相互扶助のネットワークを拡大していく考え方である。具体的には、介護を必要とする高齢者が住み慣れた自宅で安心して老後生活を送れるように、「介護ヘルパー」資格をもつ隣人を要介護高齢者の自宅に訪問させ、介護および日常生活を支援するプログラムである。

具体的な事例として大連市沙河口民権コミュニティの実践例を取り上げてみよう。

大連市の沙河口民権コミュニティは、そもそも社会主義計画経済期の工業団地であり、団地の住民の大半は「単位社会」時代の仲間である。工業建設ラッシュの時期に就職した従業員らは、いっせいに定年退職を迎え、このコミュニティだけで六〇歳以上の高齢者は三四〇〇人を超える。そのうち、市場改革の導入によって定年退職の前にリストラされたり、職を失ったりした低所得層の高齢者が多数いる。しかし要介護になった高齢者は、公的介護サービスが整備されていないため、市場に提供された高額な介護サービスの利用しかできない。低所得層の高齢者にとって、これらの介護施設や介護サービスは、とうてい手の届かないものである。その背景の下で、二〇〇二年に、住民が住民を支えるという壁のない「居宅養老院」が生まれた。

「居宅養老院」の具体的な仕組みは、介護の必要ある高齢者と介護ボランティアの住民が、それぞれコミュニティの「養老管理委員会」に登録し、「養老管理委員会」の仲介によって要介護高齢者家族と介護ボランティアのあいだで協力関係を結ぶというものである。介護ボランティアは、協力関係にある要介護高齢者に対して、「協力合意書」に基づき、身の回りの世話などを行なう。介護側と要介護側の双方は、介護支援が成立する前に「協力合意書」を結ぶことが義務づけられている。

介護ボランティアに対しては、介護支援活動の質と量に応じて一定の報酬を与えることになっている。サービスの利用時間の申請、利用価格、料金の支払いおよび介護サービスに対する評価などは、養老サービスセンターが統一的に管理し、介護支援者の報酬もサービス提供の時間、内容によって養老管理委員会から支払われることになっている。

居宅養老院のサービス内容はおおむね三つに分類されている。家事援助サービスは、一日三食の食事の用意、買い物、公共料金の納付、洗濯掃除ほか身の回りの世話などのサービス提供である。介護援助サービスは、自立できない高齢者に対する介護、リハビリなどの手伝い、通院の同行、夜間の巡回介護サービスなどの提供をいう。重度要介護高齢者に対しては、泊まり込みのような二四時間介護のサービスも用意している。相談サービスは、在宅サービスに関する希望、苦情などに応じて関連部門との連絡調整を行なう。

養老管理委員会は利用者のカルテを作り、「介護日記」「家庭支出明細帳」「健康状態」を項目ごとに分け介護ボランティアに記録させ、統一的に保管する。介護支援者と要介護高齢者のあいだのトラブルを予防・解決するために、監督仲裁委員会が設けられた。

「居宅養老院」の運用資金は、行政負担、寄付金、収益金から賄われ、行政が養老管理委員会職員の賃金を負担するほか、土地と建物を提供する。また、二〇〇五年以後、大連市行政は低所得層高齢者を対象にする「介護サービス引換券」の給付制度を導入した。介護サービス利用者は、居宅養老院が提供するサービスを選択し、引換券を呈示してサービスを受ける。寄付金に関しては、二〇〇二年にコミュニティ福祉基金が発足し、コミュニティ内の企業や個人に募金活動を行ない、六〇社もの企業から寄付金を得ることができた。寄付金は、主に介護ボランティアの報酬に補塡される。また、寄付した企業および個人は、福祉基金会の会員として基金会の運営や募金活動に携わる形になっている。

現在、壁のない養老院のような相互扶助精神に基づいた互益型の公益事業は、各地域で展開されている。たとえば、南京市で普及した「互助合作社」、武漢市で普及した「時間銀行」などもある。中国では、コミュニティの劇的な変革のなかで、困った人に隣人が手を差し伸べるという相互扶助の機能が衰退しつつあるが、このような実践活動を通じて、相互扶助の精神を取り戻すことが期待されている。

4 新しいコミュニティを求めて

企業の社会貢献として取り組まれてきた公益コミュニティの桃源居、相互扶助精神に基づき、利益を分かち合おうとする「互益」活動の事例からどのような示唆を受けることができただろうか。

かつて、中国は政治的社会統制の道具としてのコミュニティづくり、経済成長を優先する風潮の下でのコミュニティの市場化を経験してきた。現在、コミュニティの再建に向けて、新たに選択された政策の志向は、生活権を住民に返還し、行政・企業・住民の連携によって生活圏を再生することである。それは、生活空間としてのコミュニティという原点に戻ることを意味する。

（1）行政・企業・住民のパートナーシップ

若干、振り返って考察してみよう。一九四九年以来、中国都市のコミュニティの変革をより構造的に見ると、その変革のメカニズムを表3のようにまとめることができる。

社会主義計画経済期の単位社会では、生産・分配・流通・金融を国家が統制し、原則的にすべての生産手段が公有とされていた。住民自治と相互扶助を重視する伝統的なコミュニティは、政治支配の空間として再編された。国家・政党の人々に対するコントロールが強化された当時、政府および企業は、従業員と家族に住宅および手厚い福利厚生を提供していた。これらの提供を通して、従来のコミュニティが担っていた生活の相互扶助という機能を代替することが可能になった。行政、企業とコミュニティは、計画経済と公有制というシステムに統合された形になったが、この現象によって、古来より継承されてきた隣人の相互扶助精神や住民自治が機能不全となった。

一九八〇年代半ばごろから、経済の市場化の加速によって、企業は市場競争力を保つため、従業員とその家族への住宅および手厚い福利厚生の供給を切り捨てざるを得なくなった。すなわち、企業とコミュニティの一体化体制は、崩壊してしまった。企業に切り捨てられた福祉サービス、公共サービスの供給機能を新たな担い手に転嫁しなければならないため、コミュニティの復活が選択された。しかし市場経済活動のなかで取り組まれたコミュニティの復活ではあったが、住民主体意識、住民自治体制の培養は困難であった。一九八〇年代以後、企業は、従業員への住宅の供給から住宅の市場化へと移行しはじめるようになり、密集した高層マンションタウンが一気に全国に展開された。さらに政府の持ち家推進政策等に後押しされて、中高所得層の郊外流出と低所得層の都心部流入というかつてアメリカの大都市で見られたような現象が発生した。当初、民間ディベロッパーが開発したベッドダウンでは、最低限の公共

表3　各時期におけるコミュニティ政策の比較

時　期	類　型	社会政策の志向	サービス供給セクター	住宅政策の指向	相互扶助機能
社会主義計画経済時期（1949年～1980年代半ば）	単位社会	政治優先（国益）	政府・企業	公共住宅	弱
社会主義市場経済移行期（1980年代～2000年代半ば）	行政化コミュニティ	経済優先（私益）	政府・市場	公共住宅から私有住宅へ	やや弱
社会主義市場経済安定期（2000年代半ば～現在）	生活化コミュニティへ	国民生活優先（公益）	政府・市場・住民	私有住宅＋社会住宅	強

サービスすら市場によって供給されている。掃除、公共衛生などの地域活動もそれぞれお金を出し合って、農民工を雇って済ませている。同じマンションに住んでいてもお互いに付き合いをもたないことが多く、人間関係の希薄化という結果を招いた。

こうしたコミュニティの危機が転機を迎えたのは、二〇〇三年のＳＡＲＳ事件であった。特に二〇〇六年に「民生」（国民生活）を第一義とする政策が提唱されて以後、経済成長主義によって国民生活が犠牲になったことが批判され、これを契機に生活と福祉を軸とする住民の生活空間としてのコミュニティ作りが新たにスタートした。

また、二〇〇〇年代半ばごろから、「公益」の概念が議論されるようになり、二〇〇八年に「公益事業捐贈法」の実施によって都市部のコミュニティ公益事業が実験的制度と位置づけられるようになった。なお、桃源居コミュニティや公益型の相互扶助支援などの先進・成功事例もその契機になっていた。今後も、行政・企業・住民といったパートナーシップに軸足を置いたコミュニティの再編が全国に展開していくであろう。

近年、行政の押し付けのなか、コミュニティづくりにおいては一定の成果が見られた。コミュニティ社会サービス供給施設の推移は、図4に示された通り。二〇一一年末、コミュニティ社会サービス供給施設は、一六万ヵ所、そのなかで、総合施設としてのコミュニティ・サービス・センターは一・四万ヵ所、実際に公的、公益的な福祉サービス供給を担っているコミュニティ・サービス供給ステーションは五・六万ヵ所、住民の日常生活を支えている生活支援拠点は四五・三万ヵ所であった。また、コミュニティ・ボランティアは五・九万団体にのぼった。特に二〇〇七年以後、創設されたコミュニティ・サービス供給

図4　コミュニティ社会サービス施設の推移

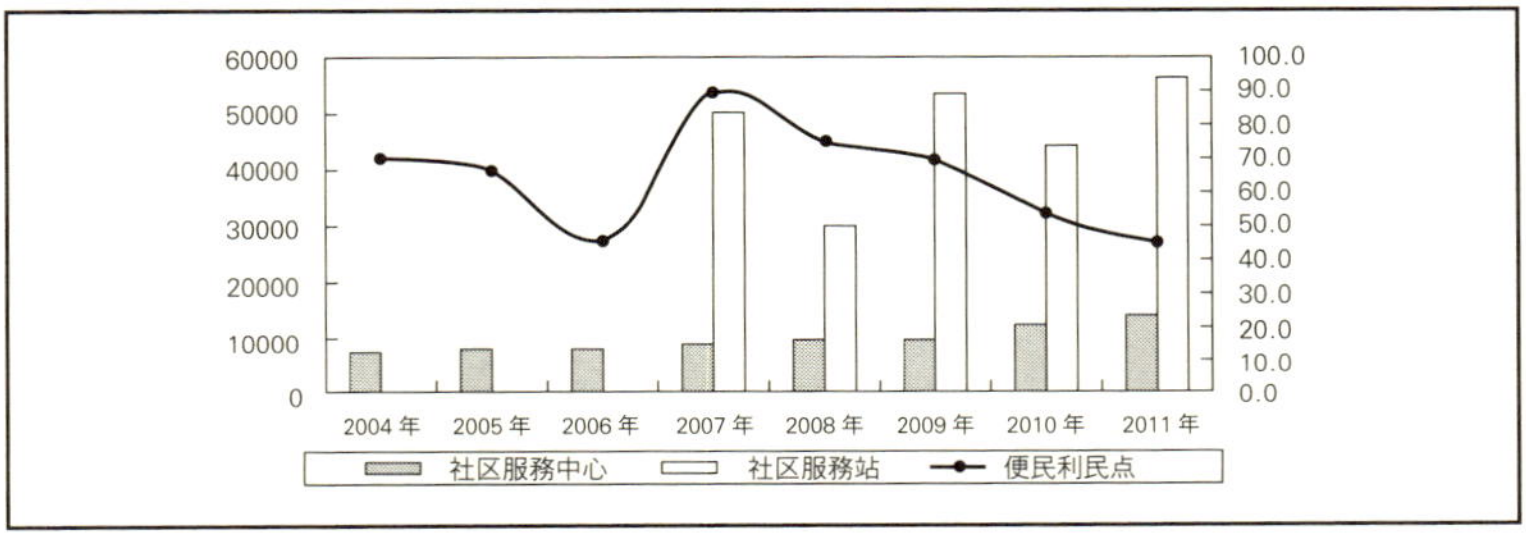

社区服務中心：コミュニティサービス・センターのこと
社区服務站：コミュニティサービス・ステーションのこと
便民利民点：住民生活支援の拠点のこと
出典：民政部「2011年社会服務発展統計公報」

図5　生活圏と生活権の保障

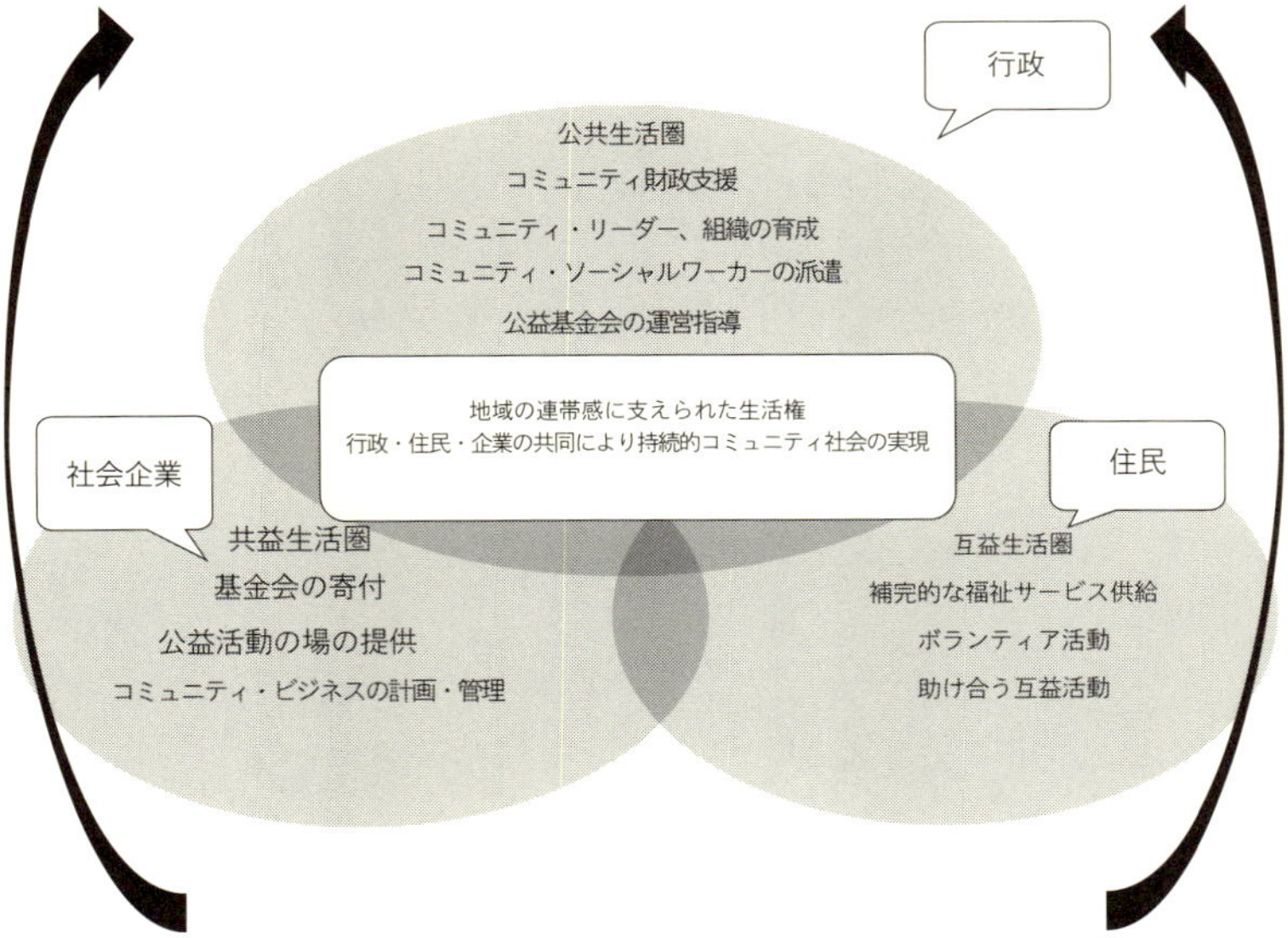

ステーションの急増は注目される。

(2) 生活圏と生活権の保障

コミュニティが存在する究極的な意味は、人々が営んでいる生活のなかにあるのだろうか。一九九〇年代半ばから筆者を中心とした研究グループは、日本の経験を参考にして、中国の学界において生活圏と生活権をキーワードとしたコミュニティ福祉の概念形成を検討してきた。図5に示す。

生活圏と生活権の保障について、その基本的な主旨は、行政・住民・企業の協働により持続的なコミュニティ社会を実現するために、地域の連帯感に支えられた生活の権利を守ることである。生活圏の保障とは、生活空間としての生活圏において多様なセクターの協働により生活環境の整備への転換を図ることである。

また、持続可能なコミュニティ福祉を推進していくため、行政主導の公共生活圏、社会企業の公益生活圏、住民の互益生活圏の協働は不可欠である。その主要な課題は、これら三つの生活圏が、それぞれ連携する形で、高齢者や子ども、障がい者らのコミュニティにおける生活の継続が可能となるような基盤整備を進めていくことである。その原則となるものは、公共性・公益性・互助性でなければならないのである。

参考文献
広井良典著『コミュニティを問いなおす――つながり・都市・日本社会の未来』ちくま新書
広井良典著『持続可能な福祉社会――もう一つの日本の構想』ちくま新書
広井良典・小林正弥編『コミュニティ――公共性・コモンズ・コミュニタリアニズム』勁草書房、二〇一一年

武川正吾著『地域福祉の主流化——福祉国家と市民社会Ⅲ』法律文化社、二〇〇六年
江立華・沈潔編『城市社区福利体系』中国社会文献出版社、二〇〇九年
沈潔編『地域福祉と福祉ＮＰＯの日中比較研究』日本僑報社、二〇〇六年
金霞「大連市における『家庭養老院』の現状と課題——日本高齢者福祉からの示唆と考察」九州大学、人間環境学府・人間共生システム専攻修士論文。

（１）倉沢進「中国の社区建設と居民委員会」「ヘスティアとクリオ」第六号、二〇〇七年一二月五日。
（２）周秀平 邓国胜「社区创新社会管理的经验与挑战——以深圳桃源居社区为例」中国行政管理、二〇一一年〇九期、孫昕「深圳市宝安区桃源居項目定位和営銷策略研究」復旦大学修士論文、二〇〇五年、冯化飛「社区居家養老中的社区衛生服務需求研究」中山大学修士論文、二〇〇六年を参照。
（３）「桃源居公益事業発展基金会（二〇一一）年度報告要旨」「公益時報」二〇一二年八月一四日。

ルソーの政治社会——一般意志が支えるコミュニティ

愛甲雄一

1 はじめに

本稿の目的は、一八世紀のヨーロッパで活躍した文筆家にして思想家、ジャン＝ジャック・ルソー（一七一二―一七七八）の政治社会論を手がかりにして、近年日本の政治学や社会学などでさかんに採り上げられている「コミュニティ community」というテーマを論じるさいに、今後われわれが十分視野に入れていくべきと思われる点を提示するところにある。[1] ただ筆者は以下において何も大仰な主張を展開しようというつもりはなく、まさにルソーが「一般意志 volonté générale」と呼んだところのものが正しい——正義に基づく——コミュニティには必要とされており、したがって今後のコミュニティ論においても、それをどうすれば実現できるかについて深く探究していかなくてはならない、という点を指摘するに尽きる。

とはいえ、そうした本稿の目的に対し、少なくない数の読者諸氏はある種の違和感を覚えるのではなかろうか。というのも、『社会契約論』などで描き出されているルソーの政治社会は、現在強化や再生が叫ばれているコミュニティのあるべき姿に比べ、ほとんど正反対とも言ってよい特徴をもっているからである。

そもそもコミュニティというテーマが近年さかんに採り上げられるようになった背景には、高度に近代化ないし資本主義化が進み「パイの拡大」はもはや望み得なくなった先進国での、いわゆる「成熟社会化」という現象が深く関係している。日本をはじめとする成熟社会は現在、多くの危機――少子高齢化や産業の空洞化、格差の拡大、環境問題、議会政治の機能不全など――に直面しているが、そうした深刻な諸問題に対し、かつて有効だった方法――中央政府による介入や著しい経済成長の実現など――での解決が難しくなっているのである。そこで、そうした事態に対する新たな対処法のひとつとして、コミュニティの創造ないし再生というテーマに関心が集まることになった、というわけだ。そうした文脈において昨今精力的に議論を展開している広井良典にしたがえば、コミュニティはひとまず次のように定義される。「人間が、それに対して何らかの帰属意識をもち、かつその構成メンバーの間に一定の連帯ないし相互扶助（支え合い）の意識が働いているような集団」[2]。

しかし、その広井の議論を詳しく見ていくならば、そこではさらに以下の二点が彼のコミュニティ概念に関わる主要な特徴として析出されていることがわかる。ひとつは、おもに個人と国家社会national societyとのあいだに位置し、地理的にも人口的にも小規模な「中間集団」――自治体や町内会といった「地域コミュニティ」がその代表――としてそのコミュニティがとらえられている、ということである。これには、成熟社会が解決を迫られている諸問題に対し国家あるいは中央政府がしばしば無力さを曝け出していることと同時に、そうした社会で個人が他者との繋がりを失い孤立する傾向の広く見られることが密接に関係していよう。要するに、人びとの自発性を基盤にしながら彼らのより身近なところできめ細かな対応を行なうことが可能であり、しかも孤独な個人を情緒的にも包摂し得る「中間集団」＝コミュニティに、そうした事態を打開する可能性が見出されている、というわけである[3]。

また広井は、内部への関係性とともに外部に対する「開かれた」関係性があることも、「中間」性をもつそうしたコミュニティの特徴だと指摘している[4]。これは、かつてのコミュニティ概念が閉鎖的かつ排他的な村落共同体のマイナス・イメージと深く関連づけられてきたことをおもに念頭に置いての発言であろう。事実、広井は内部の結びつきを重視する「農村型コミュニティ」的な要素は現代でも必要だと述べながら、しかし個人が独立しつつ繋がっていく「都市型コミュニティ」的要素のほうを、より今日的意義のあるものとして強調している。(5) 今後強化されていくべきコミュニティはよりオープンな性質をもたねばならないという認識が広井にはあり、そのことが彼をして、その外部に対する「開かれた」関係性を指摘させたのだと考えられる。

一方、国民国家 nation-state の形成前夜である一八世紀に構想されたルソーの政治社会モデルでは、対照的に、徒党や結社といった「部分的社会 société partielle」の存在がきわめて否定的にとらえられていた。(6) これは、ルソーがその公民宗教 religion civile 論において聖職者組織への忠誠を求める教会制度のみならず、人びとの関心を人類全体や来世にまで引き寄せてしまうキリスト教そのものを問題視したことと、軌を一にした姿勢だと言えよう。(7) つまりルソーは、「中間集団」を含め政治社会の一体性を損なう類いのものは原則として、すべて排すべき対象としてとらえていたのである。また、ルソーの政治社会は外部に対し開かれているというより、むしろ他の社会に依存しない「閉じた」性格をもっているという点も、彼の政治社会モデルの特徴としてよく指摘される事柄である。彼はたとえば『コルシカ国制案』のなかでコルシカ人たちに「自分たちのみを頼るようにしたまえ」と呼びかけ、生活必需品の生産や対外的防衛力は自前で調達せよとの提案を行なっている。(8) 同様の主張はポーランド貴族たちに社会改革を呼びかけた『ポーランド統治論』のなかでも行なわれており、(9) ルソーの理想とする政治社会がその意味でかなり閉鎖的な特質をもっていたことは、ほとんど否定の余地がない。政治思想史家の福田歓一もまた、ジョン・ロックが構想した政治社会と比較しながら、「ルソーの“communauté”政治社会のイメイジはむしろ閉じられた社会“closed society”にならざるをえない」と指摘している。(10)

以上のような両者の違いを前提にした場合、ルソーの政治社会モデルから現代のコミュニティ論が学び得るものなどはたしてあるのか、はなはだ疑問に思えてこよう。しかも近年、ルソー作品に備わる思想や批判の意義はすでに過去のものになったという見解も目立ち、そのせいか最近のルソー研究では、彼の生きた場所・時代の文脈のなかでその著作の意味を読み解くテキスト解釈が主流になっているという。[11] 要するに、二一世紀のコミュニティ論に益するものとしてルソーを読むことの意義が、一見したところ実に限られているようなのである。政治思想史上の古典から今日のコミュニティ論に有益な議論を取り出そうとするのであれば、おそらく現代の論者は多くの場合、ルソー以外の作品に目を向けるのではあるまいか。たとえば、デモクラシー社会における結社やローカル・レベルにおける自治の意義を論じたトクヴィルの作品、公共圏での自由・政治・熟議といったテーマ――コミュニティ論とも関わりが深い――を扱っているアレントの著作などに、彼らはより多くの魅力を感じることだろう。[12]

にもかかわらず、ルソーの政治社会論はコミュニティの創造や再生を考えるうえで実に有益だという立場を、本稿では擁護したい。というのも、貧困や抑圧、不平等といった不正が横行する現実の社会を前に、正しい政治社会とはどのようなものか、それには何が必要なのかについて、ルソーに対抗し得るほど原理的に論じた思想家はけっして多くはないからである。彼の政治社会論には、われわれがその目の前にある社会を正しいものにしたいと欲するとき、引照されるべき啓発的論点や教訓がさまざまに含まれている。もちろん、ルソーが対峙した一八世紀ヨーロッパの社会と現代の成熟社会とのあいだに横たわる懸隔は大きく、彼の主張が今日の社会に、とりわけ日本社会にそのまま適用できるとは到底見なし得ない。ルソーが常識として理解していた議論についても、われわれからすれば偏見や時代遅れの産物にしか見えないものが多々含まれていることは、否定できない事実である。が、そのような点を認めつつも、筆者の考えでは、ルソーが正しい政治社会を一般意志によって支配されるものとして描いたことは、現在でもとくに関心を払うべき重要な洞察だと思われる。コミュニティが現代社会の歪みに対する処方箋として今日論じられているのであれば、なぜルソーは一般意志による支配を正しい政治社会の条件だと考えたのか、その点に着目する意義はけっして色あせてはいない。

そこで以下では、次のような順番で議論を進めていく。まず次の第2節では、ルソーがいかなる政治社会を正しいものと考えたのかについて簡単に確認をする。そのうえで、彼がその正しい政治社会を維持・存続させるための絶対条件と見なした一般意志の支配とはいかなる支配か、またその支配を保つためにはどのような手段が必要なのかについて、ルソーの提示した解を第3節において説明することにしたい。最後の第4節では、ルソーによって示された政治社会論が現代のコミュニティ論にいかなる論点や教訓を投げかけているのかに簡単に触れて、本稿の結論とする。

2　正しい政治社会とはいかなる社会か

個人間に結ばれる全員一致の「社会契約 contrat social」という架空の約束を前提にして、構想された政治社会。『社会契約論』などで描き出されるこの政治社会こそ、所与の現実社会がどうであるかはさておき、正義の原則に適うものとしてルソーが示した正しい政治社会のモデルである。[13] 彼によれば、「各構成員の身体 personne と財産 biens」とがすべて等しく保護されることと同時に、その各人が「自由な libre」状態でもあることこそ、社会契約というものによって解決される根本問題であった。[14] 要するに、ルソー以前にはロックが『統治二論』のなかで主張し、ルソー以後にはフランス人権宣言のなかで謳われた政治社会の目的、すなわち構成員すべての「生命・自由・財産」の保護という目的を満たす政治社会が、ルソーにとっても正しい政治社会の姿なのである。[15]

とはいえそれは、彼がその政治社会論において構成員全員の同意を前提とする想像上の約束——社会契約——を議論の出発点にしたことから生じる、当然の帰結ではあった。なぜなら、各人がいかなる強制も受けることなく自らの意志だけに基づいて（のちに述べるように、この自己決定に拠って為される行為こそルソーにとっての自由である）

他者とともに政治社会の形成を約すると想定した場合、その政治社会は必然的に、各契約者にとって特別有利には働かなくとも全員が等しく不利になることもない政治社会であるはずだからである。[16] もちろん個々の人間において彼／彼女が実現したいと考える幸福の具体的なあり方には、さまざまな違いがあることだろう。しかしもし政治社会が正しいものであるなら、そのなかですべて構成員は自らの意志のみにしたがって自分なりの幸福を追求できなければならず、同時にそれを原因として他者に不利益や害がもたらされるようなことがあってもならないはずである。ルソーの政治社会で「生命・自由・財産」が全構成員に等しく保障されねばならないのは、各構成員が幸福を追求する場合にそれらは最低限必要なものであり、かつ、各人のそうした幸福を追求する行為によって他者の幸福が妨げられることへの歯止めともなるからであった。誰一人として正当な根拠なしに他の構成員より過度の犠牲を強いられてはならないことは、ルソーの正しい政治社会においては当然の条件なのである。

国民体 corps de la nation における約束は、その構成員の最後のひとりの生存に必要なことを、他の全員の生存に対するのと同じ配慮をもって行なうことにあるのではないだろうか。ひとりの公民を救うことは、はたして国家全体を救うことよりも公共の大義として劣るものであろうか。ひとはよく、ひとりの人間が全員のために死ぬのはよいことだと言う。……しかし、もしこの格言が多数者の救済のためにはひとりの無実な人物を犠牲にすることが統治上許されるという意味で理解されるのであれば、私はそれを、かつて暴政が考え出したもののなかでももっとも忌まわしいもののひとつであって、人が主張し得るもののなかでももっとも誤ったものであり、人が許容し得るもののなかでももっとも危険なものであって、社会の基本となる法に対してもっとも直接的に対立するものだ、と考える。[17]

このように、ルソーが理想型として描き出した政治社会のモデルは、ひとりの例外もなくその「生命・自由・財産」が保護された状態こそをその正しさの条件とするものであった。それでは、ここで言われている各人の「生命・自由・財産」とはいったい具体的にはどのような内容を含むものなのであろうか。それについてはルソー独特とも言える理解がなされていることに、ここでは注意を促しておきたい。

生命の保護が個々人の命ならびに身体の保護、つまり彼らの物理的な生存の保障を第一に意味するものであったことは、あえて言うまでもなかろう。ホッブズなどと同様、ルソーにおいても、人間における「第一の法則は自己保存に留意することにあり、人間の第一の配慮は自分自身に対してなされるべきそれ」であった[18]。したがって当然、彼の政治社会においては、各人の生命と身体の外的安全が十分に確保されていることが、その正しさの第一条件となる。ルソーが「生存様式を変えないのであれば、人類は滅んでしまう」と述べて、社会契約に基づく政治社会の再構成を提案したのも、社会において各人の「自己保存を妨げる障害」がすでに増大している状態を前提にしてのことであった[19]。

ただそのさいに注目すべきは、ルソーが言うその自己保存への「障害」はホッブズ流の「万人に対する万人の闘争」から生じるという理解、すなわち、政治的権威が存在しないなかで発生する人間の競争や相互不信などから生じるという理解とは異質なものだった、という点である[20]。彼によれば、そうした「障害」は人間が社会を形成したあとにはじめて生まれる富の格差、あるいは、その富を人間が求めることで引き起こされるさまざまな悪徳の結果としてむしろ生じるものであった[21]。ここに、ルソーが社会契約によって実現されるものとしてさらに「所有権 propriété」の確立を掲げている根本的な理由がある[22]。彼からすれば、個人における生命や身体の保護は、単にその人物の外的安全を物理的に保障するだけでは十分とは言えない。衣食住をはじめ人間の生存に必要とされるすべてのものを獲得・保持できる環境の整っていることが、彼の生命や身体の保護という条件には含まれなければならないのである。つまり「人間はすべて本来、自身に必要とされているあらゆるものに対し権利をもっている」存在なのであり、[23] 所有権も、「生命の維持に対しより密接に関わっているもの」として理解されるべき権利となる。[24] ルソーが言うところの所有権とはむしろ今日「生存権」という言葉で表わされているものに近く、したがって彼が保護されるべきと考えている個人の「財産」もまた、その意味において、他者の保有している「財産」の多寡に応じて一定の制限すら受けるもの、として解さなくてはならないのである。[25]

ただ、正しい政治社会が以上のような生命と所有権の保護だけを目的とするものであれば、その実現は、ひとりの開明的かつ慈悲深い独裁者が支配する社会でも十分に可能であろう。事実、一八世紀においてルソーの周囲にいた多くのフランス知識人、たとえばヴォルテールや『百科全書』執筆時代のディドロ、重農主義者などは「啓蒙専制君主」に対し社会改革を通じての生命・財産の保護や、多くの場合、自由の拡大すらも期待していた。[26] ところがルソーからすれば、いかに君主が開明的であろうと自身の生存条件をそのようにして他人に委ねてしまう行為は、「自由の放棄」以外のなにものでもない。他者の意志に対するそのような服従ないし依存は「人間としての資格、人間性への諸権利、そしてその義務を放棄すること」と同義であり、「人間の本性」とも両立しない奴隷の状態であった。[27] したがってルソーの政治社会が正しくあるためには、個々の人間が生まれながらにもつ自由というものが他者の恩寵に拠らない形で保護されねばならない、ということになるわけである。[28]

しかしその自由はもちろん「自然的自由 liberté naturelle」、すなわち人間の「欲望をそそり、またその人物が獲得できるすべてのものに対する無制限の権利」であってはならなかった。[29] そうした動物的ともいうべき歯止めなき自由は、他者がもつ同様の自由とは社会のなかで両立し得ないからである。ゆえに、ルソーの政治社会では、そのような両立を可能とする種類の自由こそが保護されるべき対象とならねばならない。ただ、彼にとって自由とは、あくまで自分自身にしかしたがわない状態の謂いでもあった。したがって、他者の自由と両立できるよう自らの欲望や行動を律ししかも自分の意志でそうした制約を課すあり方が、ルソーの観点からは目指されるべき自由の姿となる。そのような自律を旨とする自由こそ、まさに彼が「人間を真に自分自身の主人にする唯一のもの、つまり道徳的自由liberté morale」と呼んだものにほかならなかった。よってルソーの正しい政治社会では、そのような道徳的自由の実現を各人において可能とする「公民的自由 liberté civile」――のちに説明する「一般意志」によって制限された自由――が保護の行なわれるべき自由ということになる。[30] 彼が社会契約を通じて生まれる政治社会の状態について、「結合した各人がしかし自分自身にしかしたがわず、以前と同じように自由であり続ける」ことだと述べたのも、そのような自由概念を念頭に置いてのことであった。[31]

以上のような内容をもつ「生命・自由・財産」の保護を全構成員に保障する状態が、ルソーによって理想と見なされた政治社会の姿だったのである。

このようなルソーの理想的政治社会像と比べた場合、現代日本の姿ははたして正しいものと言えるだろうか。たとえば、この社会では年間およそ三万もの命が自死という形で失われ、[32] 子どもたち(〇―一七歳)の約七人に一人(一四・九%)が貧困ライン以下の生活を強いられている。[33] また多くの人びとが経済的な不安から長時間労働やときに死にすら至るような苛酷な労働、非正規雇用といった「使い捨て」を自らの意志に反して受け入れ、それに対し抵抗の声を上げることすらままならない状態に置かれている。[34] 要するに、少なくない構成員の「生命・自由・財産」がいとも簡単になおざりにされ、にもかかわらず、そうした人びとの苦境を彼らの「自己責任」という一言でかたづけてしまう傾向の強く見られる社会が、いまわれわれの目の前にある日本社会の姿なのである。[35] このように、いくつかの問題を想起するだけでもルソーの政治社会モデルがいかに日本社会に重大な問いを突きつけるものであるかは、明らかであろう。現代のコミュニティ論がそうした社会的弱者における「生命・自由・財産」の保護をあらためて成し遂げるべき重大な課題として認識しているのであれば、そのモデルは依然として参考にすべき重要な先人の遺産と言えるのではないか。

では、政治社会がその全構成員の「生命・自由・財産」を例外なく保護するという意味で正しくあるためには、また、その正しさの条件からほど遠い状態にある現代の日本社会が今後改善されていくためには、いったいいかなる条件が必要なのであろうか。この問いに対するルソーの解を説明するのが、次節での課題である。

3 政治社会が正しくあるための条件——一般意志による支配

(1) 一般意志が支配する政治社会

ルソーの政治社会が正しくあるための条件は、端的に言うなら、それが一般意志によって支配された社会でなくてはならない、との一言で表現されるものに尽きる。社会契約を通じて人びとが約束する事柄とは実のところ、この一般意志による支配を当該社会の構成員すべてが等しく共同で受け入れる、ということ以外のなにものでもないのである[36]。だからこそ、ルソーによれば、この「一般意志のみが国家のあらゆる力を指導できる」ことになり[37]、またそれが「国家の全構成員にとって、彼らと国家に対する正と不正の基準」ともなる[38]。正しい政治社会が推進する政策や規制の表現である法 les loix と呼ばれるものも、この論理でいけば、「一般意志の行為」として言い換えられるべきものなのである[39]。したがってそうした法を作り、それを政治社会に対して与える主権 souveraineté と呼ばれる権力——立法権かつその政治社会の最高権力——も、「一般意志によって導かれる権力」として定義される[40]。このように、ルソーの考える正しい政治社会は徹頭徹尾、一般意志による支配という原則によって貫かれているのである。

ではそのルソーの正しい政治社会モデルにおいて軸をなす一般意志とはいったい、何を意味する概念なのであろうか。それはつまるところ、政治社会の全構成員に共通する利益、すなわち「公共の福祉」を彼らひとりひとりに等しくもたらそうとする意志のことにほかならない。[41] その共通の利益とは具体的に何を指すのか、その内容をルソーが直接明確に示すことはないが、しかしそれが各構成員のもつ「生命・自由・財産」の例外なき保護を含むだろうことは、あらためて指摘する必要もないだろう。ルソーにおいてこの一般意志という概念が特殊意志 volonté particulière やその特殊意志の総和にすぎない全体意志 volonté de tous という概念から明確に区別されているのも、それらが特定の個人や団体のもつ私的利益、あるいはその集積物の実現だけを求めるものであるため、その過程でその個人や団体には含まれない人びとの利益――要するに彼らの「生命・自由・財産」――を犠牲にしかねないからであった。[42] よって君主や富者、強者の特殊意志が支配するような政治社会はもとより、貧者や弱者のもつ妬み・嫉《そね》みから生じる特殊意志によって支配される政治社会も、ルソーからすれば、不正なもの以外のなにものでもなくなる。このように、一部の構成員に帰属する利益ばかりが優先され、他の構成員の利益が犠牲にされるすべての政治社会を、一般意志の支配という正義の基準から外れるものとしてルソーは厳しく排斥したのである。

しかもその場合に忘れずにおきたいのは、ルソーの政治社会は統治者、すなわち政治的な首長のみが一般意志を念頭に置きそれをもとに諸政策を実行するだけの政治社会ではけっしてなかった、という点である。これは、「啓蒙専制君主」による温情的な独裁を彼固有の自由観から否定したルソーの立場からすれば、当然の帰結だと言えよう。ルソーが望んだ正しい政治社会の姿はそのようなものではなく、構成員のすべてが公民としての自身の特殊意志を一般意志に一致させるよう関心を抱いている政治社会であり、その姿勢が彼らに等しく共有されている政治社会であった。だからこそ、ルソーは「意志が一般的である」ことを「人民全体の意志」だと称し、その意志に関する一般性の証明として「〔構成員〕全員の票が数えられることが必要だ」との主張が行なえたのである。[43]「一般意志が十分に表明されるためには……各公民が自分自身だけにしたがって意見することが重要である」との主張をルソーが行なっているのも、[44]共通の利益を実現しようとする意志が各人にはある、という彼の理想に基づいた発想を前提にしてのことであった。（ただし、共通の利益が何であるかを人民が実際に理解できるかどうかは、また別の問題である。これに対するルソーのアンビヴァレントな見解については、あとでまた触れる。）

さらに、各公民に一般意志への同調を求めるそのような姿勢の裏返しとして、政治社会内における個人の「孤立 isolé」をルソーがきわめて否定的にとらえていたことにも、ここでは注意を払っておきたい。彼は、私的利害や快楽追求に対する関心が個人を「孤立」へと導く一方、[45]「孤立」してしまった個人は自分のことしか顧みなくなるという意味において政治社会にとっては実に悩ましい存在になる、とも考えていた。[46]ルソー自身がとくに晩年孤独な生活を選んだ――または強いられた――という事実を考慮するとき、[47]これは実に皮肉な指摘と言わねばなるまいが、しかしその点はさておき、結社や徒党といった「中間集団」に対する彼の否定的な態度と共通するものがこのような「孤立」した個人に対する危険視の背後にあったことは確認しておきたい。[48]個人か団体かを問わず、政治社会の構成員が共通の利益を推進することへの関心を失い自分（たち）だけの特殊意志を追求する存在に成り下がったとき、ルソーはそれが、正しい政治社会を崩壊させる原因と化す、と考えていたのである。[49]

以上のように、ルソーが理想型として示した一般意志によって支配される政治社会とは、個々の公民がつねに共通の利益を増進させるという関心をもっている政治社会、言い換えれば、自らの「生命・自由・財産」のみならず他者のそれにも保護を与えることに全人民が配慮し、その点でひとりの犠牲も是としない状態を積極的に追求する政治社会であった。したがってそれは、一部構成員の特殊意志が支配する状態をけっして許すことのない政治社会でもあったわけである。

しかしそのような政治社会の実現がきわめて困難であることは、容易に想像がつく。とすれば、そのような政治社会を現実のものとするためにはいったいどのようにすればよいのだろうか。そこで、それに対するルソーの解を便宜上（1）政治システムに関する手段と（2）政策的な手段とに分けたうえで、以下順に示していくことにしたい。

（2）一般意志による支配を実現するために

（2―1）政治システムに関する手段

先に示したように、一般意志の支配に関するルソーの基本的な考えは、主権者である人民のひとりひとりが共通の利益を実現させることに等しく関心をもち、共同でその促進に努める、ということであった。よって当然、彼の政治社会においてもっとも重要となる制度はその主権者である全公民が一堂に会し一般意志に法という形式を与える立法機関、すなわち「人民集会 assemblée du peuple」となる。その集会において秩序を維持するためのルールといえば「つねに一般意志に尋ね、つねに一般意志に応答を求める」ということだけなのであり、したがってそこに集まる全公民は、このルールに基づきながら自らの意見を表明し、提案をなし、異議を唱える discuter 役割が期待される。[50] 要するに、提出法案に対する単なる賛否ではなくそれが共通の利益という目的に適っているかが各公民によって適切に吟味されるとき、そこではじめて一般意志の支配が確立される、というわけなのだ。[51] ただ、ここで留意しておかなくてはならないことは、公民同士が意見を出し合いその正しさを闘わせるという意味での「討議（論争）」がその人民集会で行なわれることをルソーはけっして前向きにはとらえていなかった、という事実である。彼によれば、「反論 contradictions や論争 débats が起こり、最良の意見でも口論 disputes なしに少しも通らなくなる」とき、一般意志の支配はすでに衰えている、と考えねばならない。[52] それに対し、各公民に十分な情報が与えられ、かつ他者とのあいだになんらの意思伝達communicationもないまま――彼／彼女のなかでのみ――法案の成否が比較衡量されるdélibérerとき、一般意志は生み出されるのである。[53] これは、いわゆる集会の場において一般に期待される参加者の役割、すなわち「討議」に積極的に参加するという役割とは異なっており、デモクラシーの先駆的理論家として知られるルソーの議論としては意外な感じもするだろう。しかし彼にとって、他者とのあいだに「意思伝達」を行なうことは、ある「部分的社会」の利害へとその公民の判断を偏らせかねないという意味において、実に危険な行為であった。[54]「自律的行為者として自分の一般意志に問いかけ、自分自身だけにしたがい」ながら意見の表明や投票を行ない提出された法案の是非をおもに多数決によって判断する存在こそ、ルソーにとっての人民集会におけるあるべき公民の姿だったのである。[55]

一方、その人民集会を経て成立した法の執行や行政を担う機関が「政府gouvernement」ないし「統治者prince」である。[56] それは政治社会における一般意志の支配に欠かせない実務機関であり、[57] ゆえにその権力を誰か特定の人物に委ねることが必要となるが、しかしそれを人民全体や君主ひとりに委ねることにルソーは反対であった。なぜなら、前者の場合は本来分離されているべき主権者と統治者とが同一になるため執行される法にも特殊利益が流入しやすく、その結果として統治権力の濫用もまた起こりやすくなるからである。[58] 他方、後者の場合は権力の集中度が高くなるため執行力も強度を増すという利点があるが、しかしそれは君主の特殊意志が影響力を増すこととも同義であり、したがって一般意志による支配も妥協に追い込まれかねない。[59] そこでルソーは、よりましな選択として執行権を少数の貴族に委ねること、ただし血筋によって決定される封建的世襲貴族ではなくその人物の賢明さを基準に選出される「貴族」に委ねることを主張したのである。[60] ただもちろん、そのような選良による政府がたとえ実現したとしても「政府が不断に主権に反抗しようとする」のは自然の摂理であり、[61] そこで結局は執行権の濫用に対する防波堤的役割が先の人民集会に期待されることになる。ルソーによれば、人民集会が定期的かつ頻繁に行なわれることによって執行権による主権の簒奪は予防されるはずであり、とりわけそれは人民集会の開会直後に二つの議案、すなわち「政府の現在ある形態の保持をよしとするか」と「現在行政を委ねられている人びとに引き続きそれを委ねるか」という議案が必ず検討されることで、政府の越権というものは防止されるはずであった。[63]

とすれば、ルソーにとって、一般意志による正しい政治社会の支配は結局のところこの人民集会がうまく機能するかどうかにかかっている、ということになろう。それもあってか、その成功を確かなものにするためと思しき諸手段もまた、彼の議論ではいくつか示唆されている。そのもっとも重要なものが、正しい政治社会は地理的にも人口的にも限られた小国でなくてはならないとする、ルソーのさまざまな著作で繰り返し述べられている指摘であろう。彼はポーランドに対する提案のなかでその国土の広さを「根源的悪」という表現で評し、それが同国を正しい政治社会にするうえでの最初の障害になる、とまで主張している。[64] なぜルソーが小国という条件にここまでこだわったのか、その理由はいくつか挙げられるが、人民集会を成功させるという観点からするなら、それは単に政治社会の規模が大きい場合、人民の定期的な会合が物理的に困難となるからであった。[65] その困難さゆえに大規模政治社会ではほとんど必然的に代議制が導入されることになるが、[66] しかしルソーにとって、一部の者たちの意志により一般意志が代表されてしまうことは、「議員を選挙する間のみ彼らは自由なのだ」というイギリス人に対する有名な批判が示すように、けっして許されてよいことではない。[67] 結局、代議制は「大規模な国家がもつもっとも重大な不都合のひとつなのであり、自由の維持をもっとも困難にさせる不都合のひとつ」なのである。[68] もちろんルソーが「大国」ポーランドという現実を前に、議会の定期的開催と代議士を強制的に選挙人の指示にしたがわせるという条件付きでそれを容認したことも、否定できない事実と言わねばなるまい。[69] しかしそれは彼にとってけっして積極的な選択ではなかったのであり、やはりすべての公民を容易に集合させ得る小国こそが、人民集会の成功ひいては一般意志の支配を安定させる望ましい政治上の枠組みなのであった。

ただ、政治社会の規模が小さいことは人民集会をうまく機能させるための必要条件ではあっても、その十分条件ではない。そこで政治システムに加えられるべきさらなる工夫として、古代ローマの事例などを参考にルソーは投票方式や護民官、戸口監察官の制度などについてさまざまに論じ、人民集会の判断をつねに一般意志と一致させるための手段を探ったのである。[70] とはいえ彼は、他方で、共通の利益なるものの理解が現実には一般人民の能力を超え出ているというある種の愚民観を、自らの議論の前提とせずにはいられなかった。「無知な大衆」は「自分たちにとって何がよいのかめったには知らないがゆえに、何を欲しているのかもしばしば知らず」、したがって「一般意志はつねに正しいものであるが、しかしそれを導く判断はつねに啓蒙されているわけではない」という結論を彼も認めざるを得なかったのである。[71] ルソーがある種の政治制度――否、むしろ通常の制度を超えたところにあるもの――として「立法者 législateur」という存在を持ち出したのも、このような事情を背景とするものであった。

この立法者とは、ルソーによれば、「生まれたばかりの人民が政治の聖なる格率を愛でるようにし、また国家の理性に関する根本的な基準を受け入れるようにする」指導者的な存在である。[72] したがってその人物には「人間の性質を変える」ことすら求められるが、しかしその名に反し立法者には立法権が属すことはない。[73] その使命は膨大かつ深淵であるにもかかわらず他人を強制できる正当な権力の保持が認められず、人民の自発性だけを頼りに彼らを導いていくという役目が、その人物には期待されているわけなのである。これは、他者の意志に対する従属を「自由の放棄」と見なして認めないルソーの立場からすれば当然の位置づけではあろう。しかしそのためにルソーは、この立法者を通常の人知を超えた知性と卓越した能力とをもつ奇跡的な人物として、ほとんど神とも見紛う姿で描き出すことになる。[74] これがルソーの政治社会論において実に収まりの悪い議論であることは言うまでもないが、同時に、そのあまりにも浮世離れした存在を引き入れたことで、ルソーの政治社会は現実にはほとんど実現不可能とのイメージも増幅させてしまってもいる。

とはいえ、理論の一貫性という観点からすればかなり無理のあるこの立法者という存在をルソーが持ち出したのは、機能する人民集会も、ひいては一般意志による支配も、政治システムの制度的な整備を行なうだけではけっして実現できず、結局は人民を構成する公民ひとりひとりの意識が共通利益の実現を求めるようにならなければならない、と彼が考えていたからでもあった。要するにルソーの理解では、「公民たちの心のなかに」刻まれた法すなわち「習俗、慣習、世論」をある一定の型に整えることこそが、実は正しい政治社会を実現するための真の土台となるものだったのである。(75) ただ、その「習俗、慣習、世論」といった人間の意識に関わる領域において、公民たちが自らの力で一般意志を抱くような状態に至り得るとの期待をルソーはもつことができなかった。ゆえに彼は、神にも似た超越性をもって彼らの意識にそうした変化を起こさせる役割を立法者というかなり非現実的な存在に託そうとしたわけである。

しかしながら、ルソーにおいて、一般意志を人民の意識に浸透させる方法としてより「現実的」とも言えるような方法は、ほかにあり得なかったのだろうか。実は、次に述べる「祖国愛 amour de la patrie」の浸透を求める政策上の手段こそ、それに対するルソーの解と言えるものである。

(2―2) 政策上の手段

ルソーがある種の愚民観を抱かざるを得なかった背景には、人間のもつ理性の声は実にか細く、彼らはむしろ情念 passions の力によって動かされる存在だ、と彼が認識していたことがその根本にある。その結果ルソーは「ひとは情念によってでしか情念に働きかけることはできない」と考えるようになり、そのうえでさらに「情念の支配力によって、情念の暴政と戦わなければならない」との考えを抱くようになったのである。(76) よってルソーの正しい政治社会においては、人民の心の裡で私益を追求させる特殊意志の活発化を抑え込み、つねに彼らの意識を一般意志へと向かわせる情念が必要となる。そうした情念として彼が見出したのが、実は「祖国愛」と呼ばれるものにほかならなかった。

公民に対し善良であるようにと伝えるだけでは十分ではなく、そうであるよう彼らには教えなければならない。……〔そのさいに〕もっとも有効なのは、祖国愛である。なぜなら……すべて人間は特殊意志が一般意志に完全に一致するとき徳高き存在となるが、われわれが喜んで望むものは、自分たちの愛している人びとが望んでいるものだからである。(77)

ルソーが考えるところの祖国愛は、いかなる状態の政治社会であれ自らの祖国ならば愛すといった狂信的愛国心を意味するものではない。それは最終的には「法と自由への愛」とでも言い換えられるものであり、(78)そもそも構成員の「生命・自由・財産」が保護されていない政治社会など、ルソーには愛の対象とすらなり得なかった。「もし祖国が……誰に対しても拒み得ないものしか許さないとすれば、ひとはどうやってその祖国を愛せるだろうか。彼らがそこで公民としての安心さえ享受せず、その財産・生命・自由とも権力者の思うがままで、法をあえて要求することもできずそれを許されてもいないとすれば、事態はさらに悪化することだろう」(79)。つまり、ルソーの祖国愛は一般意志による支配が行なわれている政治社会のみを対象としており、そのような「祖国」が危機に瀕したときのみその維持や存続、復活のための自己犠牲的な奉仕を要求する、といった種類の愛情なのである。彼が「すべての人は、必要ならば祖国のために戦わなければならない」と主張し、民兵軍による祖国防衛を各公民たちの義務としたのも、彼らの政治社会が構成員の「生命・自由・財産」を守るという状態にある場合を想定してのことであった。(80)

ではそのような意味での祖国愛は、どうしたら公民たちの心のなかに根づかせ得るのだろうか。ルソーはその方法に関し、おもに古代ギリシャやローマの事例からインスピレーションを得ている。つまり彼は、宗教的な儀式や肉体的な共同訓練、構成員の平等化など、古代にも見られた諸政策を通じて政治社会への帰属感、一体感、献身の精神といったものを公民たちのあいだに作り出せる、と考えていたのである。そうした諸政策は、彼の理解においては、他人を顧みない欲望が人びとの心中に起こることや彼らが怠惰と堕落とにまみれた生に陥ることを防ぎ、その結果、私益の満足だけを求めて他人を出し抜こうとする意識の発生もまた抑制するはずであった。特殊意志が優勢となる状況を抑え込むことによって自然と人びとの意識を一般意志の支配する政治社会への愛と奉仕の精神に導く、そんな効果がそれらの諸政策には期待されたのである。以下でもう少し詳しく、ルソーの提示したその諸政策の中身を確認しておこう。

そうした政策の第一に挙げられるのが、公民宗教の制度化である。先にも少し触れたが、ルソーによる教会制度ならびにキリスト教への批判は、ある種の政治的な意図をもって少なからず行なわれたものであった。というのも、教会やキリスト教は公民のもつ忠誠心の対象を「祖国」から引き離すがゆえに「社会的精神」に反しており、また「服従と依存しか説かない」がゆえに、人びとをして奴隷状態に安住させてしまうものでもあるからである。そこでルソーが持ち出したのが、単純な教義をもち神の存在をも認めるという意味で「宗教的」ではあるが、しかしその教えは公民たちに法と正義、社会契約を尊敬させるところに主眼を置く「純粋に社会的な信仰告白」、すなわち公民宗教であった。[81] 既存のキリスト教に代わるべきとされたこの宗教はもちろん、一般意志に支配された政治社会に対する公民たちの愛を育成するという意味において、ルソーにとっては重要なものである。しかし同時に、人間がもつ心情への働きかけにおいて神や宗教といった言説がいかに効果的か、その点を見越したうえでのかなり戦略的な意図から提示されたものであったともいえる。

第二にルソーは、祖国愛育成のための政策として、衆人環視の場で勇気や公的な献身が称賛されることを社会的な名誉と感じさせる、そんな機会を公民たちに等しく与えるよう推奨した。「栄誉と公的な褒賞によってすべての有徳な愛国者たちに輝きが与えられ、つねに公民たちを祖国に関与させてそれが彼ら最大の関心事となるよう、またいつも祖国が彼らの眼前にあるようにすることを私は欲しているのである」[82]。したがってルソーは、子どもたちには身分ごとに教育内容が区別されたりすることのない公教育において[83]、成人には社会的な昇進や出世がその評価に応じて成し遂げられる公務の世界において[84]、そのような機会を作り出す政策を強く望んだ。その場合とくに彼が重視したのが共同で行なわれる身体訓練や運動、定期的に開かれる公的な競技会、騎馬試合などである。彼によれば、そのような機会を与えられることによって「共通の競争心に刺激を受けた興奮状態から……〔公民たちのあいだに〕祖国愛の陶酔が生まれる」はずであり、共通の利益の実現に対する奉仕の精神もまた育っていくはずであった[85]。

第三に、商業貨幣経済の拡大を抑止し独立自営農民を中心とした自給自足的な経済制度を促進することも、ルソーにとって、人びとに祖国愛を浸透させるためのきわめて重要な政策であった。農作業を通じて育まれる大地への愛着と、農村で味わうことのできる簡素で穏やかな生活こそが、祖国愛の涵養にはふさわしいものだというのである。

農民たちは、都市民が彼らの都市に結びつくよりもずっと強く彼ら自身の土地に結びついている。田舎での平等で単純な生活はそれ以外の生活をまったく知らない彼らにとって、それを変えたいという気持ちを起こさせない魅力をもっている。そこから人間を穏やかにさせる状態への満足感というものが生まれ、また彼らを国のあり方に結びつける祖国愛も生まれるのである[86]。

ルソーがこのような農本的経済体制を推奨した背景には、彼の生きた一八世紀のヨーロッパにおいて、商業の拡大により社会のあり方と人びとの思考方法とに著しい変化がもたらされたことが、深く関係している[87]。貨幣の流通とともに発達したその商業を中心とする経済は当時、富の蓄積や獲得に躍起になる一群の人びとを生み出すとともに、怠惰で富を消費することにしか関心をもたない大量の人びともまた都市を中心にあふれさせていた。まさにそれは「すべての人びとの心のなかで祖国愛が消滅し、金銭への愛がそれに取って代わっていった」状態であるとルソーの眼には映ったわけである。(88) ゆえに、そうした商業社会ではなく自給自足を基盤とする農業を中心とした社会こそが、祖国愛の育成、さらには一般意志による支配の実現にふさわしい、と彼は考えることになった。通商関係の拡大による他国や他者に対する経済的依存度の高まりは自由の喪失につながるうえ、肉体労働に因ることなく富を獲得できる機会の増大は人をして妬みや傲慢などの悪徳に走らせるため、祖国や共通の利益よりも自利を優先させる態度を彼らのあいだに生むからである。

ただルソーからすれば、そのような農業を中心とした経済体制を推進する政策は、別の観点からも必要なことであった。なぜなら、著しい不平等が存在する政治社会では一般意志の支配が定着することはあり得ないが、独立自営農民を中心とする農本的経済体制のもとでは、富の平等な状態を政治社会にもたらすことが可能だからである。そもそも一般意志は、全構成員に等しく「共通の利益」をもたらすという公正さを条件としており、ゆえに不平等な状態とは根本的に相容れない。一方の特殊意志は他のいかなる利害よりも自らの利益を優先させる意志であって、したがってそれは、人びとのあいだに見られる格差や不平等を問題視しないのである。ルソーが「特殊意志はその本性上差別の方に傾き、一般意志は平等の方に傾く」と述べているのも、そのような単純な事情を背景にしてのことであった。(89) よってルソーの政治社会においては「富の極端な不平等を防ぐことが統治上の重要な仕事のひとつ」となり、(90) しかもそれは、個人間のみならず地域間でも推進していくことが必要となる。(91) そのさい、自給自足を旨とする独立自営農民を中心にした経済システムが樹立されるならば、相互取引の必要が減るため貨幣の必要性も低下し、そのぶん余計な富を蓄積しようとする関心も減少して、誰もが簡素ではあるが生存の保障された生活に等しく満足することであろう。(92) そもそも「財産の大きな隔たりは、祖国愛を支配的な情念にするうえで必要な改革には大きな障害」であり、(93) よってルソーが説くような農本的経済体制を目指すことは「祖国への献身に配慮と栄光とを捧げる……公民たち」を育成す

るためにも、彼からすれば必要なことだったのである。(94)

以上が、一般意志による支配を確立するためにルソーが提示したさまざまな手段の、その概要である。正しい政治社会の実現には人民集会のような制度を整えることも必要であるが、最終的にはその集会に集まる各公民の意識しだいという発想がルソーにはあったことを、ここではやはり踏まえておくべきだろう。

4 おわりに——ルソーの政治社会モデルが教えるもの

本稿の冒頭では、ルソーの政治社会モデルが内部の統一性や一体性を重視しているがゆえに「中間集団」と呼ばれる存在には不寛容であり、また自給自足的なシステムを志向しているがゆえに、外部に対して「閉じた」性格をもっていたことを指摘した。言うまでもなく、彼の政治社会モデルに付随するこのような特徴は、「一般意志への服従を拒む者は誰でも政治体全体によってそれを強制される」といった『社会契約論』の著名な主張と合わせて、ルソーを「全体主義」の先駆者と見なす解釈に重大な根拠を与えてきたものである。(95)そして確かに、現在支配的なイデオロギーと言ってもよい個人の自由を最大限に尊重する「自由主義」の観点からすれば、こういった特徴や主張を含むルソーの議論は、単一の政治社会に対する全面的な依存を人びとに推奨するきわめて「危険」なものとして映ることだろう。筆者もまた、彼の表現のなかに個人のもつ自由への抑圧を認めかねないある種の危うさが含まれていることを、完全に否定するものではない。

しかしながら、ルソーがその政治社会論においてそうした「危険」とも見なし得る議論を展開した背景には、政治社会が正しくあろうとするのであれば、それは一般意志によって支配されていなくてはならない、という彼の重要な洞察が存していたことを、やはり踏まえておく必要がある。ともすれば人間は私益の追求に汲々としてしまう存在であり、その結果彼らの政治社会も、各人に帰属する「生命・自由・財産」の保護という共通の利益を実現するものとはならず、むしろ一部の構成員がもつ特殊意志によって支配されることが常態となる。このような現実を前に、もちろんルソーは彼の理想モデルが簡単に実現するとは露ほども考えていなかったが、だからこそ彼の関心は、一見自由を否定した姿とも受け取られかねないある種の徹底ぶりをもって、特殊意志が支配的にはけっしてならない政治社会の描写へと注がれたのであった。ルソーが「中間集団」に対して否定的な態度をとったのは、おのおのの結社や徒党がその内部の利益については一般的になり得ても、政治社会全体からすれば特殊意志を備えた存在になってしまうからである。ルソーの政治社会が閉鎖性をもっていたのも、他国民への依存や彼らとの通商を原因とする独立性の喪失、経済格差の拡大、それらによって生まれる祖国愛の減退などを通じて、特殊意志が跋扈してしまう状況を防ごうとしたからであった。

一部の特殊意志が支配的となる事態をどう防ぐかということの課題は、日本が抱える問題の打開策として今後コミュニティの可能性を模索する場合にも、当然関わってくる重要な課題であろう。実際、昨今の日本社会が直面している諸問題、あるいはそれに起因する閉塞感などは、一部構成員の利益ばかりが陽の目を見て自分たちの利益はなんの考慮もされていないという不公平感、しかしその状態を是正することについては何もできないという無力感を原因として生じているケースが少なくない。したがって、ある特定の人びとがもつ特殊意志が優勢となる事態をどう克服していけばよいのか、どうすれば一部の人だけに富や利益が集中することを防ぎ得るのかなどについて、コミュニティ論もまたルソーにならい、正面からその方策を探究していく必要がある。コミュニティ論の想定するコミュニティ像がたとえルソーの政治社会像とは対立的な特徴をもつものだとしても、こうした共通の課題が存在することまで、おそらく否定することはできまい。

その点に関し、ルソーの議論は答えとは言わないまでも、現代のわれわれが考慮すべき多くの論点や教訓を含んでいる。たとえば、とくに日本で著しく多いと言われている「孤立」した人びとをどう考えるべきかという問題を、そのひとつに数え上げることができよう。[96] 一般に今日この問題は、メディアなどを中心にして、高齢者の「孤立死」であるとか若者たちの「引きこもり」といったかなり衝撃的なケースを対象に問題視されている、と言ってよい。そしてまさに、こうした人びとを社会的に包摂していくための手段として、コミュニティというものへの注目が高まっているのである。しかしルソーの視点は、「孤立」の問題は単にそうした極端とも言うべきケースに限定してとり上げられるべきではなく、一般意志の支配とも関わるさらに大きな問題としてとらえるべきであることを教えている。というのも、彼にとって「孤立」とは私益のみを追求する特殊意志に囚われた人びとすべての状態を指す表現であり、社会における共通の利益を増進させようとする意志をもたない人びとはすべからく「孤立」した人間、ということになるからである（ここで、ルソーの正しい政治社会のモデルが自らの「生命・自由・財産」の保護のみならず他者のそれをも志向する社会として描き出されていたことを、想起されたい）。したがってこのルソーの発想を前提にするなら、社会関係資本（ソーシャル・キャピタル）と呼ばれる近年よく耳にする概念もまた、単に個々人の間の「絆」などを表わす概念として表層的にとらえるべきではなく、一般意志により支配される社会を実現するためのより積極的な参加や貢献、他者との協力などを含んだ概念として定義されるべきものとなろう。[97] よってコミュニティの創造や再編を考える場合も、それは単なる小手先だけの対応で済むことではなく、メンバー間の社会関係についてより抜本的な問い直しを含むものである、と認識していなくてはならないのである。

さらにそうした社会への参加や貢献ということについても、ルソーの議論は重大な問題提起とでも言うべきものを含んでいる。それはすなわち、一般には推奨されるはずのそのような参加や貢献もまた、それを実行する個人や団体が社会全体の共通利益を実現しようとする意志――要するに一般意志――を抱く限りにおいて、その社会の構成員を益するものになる、という点である。本論中で指摘したように、ルソーは正しい政治社会における最も重要な制度として、全構成員の参加する人民集会と呼ばれる集まりを想定していた。つまり、一般意志が表明される場としてのそれが十全に機能することこそ、彼の政治社会が正しくあり続けるための最重要条件であったわけである。しかしその人民集会が単なる参加者の特殊意志を表明する場と化してしまえば、それはルソーにとってもはや彼の考えていた人民集会の姿ではあり得なかった。彼がその集会において「討議」を忌避したのも、それをもっぱら特殊意志同士のぶつかり合いとしてとらえていたからである。この点は、現実においてはそうした「討議」を完全に抑え込むことがはたして適切かどうかという問題はあるにせよ、コミュニティ論とも関係の深い昨今の討議デモクラシー論やラディカル・デモクラシー論、ボランティア団体やNPO・NGOなどの隆盛に積極性を見出す市民社会論などによって、十分な関心が払われるべき点だと言えよう。[98] というのも、こうした議論は得てして一般の人びとによる「討議」や社会運動への参加、ボランティア活動の増大などを前向きにとらえる傾向が強いが、そうした現象の拡大は裏を返せば多種多様な利益や意見が社会のなかにより多く表出されるようになる、ということだからである。したがって、そうした種々の「参加」が全構成員に共通する利益――彼ら全員の「生命・自由・財産」の保護――への関心を欠いている場合、事態の収拾をつかなくさせる厳しい私的利益の対立や何も決定できない漂流状態を生むだろうことは、容易に察しがつく。「中間団体」に対するルソーの危惧も実のところ、このような事態を想定してのものだったと言ってよい。要するに、人びとの社会参加、政治参加、「討議」への参加を単に称揚するだけでは済まないのが現実であり、したがって彼ら（の少なくとも過半数[99]）が共通の利益を実現させようとする意志をもたない場合、コミュニティをはじめとするいかなる社会も早晩行き詰まりに直面してしまうはずなのである。[100]

ゆえに、小規模社会での連帯や助け合いを重視し、その実現を現在の成熟社会が直面している苦境への打開策として展望するコミュニティ論においても、どうすれば一般意志による支配を定着させ特殊意志が跋扈する状態を防げるのかという問題を、やはり今後は十分に検討していかねばなるまい。つまりルソーと同様、人間はえてして私益を追求することに心を奪われやすい存在だということを前提にしつつ、そんな人間がどうしたら社会全体に共通する利益の実現を求めるようになるのかについて、議論（さらには実践）を深めていく必要があるのである。そしてその場合、人民集会のように、構成員のすべてが一般意志の表明に携われる機会をどう制度化していくかについても、今後の検討が待たれる重要な問題だと言えよう。と同時に、ルソーが祖国愛と呼んだ、自らの帰属する社会に向けられるある種の愛着をどうすれば人びとに抱かせ得るのかも、議論の俎上に上げねばならない課題である。このテーマは祖国愛や愛国心といったものが排他的なナショナリズムと結びつくことを警戒する立場からはしばしば敬遠されてしまうものであるが、しかしそうした愛着の欠如した社会では協力や連帯もまた起こりにくいという想定も否定することは難しかろう。よって現代のコミュニティ論は、そうした排他性の感情を引き起こさない形でコミュニティへの愛を育み得る、そんな方策を探究していくべきなのである。その意味において、ルソーが祖国愛を「法と自由への愛」と言い換え、「祖国」という名は本来その構成員すべての「生命・自由・財産」を保護する政治社会にしか当てはまらないと考えていたことは、やはり留意に値する。祖国愛はなんらかの「伝統」や「文化」といったものだけを前提にして育まれるという必然性は、彼からすれば、少なくとも存在しないのである。

　しかし残念ながら、そうした祖国愛を人びとの意識に定着させるその手段において、ルソーの議論は現代の論者にとってあまり参考になるものではない。古代ギリシャやローマの事例に触発されたその議論は、そこで提示されている諸手段が実際にはどのくらいの効果をもつのかは問わないにしても、現代にもそれらが適用できると見なし得るにはあまりにも無理がある。神や宗教的な内容を含む言説を持ち出すことによって、あるいは軍事教練を想起させる身体的な共同訓練・競技などを用いることによって祖国愛を喚起しようとするルソーの提言は、今日のわれわれにとっては現実味に欠けるばかりでなく、人びとの自由を抑圧しかねないきわめて危険性の高いものに見える。しかも、ルソーがその手段のひとつとして示した経済システムが著しい閉鎖性を帯びたものであったことも、それが「異質」なものに対する抑圧的かつ排他的な社会に道を開きかねないという意味において、やはりそのままの形では容認しがたい。したがって現代のコミュニティ論は、コミュニティに対する愛着を構成員のあいだに生み出していく方策に関して、ルソーが提示したものとは異なるものを探究していかなくてはならないのである。

しかしながら、ルソーの商業社会批判が現在の「グローバル化」ないし「新自由主義」批判に相通ずる部分を含み込んでいることは、やはり留意されてよい点である。私益を求めての自由な経済活動――ルソー的に言えば特殊意志の支配――を積極的に容認するイデオロギーや経済システムは、構成員すべての「生命・自由・財産」を保護しようとする一般意志が支配すべき社会にとって、きわめて破壊的なものと言わざるを得ない。それは社会的な紐帯、ひいては社会そのものをも解体へと追い込みかねないのであり、それゆえコミュニティという人びとの絆や助け合いを土台にした結合を創造・再生していくためには、その「グローバル化」や「新自由主義」にとって代わる経済のあり方、場合によっては、その過度の影響を阻止するという意味である種の「閉鎖性」をも含み込んだ経済のあり方を追求していく必要がある。その点で、農本的経済制度の促進を謳うルソーの提案が現代にそのまま妥当し得るとは到底言えまいが、しかしそうした経済システムの導入を提案するに至った問題の存在を見逃さなかった彼の洞察力は、やはり高く評価されねばなるまい。

現実の不正な社会を前にルソーが明らかにしようとした社会変革への道筋、そのために必要となる人びとの意識変革というテーマは、現在のコミュニティ論においても依然として真剣に向き合わねばならない実に困難な課題ではある。とはいえ、われわれもまたルソーという先人がその課題に臆することなく正面から取り組んだことにならい、その彼の姿勢を引き継いでいく必要があるだろう。ルソーによれば、人びとが「生命・自由・財産」を保障された政治社会のなかで生きることは、本来彼らひとりひとりに与えられた「神聖な権利 droit sacré」であった。[101] ひとはつねに自らの属す政治社会がそのような意味で正しくあることを権利として要求し得るのであり、ゆえに一般意志による支配の実現がいかに難しいものであろうと、われわれ人間はその要求に応えることに対し背を向けてはならないのである。

(1) ルソーが理想として描き出した政治社会のモデルを題材とする本稿において、読者諸氏には、あらかじめ以下の三点を心に留めておいていただきたい。

第一に、本稿でルソーの政治社会モデルを析出するさいに参照／引用する作品はもちろん『社会契約論』が中心となるが、その他のルソー作品からも適宜参照あるいは引用を行なう。その場合、ここでの目的がルソーの著作に関する厳密な解釈を行なうことにあるなら、各作品に現われている概念の意味内容や立論に含まれているニュアンスの違い、あるいは矛盾点などにも十分配慮を講じるべきであろう。しかしそれは本稿の趣旨ではなく、したがって以下では、そうした作業にほとんど取り組むことはせず、作品ごとに見られる彼の政治社会像の微妙な差異についても基本的に注意を払わない。本稿での関心はもっぱらそれら著作群の全体から浮かび上がってくる最大公約数的なルソーの政治社会モデルであるという点を、まずはあらかじめ理解されたい。

第二に、社会契約をつうじて樹立されるとルソーが見なしたその政治社会モデルを、本稿では「正しい政治社会」ないし端的に「政治社会」という言葉を使って表わす。ただ実を言えば、ルソー自身がこの「政治社会 société politique」という表現を使うケースはほとんどなく、『社会契約論』の第一編第六章でも触れられているようにそれは「都市 cité」「共和国 république」「政治体 corps politique」「国家 état」などに加えて、「共同体 communauté」「公民社会 société civile」「結社 association」、さらには特定の文脈における「祖国 patrie」などさまざまな用語を使って表現されている。しかし、いずれの用語もルソーの理解においては統治権力としての「政府 gouvernement」（今日ではそれを「国家」と呼ぶことも一般的である）から区別される人的団体、すなわち社会――もっと言えば、コミュニティ――を意味していたという点には、注意を払っておいていただきたい。ただその社会はまさにその統治権力をはじめとする政治的な枠組みを備えた社会だと言え、そこで本稿ではその社会を「政治社会」と呼ぶことにしたわけである。

ちなみにルソーの生きた一八世紀ぐらいまでは、こうした人的団体としての社会のことを「公民社会」「政治社会」などと並んで「国家」や「共和国」と呼ぶことがヨーロッパでは一般的であった。これについてはさしあたり、福田歓一「思想史の中の国家」、『福田歓一著作集』第四巻（岩波書店、一九九八年）、三二一―三三九頁を参照してほしい。

第三に、ルソーは、この正しい政治社会を構成する各メンバーのことを「公民 citoyen」、その公民の集合体である構成員全体を「人民 peuple」、そしてその人民全体に主権が存することを強調する場合は「主権者 souverain」という言葉を使って表現した。これらもまたルソーに独特とも言える用語法であり、したがって彼の著作にあまり親しんでいない読者諸氏には、この点にも十分留意しつつ本稿の議論に目を通していただきたい。

なお、本稿で参照・引用した外国語文献のうち、邦訳のある場合は適宜その訳を参考にした。が、そうした文献からの訳文はすべて、筆者自身のものである。

（2）広井良典『コミュニティを問いなおす――つながり・都市・日本社会の未来』（筑摩書房、二〇〇九年）、一一頁。

（3）とくに同前、二四頁、三〇―九三頁などを参照のこと。

（4）同前、二四―二五頁。

（5）同前、三八―三九、六四頁のほか、広井良典『創造的福祉社会――「成長」後の社会構想と人間・地域・価値』（筑摩書房、二〇一一年）、八〇―八四頁なども参照のこと。

（6）Jean-Jacques Rousseau, "Du contract social", *Œuvres completes*, III (Paris: Gallimard, Bibliothèque de la Pléiade 1964), pp. 371-372. なおルソーの作品や草稿からの引用、ならびに該当箇所の表示は、このガリマール社発行の「プレイヤード版」全集によるものとする。以下の註では本全集を *O. C.* と略記した。

（7）Ibid., pp. 462-469.

（8）Rousseau, "Projet de constitution pour la Corse", *O. C.* III, pp. 903-905, 920-929.

（9）Rousseau, "Considération sur le gouvernement de Pologne", *O. C.* III, pp. 1003-1004.

(10) 福田歓一「ルソーと古代モデル」、『福田歓一著作集』第六巻（岩波書店、一九九八年）、二三五頁。

(11) ルソー作品をめぐる論壇のこうした傾向については、吉岡知哉・坂倉裕治・桑瀬章二郎・王寺賢太の四氏による「〈座談会〉ルソーの不在、ルソーの可能性」、「思想」一〇二七号（二〇〇九年一一月）、八―四四頁が示唆的である。なお政治思想史の分野でルソー作品を「歴史的」に読み解いた最近の代表的な著作として、Helena Rosenblatt, *Rousseau and Geneva: From the First Discourse to the Social Contract, 1749-1762* (Cambridge: Cambridge University Press, 1997) を挙げることができる。

(12) 自治や結社に関するトクヴィルの議論は、Alexis de Tocqueville, *De la démocratie en Amérique* (Paris: Gallimard, 1961), préface d'André Jardin, pp. 111-124, 287-296 においておもに展開されている。またコミュニティ論との関連で参照されるべきアレント作品といえば、Hannah Arendt, *The Human Condition* (Chicago: University of Chicago Press, 1958) をやはり第一に挙げるべきであろう。ところで、ここ一〇年ぐらいのあいだに日本で発刊されたトクヴィル作品やアレント作品の邦訳、あるいは彼らの政治思想を論じた研究書などはかなりの数にのぼる。それが「ルソー離れ」の結果とは到底言えまいが、しかし前掲の吉岡・坂倉・桑瀬・王寺による座談会でも指摘されているように（一三頁）、フランス革命解釈をめぐる論争などにおいて、「全体主義」と結びつけられた「ジャコバン主義」的なルソーの議論に対しトクヴィルやアレントの議論が多元主義的な政治的リベラリズムの流れを汲むものとして対比的に扱われてきたことは、事実である。とすれば、ルソーを拒否した現代のコミュニティ論者がトクヴィルやアレントに向かうだろうとの想定はあながち誤りとも言えまい。

(13) Rousseau, “Du contract social”, p. 351. ただしルソーはこの構想にあたって、正義の原則のほかに「効用 utilité」も考慮する、と述べている。

(14) Ibid., p. 360.

(15) John Locke, *Two Treatises of Government* (Cambridge: Cambridge University Press, 1960), a critical edition with an introduction and apparatus criticus by Peter Laslett, p. 368; *Déclaration des droits de l'homme et du citoyen de 1789*, Article II (Assemblée Nationale, http://www.assemblee-nationale.fr/histoire/dudh/1789.asp、二〇一三年二月一日アクセス).

(16) Rousseau, “Du contract social”, p. 360.

(17) Rousseau, “Discours sur l'économie politique”, *O. C.* III, p. 256.

(18) Rousseau, “Du contract social”, p. 352. ルソーは別の箇所でも、「社会契約は、契約者たちの保存を目的にしている」と述べ

ている (Ibid., p. 376)。

(19) Ibid., p. 360.

(20) Thomas Hobbes, *Leviathan* (London: Penguin Books, 1985), edited with an introduction by C. B. Macpherson, pp. 184-186.

(21) Rousseau, “Discours sur l'origine et les fondements de l'inégalité parmi les hommes”, *O. C.* III, pp. 164-194.

(22) Rousseau, “Du contract social”, pp. 365-367. ただし、ルソーの生きた社会は依然として農業を中心とした社会であり、したがって彼の所有権が対象としている「財産」も、おもに土地を想定してのものであった。彼の理想とする経済のあり方も、独立自営農民を中心にした農本的なそれである。この経済システムについては次節のなかでまた触れる。

(23) Ibid., p. 365.

(24) Rousseau, “Discours sur l'économie politique”, p. 263.

(25) ルソーは、社会契約によって生まれる政治社会では「富に関し、いかなる公民も他の公民を買うことができるほどに富裕であってはならず、また自ら身売りすることを強いられるほどに貧しくあってはならない」と述べている (Rousseau, “Du contract social”, pp. 391-392)。なおこれに関連して、彼は『コルシカ国制案』のなかで「私有財産を絶対に破壊するべきではないというのが私の考え」だと主張しており、よって彼を共産主義者（の先駆）と見なすことは、端的に言って誤りである。Rousseau, “Projet de constitution pour la Corse”, p. 931.

(26) これら「フィロゾーフ」たちと啓蒙専制君主との関係については、さしあたりピーター・ゲイ（中川久定・鷲見洋一・中川洋子・永見文雄・玉井通和訳）『自由の科学II　ヨーロッパ啓蒙思想の社会史』（ミネルヴァ書房、一九八六年）、三九三―四〇四頁を参照のこと。

(27) Rousseau, “Du contract social”, p. 356.

(28) ルソーが『社会契約論』において「人間は自由なものとして生まれた」と述べたことはきわめて有名であろう。Ibid., p. 351.

(29) Ibid., p. 364.

(30) Ibid., pp. 364-365. 「公民的自由」や「道徳的自由」を含めたルソーの自由概念、ならびにそれらの違い・関係を簡明に説明したものとして、さしあたり、吉岡知哉「政治制度と政治――『社会契約論』をめぐって」、桑瀬章二郎編『ルソーを学ぶ人のために』（世界思想社、二〇一〇年）、一六一―一六五頁を参照のこと。

(31) Rousseau, “Du contract social”, p. 360.

(32) 内閣府自殺対策推進室と警察庁生活安全局生活安全企画課が二〇一二（平成二四）年三月に発表した資料「平成23年中における自殺の状況」によると、二〇一一（平成二三）年における自殺者の総数は三〇六五一人であった。この三万人以上という規模は一九九八（平成一〇）年から一四年連続で続いた危機的とも言える数値であり（ただし二〇一二年は一五年ぶりに三万人以下となった）、OECD諸国における自殺率統計においても日本は、人口一〇万人当たりの自殺者数が二一・二人と、全三四か国中三番目という不名誉な地位を占めている。このOECD諸国の自殺率統計に関する最新データ（二〇一〇年までの各国統計を集めたもの）については、以下のサイトを参照のこと。http://www.oecd-ilibrary.org/sites/suicide-table-2012-1-en/index.html?contentType=&itemId=/content/table/suicide-table-2012-1-en&containerItemId=/content/table/suicide-table-2012-1-en&accessItemIds=&mimeType=text/html（二〇一三年二月二〇日アクセス）。

(33) ここでの「貧困ライン以下の生活」とは、いわゆる「相対的貧困」の状態にある世帯での生活をいう。「相対的貧困」の状態にある世帯とは、各世帯における手取りの所得額を世帯人数で調整したのち、その全世帯の所得額を多い方から順番に並べ、その中央値における五〇%以下の所得しかない世帯のことを指している。日本を含め、いわゆる先進国における子どもたちの相対的貧困率については、“*Measuring Child Poverty: New League Tables of Child Poverty in the World's Rich Countries* (Florence: UNICEF, 2012), p. 3 を参照のこと。

(34) 総務省統計局による二〇一三年二月一九日発表の「労働力調査（詳細集計）平成二四年平均（速報）」によれば、二〇一二（平成二四）年平均の雇用者（役員は除く）数五一五四万人のうち、パートやアルバイト、派遣社員、契約社員などのいわゆる「非正規雇用者」の数は一八一三万人（三五・二%）にのぼっている。

(35) いわゆる「自己責任論」について、とくに日本の文脈で批判的な検証を行なっているものに、たとえば、桜井哲夫『「自己責任」とは何か』（講談社、一九九八年）、佐伯啓思『自由とは何か――「自己責任論」から「理由なき殺人」まで』（講談社、二〇〇四年）がある。

(36) Rousseau, “Du contract social”, p. 361.

(37) Ibid., p. 368.

(38) Rousseau, “Discours sur l'économie politique”, p. 245.

(39) Rousseau, “Du contract social”, p. 379.

(40) Ibid., p. 372.
(41) Ibid., pp. 368, 371.
(42) Ibid., p. 368.
(43) Ibid., p. 369.
(44) Ibid., p. 372.
(45) Rousseau, "Discours sur l'économie politique", p. 262; Rousseau, "Considération sur le gouvernement de Pologne", p. 959.
(46) Rousseau, "Discours sur l'économie politique", p. 259.
(47) ディドロをはじめとするかつての友人たちからの批判、『エミール』などを代表とした彼の著作の発禁処分、故郷ジュネーヴからの追放などを受けたルソーが、年齢を経るにしたがい周囲からの敵意にさらされているという迫害意識に悩まされ、またその生活も孤独なものになっていったことは『告白』をはじめとするルソー自身の自伝的作品、さらにはその他あまたのルソー伝において描かれているところである。
(48) Rousseau, "Du contract social", pp. 371-372.
(49) Ibid., p. 438.
(50) Ibid., pp. 438-439. ここで "discuter" を「議論する」ではなくあえて「異議を唱える」と訳したのには理由がある。それについては、以下に続く説明に目を通していただければ理解してもらえることだろう。
(51) Ibid., p. 441.
(52) Ibid., p. 438.
(53) Ibid., p. 371. ここでフランス語の "délibérer" を「法案の成否が比較衡量される」と訳したのは、ルソー自身が『山からの手紙』における「第七の手紙」の註において、その単語が人民集会のコンテクストにおいて用いられるときの正しい意味は「賛否を秤にかける peser le pour et le contre」ことだ、と述べているからである（Rousseau, "Lettres écrites de la montagne", *O. C.* III, p. 833）。この点は、次の註を参照するさいにも留意しておいていただきたい。
(54) 最近では東浩紀がこの「意思伝達」に対するルソーの否定的な態度をその著書『一般意志2・0――ルソー、フロイト、グーグル』（講談社、二〇一一年）、五一―五七頁で採り上げ、ルソーを「討議／熟議デモクラシー」の先駆的理論家だったとする解釈に対し反論を試みている（そうした解釈として、仲正昌樹『今こそルソーを読み直す』〔NHK出版、二〇一〇年〕、一三七―一四一頁、川合清隆「ルソー――人民主権と討議デモクラシー」、三浦信孝編『自由論の討議空間――フランス・リベラリズムの系譜』〔勁草書房、二〇一〇年〕、八三―八七頁を挙げておく）。確かに、東も指摘するとおり、ルソーが一般意志の生み出される条件を述べている箇所 "Si, quand le peuple suffisamment informé délibère, les Citoyens n'avoient aucune communication entre eux..." (Rousseau, "Du contract social", p. 371) を、作田啓一のように「人民が十分な情報をもって討議するとき、もし、市民相互があらかじめ何の打ち合わせもしていなければ」（『ルソー全集』第五巻〔白水社、一九七九年〕、一三五頁）と訳してしまうことには問題がある、と言わねばなるまい。なぜなら、原文にはない「あらかじめ」という語を挿入することによって作田は、人民の「délibère(r)（討議）」と「何の communication（作田の訳語では、打ち合わせ）もない」という二つの表現を無理に調和させようとしているからである。そのうえ、前註において指摘したようにルソーにおいて "délibérer"（名詞形は "délibération"）という単語は、今日の「討議／熟議デモクラシー deliberative democracy」における「討議／熟議 delibaration」がもつ意味とは異なっていた可能性が高い。したがって、その単語の使用のみを根拠としてルソーを「討議／熟議デモクラシー」の先駆的理論家と単純に見なすことには、やや難があるだろう。

ただ、だからと言って東のようにルソーが「コミュニケーション〔意思伝達〕なしの政治を夢見た」（『一般意志2・0』、六二頁）とまで完全に言い切れるかどうかは、疑問の余地が残る。人民集会の場で各公民が自らの意見を述べることはルソーも重要視しているし、さらに、本文中において指摘したように、彼が「意思伝達」のないことを一般意志発見のための条件として挙げたのは、その議論における前後の文脈から言っておそらく、それが「部分的社会」を通じた特殊意志の支配へと道を開くことに対する警戒感からであった。とすれば、ルソーのねらいは「意思伝達」そのものの否定というより、むしろ公民が特殊意志に流されてしまうことへの警告にあった、と言い得るであろう。人民集会に参加する公民が一般意志への関心を失わないのであれば、ルソーとて、彼らのあいだにおけるある種の「意思伝達」は完全には否定しなかったのではあるまいか。

(55) ロバート・ウォクラー（山本周次訳）『ルソー』（晃洋書房、二〇〇〇年）、一〇四頁。

(56) Rousseau, "Du contract social", p. 396.

(57) Rousseau, "Lettres écrites de la montagne", p. 808.

(58) Rousseau, "Du contract social", p. 404.

(59) Ibid., p. 409.

(60) Ibid., pp. 406-407.
(61) Ibid., p. 421.
(62) Ibid., pp. 426, 435.
(63) Ibid., p. 436.
(64) Rousseau, "Considération sur le gouvernement de Pologne", p. 970.
(65) ルソーが小国を望んだその他の理由として、のちに述べる「祖国愛」を人間がもち得る物理的な範囲は限られている、という認識（Rousseau, "Discours sur l'économie politique", pp. 254-255.）が彼にあったことのほかに、巨大な範囲の統治は困難であるためその結果として専制権力も生まれやすい、といった認識（Rousseau, "Considération sur le gouvernement de Pologne", pp. 970-971.）が彼にあったことを挙げることができる。
(66) Rousseau, "Projet de constitution pour la Corse", p. 907.
(67) Rousseau, "Du contract social", p. 430.
(68) Rousseau, "Considération sur le gouvernement de Pologne", p. 978.
(69) Ibid., p. 979.
(70) Rousseau, "Du contract social", pp. 444-459.
(71) Ibid., p. 380.
(72) Ibid., p. 383.
(73) Ibid., pp. 381-382.
(74) Ibid., pp. 382-384.
(75) Ibid., p. 394.
(76) Rousseau, "Emile, ou de l'éducation", *O. C.* IV, p. 654. 人間のもつ情念の強さについてルソーが冷徹な認識をもっていたことを強調したのは、福田歓一である。福田『ルソー』（岩波書店、二〇一二年）、二三三―二三七頁。
(77) Rousseau, "Discours sur l'économie politique", p. 254.
(78) Rousseau, "Considération sur le gouvernement de Pologne", p. 966.
(79) Rousseau, "Discours sur l'économie politique", pp. 255-256.

(80) Rousseau, “Du contract social”, p. 375. ただし、ルソーの祖国愛に関する議論は、単にそれを「法と自由への愛」としてだけで解釈できるものではなく、とくに『ポーランド統治論』における祖国愛の議論のように、それをより国民文化的なものに結びつけた理解も彼のなかには存在している。その点を含め、祖国愛に対するルソーの思考の変化を時系列的に追った最近の論考に、川出良枝「ルソーにおける『祖国への愛』と『人類への愛』」、『思想』一〇二七号（二〇〇九年）、一六三―一六七頁がある。

(81) Rousseau, “Du contract social”, pp. 465-468.

(82) Rousseau, “Considération sur le gouvernement de Pologne”, p. 962.

(83) Ibid., p. 966.

(84) Ibid., pp. 1019-1020.

(85) Ibid., p. 1019.

(86) Rousseau, “Projet de constitution pour la Corse”, p. 905.

(87) この変化については、イシュトファン・ホント（田中秀夫監訳）『貿易の嫉妬――国際競争と国民国家の歴史的展望』（昭和堂、二〇〇九年）が詳しい。

(88) Rousseau, “Projet de constitution pour la Corse”, p. 916.

(89) Rousseau, “Du contract social”, p. 368.

(90) Rousseau, “Discours sur l'économie politique”, p. 258.

(91) Rousseau, “Projet de constitution pour la Corse”, p. 910.

(92) Ibid., pp. 917-929.

(93) Rousseau, “Considération sur le gouvernement de Pologne”, p. 964. ちなみに、ここでのこの言葉は貴族階級内の貧富の差を前提にして述べられたものである。しかしそれはこの『ポーランド統治論』が主としてポーランドの貴族を対象に書かれたからであり、ゆえにこの不平等と祖国愛とが両立しないというルソーの視点は、貴族というひとつの階級を越えて政治社会全体についても考えられていたもの、と見なしてもよいだろう。

(94) Ibid., p. 1009.

(95) Rousseau, “Du contract social”, p. 364. ルソーを「全体主義」の先駆者と見なした著名な論考として、Hannah Arendt, *On*

Revolution (New York: The Viking Press, 1963), pp. 70-74; J. L. Talmon, *The Origins of Totalitarian Democracy* (New York: The Norton Library, 1970), pp. 38-49 などを挙げることができよう。

(96) 個人の「孤立」度という点において日本社会が世界的にも上位にある、という事実については、広井『コミュニティを問いなおす』、一七—一八頁から教えられた。

(97) 社会関係資本（ソーシャル・キャピタル）という概念については、ロバート・D・パットナム（柴内康文訳）『孤独なボウリング——米国コミュニティの崩壊と再生』（柏書房、二〇〇六年）、稲葉陽二『ソーシャル・キャピタル入門——孤立から絆へ』（中央公論新社、二〇一一年）などを参照のこと。

(98) 討議デモクラシー論やラディカル・デモクラシー論、市民社会論として分類し得る関連書は多数にのぼる。ここでは日本語で記されたものとして、篠原一『市民の政治学——討議デモクラシーとは何か』（岩波書店、二〇〇四年）、千葉眞『ラディカル・デモクラシーの地平——自由・差異・公共善』（新評論、一九九五年）、C・ダグラス・ラミス（加地永都子訳）『ラディカル・デモクラシー——可能性の政治学』（岩波書店、一九九八年）、山口定『市民社会論——歴史的遺産と新展開』（有斐閣、二〇〇四年）、星野智『市民社会の系譜学』（晃洋書房、二〇〇九年）などを挙げておく。

(99) ルソーは、人民集会における提出法案の一般意志に対する一致が確認される場合の条件として、全員一致ではなく多数者による同意があれば基本的によい、としている。Rousseau, "Du contract social", pp. 440-441.

(100) この点において、広井がその著『コミュニティを問いなおす』で「独我論を超えて」と題された一章を設けているのも、ここで指摘した問題意識と同根のそれから出ていると解すことができるだろう。

(101) Rousseau, "Du contract social", p. 352.

あとがき

序論でも述べたように、本書は成蹊大学アジア太平洋研究センターを主催者として二〇一〇年度から二年間にわたり行なわれた連続講演会「人間の安全保障と東北アジア――サステイナブルな地域社会をめざして」と、そのしめくくりとして二〇一二年三月に開催された国際シンポジウム「デモクラシーとコミュニティの未来」をおもなベースとして編集されたものである。しかし当初、その国際シンポジウムにならったタイトルで本にまとめることにためらいがなかったわけではない。それには二つの理由がある。

一つは、デモクラシーとコミュニティという二つの単語を並列したタイトルのもとで、はたしてまとまりのある本を編むことができるかという懸念である。実際、二日間にわたって行なわれた国際シンポジウムでは、「デモクラシーとコミュニティの未来」というテーマを掲げながら、初日にデモクラシーの未来を、二日目にコミュニティの未来をそれぞれ別個のテーマとして取り上げる、という対応をした。これは、コミュニティということばはひとによってさまざまな解釈を許してしまう恐れがあるため、デモクラシーとコミュニティをいっしょに論ずることに抵抗があったからにほかならない。しかし本書のために提出された諸原稿に目を通すなかで、そのタイトルに対する私たちの懸念は消えたといってよい。各論考のテーマがデモクラシーであれコミュニティであれ、あるいはそのほかであれ、またそれらの視角や論点もさまざまであれ、その底流においては共通して、日本やそれを取り巻く東北アジアのあるべき未来を展望する姿勢が貫かれていたからである。「東北アジアの未来を考える」との副題をタイトルに付したのは、そのようなことを一つの理由にするものであった。このようにして私たちは、本書の一体性を自負するに至ったのである。

デモクラシーとコミュニティとを冠したタイトルで本をまとめることに躊躇したもう一つの理由は、成蹊大学アジア太平洋研究センターがその出版に深くかかわった書籍のなかに、センター設立一〇周年の記念シンポジウムをもとに編まれた『デモクラシーの未来――アジアとヨーロッパ』（東京大学出版会、一九九三年）と、センターが助成を行なった共同研究プロジェクトの成果物である『デモクラシーとナショナリズム――アジアと欧米』（未來社、二〇一一年）とがすでにあったことと関係している。これら二冊はいずれもおもに政治学関係の専門書として書かれたものであり、したがって本書がその二冊のシリーズ篇、あるいは姉妹篇として誤解されるのではないかという懸念が私たちにはあった。しかし本書はそれら二冊とは異なっており、政治学だけではなく歴史学や社会学などさまざまな分野からデモクラシーとコミュニティ、さらにはそれを超えたテーマが論じられている。したがってそれは、政治学の専門家たちのみによって読まれるものとはならず、より多くの方々に目を通していただけるものになるであろう。本書に寄せられた各論考に目を通した私たちは、そのような予想を最終的に確信として抱くようになった。こうしてこの二つ目の懸念からも、私たちはほどなく解放されたのである。

本書に収められた一一本の論文のうち、徐勝、板垣雄三、テッサ・モーリス＝スズキ、岩渕功一の各氏から寄せられた四本の論文については、二〇一〇年秋から翌年の冬までに行なわれた連続講演会「人間の安全保障と東北アジア」にて各氏に講師役を務めていただいたときの講演が土台になっている。杉田敦、ブレンダン・マーク・ハウ、広井良典、金王培、沈潔の各氏にご執筆いただいた論文は、二〇一二年三月に開催された先述のシンポジウムにてそれぞれが発表された報告の内容がもとになったものだ。またサスキア・サッセン氏にも、実は、二〇一二年の春に当センターが開催を予定していた講演会にて、やはり講師役を務めていただく予定であった。ところがご家族の事情で氏の来日が難しくなり講演会もキャンセルせざるを得なくなったため、そこで本書の出版にあたり、氏に今度は論文のご寄稿をお願いした、というわけである。この要望に対し氏は快諾する旨の返事をくださり、こうして本稿の掲載が本書において実現をした。最後に掲載された愛甲の論文だけは、本書の出版にあたって新たに書き下ろされたものである。

連続講演会および国際シンポジウムに講師やコメンテーター・聴衆として参加していただいた方々、また本書に寄稿してくださった各執筆者はもちろんのこと、これら一連の事業の企画立案から実行に至るまでのあいだにも、実に多くの方々のご協力とご支援とをいただいた。すべての方々のお名前をここに列挙することはできないが、講演会とシンポジウムの企画立案段階からお世話になった成蹊大学法学部の遠藤誠治教授、亀嶋庸一教授（現成蹊大学学長）、李静和教授、文学部の川村陶子准教授、理工学部の山崎章弘教授に対しては、とりわけ感謝の意を表わしておきたい。また、連続講演会や国際シンポジウムのさいに何かと煩雑な仕事を手伝ってくれたアジア太平洋研究センター所属の高一特任研究員（現客員研究員）と趙貴花特別研究員、さらにはこれらの事業が円滑に進むように事務サイドからサポートしてくれたセンターのスタッフである神田昭子担当課長、佐々木大介主査、秋吉加名子氏にも、ここにあらためて感謝の気持ちを伝えたく思う次第である。

また高一氏には、本書を出版するにあたっても企画・立案の段階から協力をお願いし、編集作業にも携わってもらった。とは言え、やはり未來社の高橋浩貴氏の忍耐と賢慮がなくては本書を完成することはとうていできなかったであろう。編集者としてどこまでもプロフェッショナルであり続ける高橋氏という心強い後ろ盾を得て、こうして本書の出版にまで漕ぎつけられたことは、編者としてはこのうえない喜びである。

そもそも連続講演会と国際シンポジウムは、成蹊大学アジア太平洋研究センター設立三〇周年の記念事業として、また成蹊大学の母体である成蹊学園創立一〇〇周年の記念事業の一つとして企画されたものである。成蹊学園（当時の専務理事は、本書に「はしがき」を寄せてくれた加藤節法学部名誉教授であった）からのサポートなしに、これら二つの事業はけっして実現することはなかったであろう。また本書を出版するにあたっても、成蹊学園からは温かいご支援を賜った。この三年間にも及ぶ成蹊学園のサポートに対し深く感謝申し上げるとともに、本書が少しでも成蹊学園からの恩に報いることになればと願うばかりである。

最後に、本書が多くの方々に読まれんことを、またデモクラシーとコミュニティに対する思いがいつしか東北アジア地域における平和に繋がらんことを切に祈りつつ、筆を擱くことにしたい。

中神康博
愛甲雄一

二〇一三年七月

析』（図書出版ハンウル、2000年）『産業社会の労働と階級の再生産――日常生活世界の不平等に対する省察』（ハンウルアカデミー、2001年）ほか。

沈 潔（しん・けつ）
1954年生まれ。日本女子大学人間社会学部社会福祉博士学位取得。現在、日本女子大学人間社会学部教授。社会福祉学専攻。著書に『「満洲国」社会事業史』（ミネルヴァ書房、1996年）『地域福祉と福祉NPOの日中比較研究』（日本僑報社、2006年）、編著に『中国の社会保障改革と日本――アジア福祉ネットワークの構築に向けて』（ミネルヴァ書房、2007年）『中華圏の高齢者の介護と福祉』（ミネルヴァ書房、2007年）『中国城市社区福利』（中国社会科学文献出版社、2008年）ほか。

高 一（こ・いる）
1971年生まれ。一橋大学大学院法学研究科博士課程修了。現在、成蹊大学アジア太平洋研究センター客員研究員。東アジア国際関係史・北朝鮮外交史専攻。著書に『北朝鮮外交と東北アジア 1970-1973』（信山社、2010年）。

徐 勝（そ・すん）
1945年生まれ。東京教育大学卒業。現在、立命館大学法学部特任教授。比較人権法専攻。著書に『徐勝の東アジア平和紀行——韓国、台湾、沖縄をめぐって』（かもがわ出版、2011年）、編書に『文明と野蛮を超えて——わたしたちの東アジア歴史・人権・平和宣言』（かもがわ出版、2011年）『言葉のなかの日韓関係——教育・翻訳通訳・生活』（明石書店、2013年）ほか。

板垣雄三（いたがき・ゆうぞう）
1931年生まれ。東京大学文学部西洋史学科卒。東京大学名誉教授、東京経済大学名誉教授。歴史学、イスラーム学専攻。著書に『イスラーム誤認——衝突から対話へ』（岩波書店、2003年）、監修書に『新イスラム事典』（平凡社、2002年）、編書に『〈パレスチナ問題を考える〉シンポジウムの記録』（復刻版、第三書館、2012年）ほか。

テッサ・モーリス＝スズキ（Tessa Morris-Suzuki）
1951年生まれ。バース大学大学院で博士号取得。現在、オーストラリア国立大学教授。日本経済史・日本思想史専攻。著書に『北朝鮮で考えたこと』（田代泰子訳、集英社新書、2012年）、『批判的想像力のために』（平凡社ライブラリー、2013年）、編書に『グローバリゼーションのなかのアジア——カルチュラル・スタディーズの現在』（未來社、1998年）ほか。

岩渕功一（いわぶち・こういち）
ウェスタン・シドニー大学で博士号取得。メディア文化研究。現在、オーストラリア・モナシュ大学教授、アジア研究所所長。著書に『文化の対話力——ソフト・パワーとブランド・ナショナリズムを越えて』（日本経済新聞出版社、2007年）『トランスナショナル・ジャパン―アジアをつなぐポピュラー文化』（岩波書店、2001年）、編書に『多文化社会の〈文化〉を問う——共生／コミュニティ／メディア』（青弓社、2010年）『対話としてのテレビ文化——日・中・韓を架橋する』（ミネルヴァ書房、2011年）など。

サスキア・サッセン（Saskia Sassen）
1949年生まれ。米ノートルダム大学で社会学博士号、経済学博士号取得。現在、コロンビア大学教授。社会学専攻。日本語訳に『グローバル・シティ——ニューヨーク・ロンドン・東京から世界を読む』（筑摩書房、2008年）『領土・権威・諸権利——グローバリゼーション・スタディーズの現在』（明石書店、2011年）ほか。

広井良典（ひろい・よしのり）
1961年生まれ。東京大学教養学部卒業。現在、千葉大学法経学部教授。著書に『定常型社会』（岩波新書、2001年）『人口減少社会という希望』（朝日選書、2013年）など多数。『日本の社会保障』（岩波新書、1999年）でエコノミスト賞、『コミュニティを問いなおす』(ちくま新書、2009年）で大佛次郎論壇賞受賞。

金 王培（きむ・わんべ）
1959年生まれ。韓国・延世大学校大学院社会学科で博士号取得。現在、同校社会学科教授。社会学専攻。著書に『都市、空間、生活世界——国家と階級のテクスト解

略　歴

中神康博（なかがみ・やすひろ）
1957年生まれ。カリフォルニア大学サンディエゴ校で博士号を取得。現在、成蹊大学経済学部教授および成蹊大学アジア太平洋研究センター所長。都市経済、財政学専攻。論文に「分権化と固定資産税の役割」（嘉治佐保子ほか編『経済学の進路——地球時代の経済分析』慶応義塾大学出版会、2004年、所収）「資産税制と『バブル』」（共著）（井堀利宏編『財政政策と社会保障』慶應義塾大学出版会、2010年、所収）、共編書に『教育の政治経済分析——日本・韓国における学校選択と教育財政の課題』（シーエーピー出版、2007年）ほか。

愛甲雄一（あいこう・ゆういち）
1969年生まれ。英サセックス大学大学院で博士号を取得。現在、成蹊大学アジア太平洋研究センター主任研究員。国際関係論、政治思想史専攻。共訳書に『平和運動と平和主義の現在』（風行社、2008年）。論文に 'Rousseau and Saint-Pierre's Peace Project: A Critique of "History of International Relations Theory"', in Beate Jahn (ed.), *Classical Theory in International Relations* (Cambridge University Press, 2006)、「カントの『ナショナリズム』—ドイツとコスモポリタニズムのはざまで」（加藤節編『デモクラシーとナショナリズム—アジアと欧米』未來社、2011年、所収）ほか。

加藤　節（かとう・たかし）
1944年生まれ。東京大学大学院法学政治学研究科博士後期課程修了。成蹊大学名誉教授。政治学史・政治哲学専攻。著書に『同時代史考——政治思想講義』（未來社、2012年）、編書に『デモクラシーとナショナリズム』（未來社、2011年）、訳書にジョン・ロック『〔完訳〕統治二論』（岩波文庫、2010年）ほか。

杉田　敦（すぎた・あつし）
1959年生まれ、東京都育ち。東京大学法学部卒業。現在、法政大学法学部教授。政治理論専攻。著書に『境界線の政治学』（岩波書店、2005年）『守る——境界線とセキュリティの政治学』（風行社、2011年）『3・11の政治学——震災・原発事故のあぶり出したもの』（かわさき市民アカデミー、2012年）『政治的思考』（岩波新書、2013年）ほか。

ブレンダン・マーク・ハウ（Brendan Mark Howe）
1969年生まれ。ダブリン大学トリニティ・カレッジで博士号を取得。現在、韓国・梨花女子大学校教授。国際関係論、人間の安全保障・紛争研究。著書に *International Studies Primer* (Ewha Womans University Press, 2004), *Democracy in the South: Participation, the State and the People* (co-edited, United Nations University Press, 2010)、論文に 'Human Security: A Global Responsibility to Protect and Provide' (with Ian Holliday, *Korean Journal of Defense Analysis*, Vol. 23, No. 1, 2011）ほか。

成蹊大学アジア太平洋研究センター叢書
デモクラシーとコミュニティ——東北アジアの未来を考える

発行——二〇一三年九月二十日　初版第一刷発行

定価——（本体三八〇〇円＋税）

編　者——中神康博・愛甲雄一

発行者——西谷能英

発行所——株式会社　未來社
東京都文京区小石川三—七—二
振替〇〇一七〇—三—八七三八五
電話・(03) 3814-5521（代表）
http://www.miraisha.co.jp/
Email:info@miraisha.co.jp

印刷・製本——萩原印刷

ISBN 978-4-624-30120-0 C0031

（消費税別）

加藤節編
デモクラシーとナショナリズム
〔アジアと欧米〕米・英・中の研究者を交え、多元化する世界におけるトランス・ナショナルなデモクラシーのありかたを論じる。ジョン・ダン、孫歌、亀嶋庸一、平石直昭氏ほか。 三二〇〇円

加藤節著
同時代史考
〔政治思想講義〕ホッブズ、ロックからヘーゲル、マルクスを経て丸山、福田、サイードまで、先哲の豊かな言葉をひきつつ、現実を正義と悪に二項化する言説の支配に抗う。 二二〇〇円

伊豫谷登士翁・酒井直樹・テッサ・モリス＝スズキ編
グローバリゼーションのなかのアジア
〔カルチュラル・スタディーズの現在〕アジア－オーストラリア問題を軸に国民国家という枠を超えた政治・社会・文化の問題をカルチュラル・スタディーズの論客が鋭く問い直す。二五〇〇円

田中浩編
思想学の現在と未来
〔現代世界――その思想と歴史①〕多彩な視座より先哲の歩みを分析し、来たるべき社会を基礎づける方法論の課題に迫る。加藤節「コギト・リヴァイアサン・弁神論」収録。 二四〇〇円

田中浩編
ナショナリズムとデモクラシー
〔現代世界――その思想と歴史②〕ネイションをめぐる相克の歴史のなかで、いかにしてデモクラシーは生まれたのか。板垣雄三「〈愛国愛教促団結〉について」収録。 二四〇〇円

田中浩編
リベラル・デモクラシーとソーシャル・デモクラシー
〔現代世界――その思想と歴史④〕近現代政治思想史における二つのデモクラシーの対立・相補・継承関係を問う。杉田敦「社会と境界」収録。 二四〇〇円

丸山眞男著
〔新装版〕現代政治の思想と行動
発表より半世紀たった現在にいたるまで繰り返し読まれ、言及され、論じられるロングセラー。著者没後十年を機に新組・新装カバー装に。「超国家主義の論理と心理」ほかを収録。 三八〇〇円